未来世代の権利

地球倫理の先覚者、J‐Y・クストー

服部英二 編著

藤原書店

未来世代の権利　目次

はじめに――クストー述懐　**服部英二**　9

第Ⅰ部　クストーが語る

地球の将来のために　**J-Y・クストー**　33

第Ⅲ部　未来世代の権利と文化の多様性

右から一人おいて、J-Y・クストー、F・マイヨール、服部英二、
J・コンスタンス（1989年1月13日、パリのユネスコ本部にて）

未来世代の権利

――地球倫理の先覚者、J - Y・クストー

各部扉写真　市毛實

はじめに――クストー述懐

服部英二

「山百合忌」は、藤原良雄さんが毎年七月三十一日、鶴見和子さんの命日に行ってきた偲ぶ会である。人は二度死ぬといわれる。ひとつは肉体の死、もうひとつは忘却だ。柳田國男は、「この国では人は死ぬとしばしばその地に留まる」という。しかし死者はやがて山に還り、忘れ去られていく。

しかしこの山百合忌のおかげで、私の最も敬愛する鶴見さんの面影は七年経っても新鮮なまま生き続けている。アマゾン河口のジャングルを一緒に歩いた時の、「あら、カカオの実って、幹から直接生えるのね！」と無邪気に驚いてみせた、あの明るい声が今も耳の底で響いている。

鶴見和子さんは、一九九五年、私がユネスコ創立五〇周年事業として国連大学で開催したシンポジウム「科学と文化の対話――ともに歩む共通の道」に参加した直後の十二月、病に倒れ、半身不随となった。しかし彼女は蘇るのだ。歌によって。日本語の響きによって「回生」するのである。

英語を母語のように我がものとし、東西の思想家の理論に精通していた鶴見さんは、その「内発的発展論」でも様々な学説を縦横に駆使し、その上に立って独自の文明論を展開したが、その彼女が最晩年に至ると二人の人しか取り上げなくなる。二〇〇四年十月、その最終講演に取り上げられた二人とは、南方熊楠とジャック＝イヴ・クストーであった。

南紀の孤高の学者、熊楠のことは少なくとも日本ではよく知られている。この国での環境問題の先駆者であり、エコロジーというヘッケルの用語をいち早く紹介したのも彼である。私は柳田を超える熊楠の偉大さを鶴見さんから学んだ。

しかしクストーについて多くの日本人はほとんど何も知らないのではないか。開発時はアクアラング、今はスキューバと呼ばれる海中遊泳装置の発明者、『沈黙の世界』というアカデミー賞映画を創った海洋探検家というくらいのものであろう。彼は、海という、地球の七〇パーセントを占めながらそれまで謎に包まれていた世界を万人に開いた。彼の七〇本の記録映画は世界の一四〇カ国で放映され、アメリカではフランス大統領の名前は知らなくてもクストーの名を知らない人は無かった。米仏どころか、私はモスクワでもジャカルタでも、ホテルでテレビをつけるとクストーの『世界再発見』が流れているのを見た。ところがエミー賞まで取ったそのドキュメンタリー映画は、『沈黙の世界』を除いて日本では放映されなかった。なぜなのか？　日本のテレビ界の特殊事情のせいである。この国ではいかに優れた作品であろうと、「世界ふしぎ発見」のような日本人が入った番組でないと視聴率が上がらない、ということだ。それはとりもなおさずこの国では日本と世界を別物と見ていることを示しており、この内と外という鎖国的意識の克服が、およそ地球環境問題に立ち向かおうとする日本人の課題なのだ。

地球環境学の先駆者が発信した「未来世代の権利」と「地球倫理」

ジャック゠イヴ・クストーこそは地球環境学の先駆者であった。更に言えば人と環境を区別するのではなく、人を地球と一体としてとらえる「地球倫理」の先覚者であった。すなわちそれは自然を「対象」とした地球環境論ではなく、人間が一生物としてその一部であり密接な絆で結ばれている、母なる地球としての地球環境の把握である。現代の環境問題の課題のほぼすべては彼の行った警告にすでに含まれている。そのことに気が付いたのは藤原良雄さんと語り合っていた時だった。クストーの提唱した「未来世代の権利」という衝撃的な理念が、いまこそ深く追求されなければならないのだ、との思いが胸中に湧き上がってきた。今地球と人類の直面している数々の危機は根本的に倫理の欠如にある、との認識が三・一一の直後、地球システム・倫理学会が出した緊急声明の骨子である。未だ誰も解決法を見出していない放射性廃棄物の最終処理をそのままに原発開発を続けることは、未来世代に対して倫理的に許されることではない。倫理の基礎は悠久のいのちの流れを考えることにある。われわれが母性原理の大切さを強調したのは、まさしく鶴見和子さんが明言したように、それが「いのちの継承を至上の価値とすること」であるからにほかならない。

海洋探検家として出発したクストーは、自らの観測船カリプソ号で七つの海、五大陸の隅々で自然形態を観察し、原住民や現地で研究を続ける各国の学者たちと議論を重ねるフィールドワークをもってその人生を生きた。そしてその具体的自然探究の中で「いのち」に向かい合うことになるのである。その大胆な、しかし真摯な姿勢は尊敬の的となった。その彼が晩年到達するのは、やはり地球を人類と結ぶ倫理、今なら地球倫理と呼ばれる問題に他ならなかった。

少年時代からの夢

一九一〇年、フランスのジロンド県に生まれた彼は、幼いころから探検に心惹かれていた。交易が目的地を持っているのに対し、探検には目的地が無い、と彼はいう。未知の世界に分け入って行くのだ。子供のころ、頭脳を持たないはずの蔦が、太陽の光を受けやすい場所にその先を伸ばしていくのを見、植物にも探検の意志があるのではないか、と思ったと彼は述懐している。

そのクストーが大きな衝撃を受けたものにイースター島がある。巨大なモアイ像が累々と横たわっている島、かつてここには繁栄があったはずだ。しかしそれが滅びる。なぜか？　淋しい死んだ海底を調べるうちクストーは結論を得た。「樹を伐ったからだ！」海を育む森が消えていたのだ。そして近代文明の歩みを振り返り、彼はこう言い切ったのである。

「このままでは人類はイースター島の運命をたどるであろう。」

更に、「人類もまた絶滅危惧種のリストに入ることになるかもしれない」との衝撃的な発言は人々の覚醒を促し、幾多の環境学者・環境団体がその軌跡の上に輩出することとなる。だから一九八九年、フランス文学界の権威であるアカデミー・フランセーズは、ほとんど共著でしか本を出していないこの人を会員として迎え入れたのであった。アカデミーでは伝統的に、新たに選ばれた会員にその友人たちが剣を贈る習慣があるが、水を象徴して水晶で創られたその剣の寄贈者リストには、私もマイヨール・ユネスコ事務局長と共に名を連ねている。また、レジオン・ドヌール勲章のコマンドゥール位を授与したフランス共和国をはじめ、国連、アメリカ国立科学アカデミー、『ナショナル・ジオグラフィック』誌、ハーバード大学等、彼に名誉会員、名誉博士号あるいは賞を授与した機関は枚挙にいとまがない。

だからこそ彼が一九九七年六月二十五日、八十七歳で逝去すると、世界中のメディアは、日本も含め、ニュース番組や新聞の一面で大きくその功績を報道した。そのたった二年前、彼がムルロアでの原爆実験に反対して戦った相手であるシラク大統領は、ノートルダム大聖堂での国葬級の葬儀に臨席、彼の功績に応えた。そこには設立準備中であった日本クストー・ソサエティの花輪も供えられていた。そしてわれわれは東京の国連大学で八月二十日、国連大学学長、フランス大使の協賛のもと追悼の会を開き、その面影を偲んだのだった。

一九九五年の東京シンポジウムと二つのユネスコ宣言

鶴見和子さんは、ただ一度会ったクストーの偉大さを瞬時にして読み取った一人である。それは冒頭に挙げた一九九五年の国連大学でのシンポジウムの折であった。ユネスコ創立五〇周年記念ということで、基調講演者には、日本側からはその前年ノーベル文学賞を受賞した大江健三郎、外国からはジャック＝イヴ・クストーが選ばれた。クストーの「文化と環境」と題したその講演（本書五四頁参照）は、現代の地球環境問題の核心をついたものであったが、その中にとりわけ全参加者に強い印象を与えた彼の証言がある。彼が会場外で私に語ってくれた言葉も交えてそれを要約すれば、こうなる。

「南極のように生物種の数が少ないところでは生態系は脆い。赤道直下のように種の数が多いところでは生態系は強い。そしてこの法則は文化にも当てはまる」。つまり「生物多様性」と「文化の多様性」は同一の法則に基づいているというのだ。

それは単なる書斎からの立論ではなかった。世界中の海洋・河川における陸の生態系と水の生態系の相互関係、その先住民族とのつながりを実地検証してきた人の言葉であったがゆえに、この証言は、全参加者に、そしてとりわけ鶴見和子さんに強烈なインパクトを与えた。そして、この重要な証言が二〇〇一年の、ユネスコによる「文化の多様性に関する世界宣言」として結実するのである。「世界人権宣言に次いで重要な宣言」とまで評価されたこのユネスコ宣言は、その第一条でこう明言している。

「文化の多様性は、自然界にとって生物多様性が不可欠であるのと等しく、人類にとって不可欠である。」

二〇〇一年のこの重要な宣言は、二〇〇五年、ユネスコ創立六〇周年式典における特別講演の中で、レヴィ＝ストロースが、「生物多様性と文化の多様性は単なる類似現象なのではなく、有機的に結ばれている」と証言したことにより、より一層その重要性を増した。

更にクストーが東京で、この重要なシンポジウムの開会の辞を述べるために来日していたユネスコのマイヨール事務局長に頼んだことが、一九九七年十月、すなわち彼の死の三カ月後に採択された「未来世代に対する現存世代の責任宣言」となったことを記しておきたい。その成立次第に私も関与しているからだ。

来日したクストーはホテルにチェックインするなり、私に、マイヨールと是非二人きりで会わせて欲しいという。私はマイヨールとの朝食会をセットした。彼は何のためにユネスコ事務局長と二人きりで会わねばならなかったのか？　実はその年（一九九五年）、包括的核実験禁止条約が成立するその直前の五月、フランス政府は南太平洋のムルロア環礁（仏領ポリネシア）で一〇回の核実験を行うと発表したのだ。駆け込み実験である。もちろんこれには世界中から非難の声が上がった。しかしこの時世界に先駆けて真っ先に反対を表明したのは、オーストラリア人でもニュージーランド人でもなく、また原爆の被害者の日本人でもなく、フランス人であるクストーだったのだ。彼が私に打ち明けてくれたところでは、実は核実験発表の当日、彼は偶然国営テレビ（今のFrance 2）に出演することになっていたのだが、その生放送番組で予定を変更し、この原爆実験に対する断固とした反対を表明したのである。それのみかすぐに、その抗議の具体的行為として、国から任命されたすべての役職を辞する、と発表したのだ。それは永年の盟友シラク大統領に突き付けた挑戦状であった。

そのため実は困ったことが起きた。「未来世代の権利のための国家評議会」議長の職である。これはクストーのためシラク氏の肝いりで創られたものだったが、国からのすべての役職を辞すると言った以上これも辞めざるを得なかったのだ。この東京での朝食会でクストーがマイヨールに頼んだこととは、実は、こうして辞職する「国家評議会」の代わりにユネスコ内に「未来世代の権利のための国際評議会」を創って欲しい、ということであったのだ。マイヨールは直ちにこれを了承した。そしてパリに帰るとすぐにＭＡＢ（人と生物圏研究部）の部長を呼びその任に当たらせることにした。やがてこの部長はクストー財団の建物に自分の事務所を持つに至り、彼の意図した未来世代のためのユネスコ宣言を準備することになる。

クストーが国連機関での採択を熱望していたのは「未来世代の権利憲章」（三二六頁参照）である。彼が一九八〇年代から訴え続けてきたもので、その請願は全世界で八〇〇万を超す署名を集めた。そしてそれは、この東京での会談の二年後の一九九七年秋、すなわちクストーの亡くなった三カ月後にユネスコ総会で採択された「未来世代に対する現存世代の責任宣言」（三二八頁参照）となる。それは確かにクストーの意を体したものであった。ただ最終的に選ばれた宣言のタイトルは、クストーの表現よりインパクトを欠く感が否めない。それはこれを審議する西欧の委員国から「権利と義務は表裏一体である。しかるに未だ存在しないものは義務を果たせない。したがって未来世代の権利という言葉は使えない。義務を負うのは現在世代なのだ」という極めてデカルト的な論理による議論がなされたからである。本当は未来世代の権利の考え方はデカルトを超えるところにあるべきであるにもかかわらず、である。ともあれこの宣言はクストーの意を国際社会が受け取り、「われわれはこの地球を未来世代から信託されているのだ。美しい地球を未来世代に残す義務をわれわれは負っている」というクストーの主張を国連機関が裏書した点で評価できる。二〇一三年三月、世界ユネスコクラブ連盟が採択した「三・一一を地球倫理の日に」というフィレンツェ宣言もこのユネスコの宣言に準拠している。

こころの旗艦、カリプソ号

クストーを語るとき、もう一つ欠かせないものがある。それは彼と一心同体ともいえる海洋調査船カリプソ号である。これについてはとりわけ忘れがたいことがある。

一九九六年一月八日の夜のことであった。私は東京の自宅で衝撃的な電話を受けた。

「ムッシュー・ハットリ？　……ジックだ。カリプソはもういない。今日、シンガポールで沈んだ」。ＪＹＣとはJacques-Yves Cousteauの略、クストーチーム内部での親しい呼び方だ。

この突然の電話に私は言葉を失った。「え、カリプソが？　あのカリプソ号が、ですか？　一体何が起こったのですか？」

「港内でほかの船が操舵ミスでぶつかったのだ。ひとたまりもなかった。――」

この時のショックを私は忘れない。電話機の向こうでクストーは泣いていた。彼の濡れた声が時々途切れ、嗚咽が聞こえるのだ。

カリプソ、それはおよそ地球環境問題を考える人たちにとっては「心の旗艦」であったはずだ。大戦中のアメリカの掃海艇を改造したこの木造の観測船は、七つの海、地球上のあらゆる大河をくまなくめぐり、現在人類が直面している地球環境の危機をすでに六〇年前から世界に訴え続けてきた。カンヌ国際映画祭でのパルム・ドール、更にハリウッドのアカデミー賞を取った『沈黙の世界』、同じくアカデミー賞の『太陽のない世界』をはじめとする壮大なフィールドワークの記録、その中でこの海軍士官はいつの間にか「コマンダン・クストー（クストー司令官）」と呼ばれるようになり、やがて地球環境学という実学の先駆となっていくのである。ヘリコプターや深海探査艇も積み込んだこの船を駆使した綿密な現地調査に基づく提言、その成果の最たるものは南極調査『世界の果てへの旅』で実証し、すべての先進国の合意を取り付けたいわゆるマドリッド合意「南極地下資源開発の五〇年間の凍結」であった。

その晩、私たちが何を話したのか、今は詳しくは覚えていない。しかし確かに話しあったことがある。それはカリプソII号の建造だ。アルシオーンという第二の船は確かに残った。しかしそれがカリプソに代わることはできない。カリプソ号の跡継ぎを直ちに作らねばならない、ということだ。クストーは大きな期待を、その頃彼の意を受けて設立準備中だった日本クストー・ソサエティに寄せていた。私は三月二十五日付の『朝日新聞』「論壇」に「カリプソII号建造に参加しよう」という文章を発表し、カリプソ号はおよそ地球環境を考える者にとって「心の旗艦」であったことを述べ、クストーチームへの協力を呼びかけたのだった（残念ながらこの計画はクストーの死により日の目を見なかった）。

モナコでの出会い

私のクストーとの出会いは一九八七年に遡る。その頃、ユネスコの正規事業としてその翌年から発足する「シルクロード　対話の道総合調査」計画を練っていた私は、この国際調査に水中考古学を加えたら、と思いついたのだ。遺跡は地上にあるとは限らない。水中文化財の調査で未知の歴史が明らかになるかも知れない、それも沈没船だけではなく、海中に眠っている古代遺跡が見つかるかも知れない、と考えたのだ。そしてこの分野でもまたクストーが先駆者であることを知っていた。

そこでモナコのユネスコ代表の力を借り、ヘリコプターも使ってパリから日帰りで、モナコの海洋博物館に当時のクストー館長を訪ねたのだった。彼は長いブーメランのようなデスクの向こうで私の話をじっと聞き、実はいまは地上と水中の生命系の相互依存関係が自分の関心事なのだが、と前置きしながら、しかしユネスコの依頼なら協力しましょう、と言ってくれた。そしてすぐその翌日、代理としてパリの私の事務室に現れたのはクストー財団の副会長ジャック・コンスタンスだった。

私たちはすぐ友達になった。コンスタンスは水中考古学ばかりか、宇宙からの目による調査、衛星考古学も提案してくれ、多くの専門家を紹介してくれた。シルクロード海の道のために国王が自分の親衛艦フルク・アル・サラマ（平和の方舟）を提供してくれたオマーンのマスカットにも同行してくれた。

ところがこのコンスタンスが急死する。クストーと共にシラク・パリ市長に会うことになっていたその朝、彼を迎えに車で立ち寄ったクストー自身に発見されたのだった。

思えば、地球と人類の未来にその活動のすべてをささげてきたこの人には、近親また側近の死という試練が付きまとっていたと思う。彼の探検のすべてに同行していた長男のフィリップはヘリコプター事故で亡くなっている。別の道を歩こうとしていた次男ジャン・ミシェルが呼び返されることとなった。更に自分の右腕ともいうべきコンスタンスの突然の死はクストーにとっての大きな打撃であった。私は水中考古学のシルクロード調査計画への導入はそのため断念せねばならなかったのだが、私はそれよりも友を失う悲しみを味わった（ただしコンスタンスのおかげでこの時関連を持ったフランスチームは、のちにアレクサンドリアの海底でクレオパトラの宮殿を発見している。またこの時着想を得た衛星考古学は日本でも東海大・早稲田大で援用されそれぞれ実績を上げている）。

ジャック＝イヴ・クストー自身との私の交友関係は、彼をモナコに訪ねた日からその逝去の日まで途切れることはなかった。一九八八年から新しくユネスコ事務局長に就任したフェデリコ・マイヨールに引き合わせるべく昼食会をアレンジしたところ、二人は直ちに気心を通じ合う友人となった。この会合がのちの東京での「未来世代の権利のための国際評議会事務局ユネスコ内設置」を準備したと言える。数年後この二人がユネスコの壇上で語り合う「クストーの日」を開催したときは、パリのユネスコ本部が数千の子供たちの歓声と熱気で溢れかえったことを想い出す。CNNワールド・レポートはこれを世界に伝えた。

この忘れがたい昼食会の席上、話題がクストー財団の目的に及んだ時、クストーはこういっている。「この財団の第一の目的は探検と思われているが、そうではない。教育です」。教育こそがすべての要だとはクストーの信念であった。彼のやろうとしていたのは、今われわれが地球倫理と呼ぶもの、地球環境問題に対する生涯教育であった。そしてユネスコから発せられたこの教育理念を貫くのに、彼が武器としたのがテレビというメディアであったのだ。

タブーへの切り込み

実は、国連機関では「宗教」と並んで、触れること、特に批判することがタブーとされている言葉がある、と私は気が付いていた。それが「人口」と「人権」と「開発」という三つの言葉だ。およそ環境問題は人口問題と切り離せないのに、である。日本人として初めてユネスコ事務局長を務めた松浦晃一郎氏もこのことを漏らしている。国連機関すべての長が集まる会議でも、これは避けられる、と。私はここに、その創設者のほとんどが欧米のキリスト教国である国際機関の底辺にあるものを感じないわけにはいかない。すなわち創世記第一章二八節、人間を創ったそのすぐ後の神の言葉である。

「産めよ、増やせよ、地に満てよ、これを従わせよ、また海の魚と空の鳥と地に這うすべての生き物を治めよ。」

その言葉を述べた人格神を葬り去ったはずの西欧近代の科学至上主義者たちの頭のどこかに、この言葉だけは残っているらしい。

自らキリスト教国に生まれながら、このタブーに真っ向から挑んだのがクストーである。一九九二年、リオデジャネイロでの地球サミットに出席したのち、東京で開かれた第一回科学ジャーナリスト会議で行った講演を本書に初めて日本語訳で掲載するが（本書三三頁）、人口問題に対するクストーの並々ならぬ懸念が明白に見て取れるであろう。そしてここで語られるモラルの問題がまさしく、アル・ゴア氏の「環境問題とは畢竟するにモラルの問題である」との指摘と結びつくのである。自然法に逆らったモラルの法則とはきわめて重要なテーゼであるが、論究に値する。またここではリオで成立した「持続可能な開発」(Sustainable Development)という概念の曖昧さも指摘されている。のちに経済成長の神話を批判し、「脱・成長」(Décroissance)を唱えたのはセルジュ・ラトゥーシュだが、クストーの論にはこれを先取りしたところがある。

クストーとの対話の夜

私にとってはとりわけ忘れられない夜があった。そのことを少し詳しくここに書き留めておきたい。

一九九二年十二月、リオ・地球サミットを終え、世界科学ジャーナリスト会議のため来日したクストーは、パリから到着したその晩、私を宿舎の帝国ホテルでの夕食に招待してくれた。

「明日話すつもりのことの中に、あなたの興味を持ちそうな哲学的な部分があるんだ。どう思うか言ってください」と、席に着くや否やクストーは切り出した。

「これはフランス科学アカデミーの会長だったジャン・アンビュルジェが亡くなる三カ月前に私に教えてくれたことだ。人間と自然の法則の問題です。……地球上に生命が現れてから一体何年になる?」

「約三七億年くらいでしょう。」

「それでは人類の祖先が現れるのは?」

「約六〇〇万年前でしょうか?」

「そう、猿人を入れても生命の歴史の千分の一にしかならない。ホモ・サピエンスからなら一万分の一以下だ。その人間たるや、デズモンド・モリスが形容したように〈裸のサル〉だった。牙とか爪といった攻撃の武器も、硬い殻のような防御の武器も持たない、本来は餌食となる運命の存在だった。それがいつの間にか地球を制圧した。なぜだと思いますか?」

「両足で立ったことによる手の使用、道具の発明、火の発見……」

「それもあるが、もっと大切なことがあるのです。すべての生物は〈自然の法則〉の中で生きている。自然の法則はジャングルの法則だ。過酷な闘争の世界だ。食うか食われるかだ。ところが人類はその法則からあるとき抜け出し、独自の法則を創った。それがモラルの法則だ。老人を生かし、病死等の自然現象の不公平を拒否するもので、〈助け合い〉が生まれた。この社会的規範を造ることで人類は自然から決別した。〈離婚した〉とアンビュルジェは言っている。〈平等〉は自然の言葉ではない。自然は本来機会不均等なのだ。そこに人類は公正すなわち正義の観念を導入し、新しい法則による別の空間を創りだしたのです。」

「たしか六万年前のネアンデルタール人の遺骨に片手の欠けた老人のものがありましたね。洞窟で留守番をしていたのでしょう。家族は彼を見捨てていない。死者を弔う気持ちも骨と一緒に出てきた花粉から分かります。」

「そう、ずいぶん昔に遡れるが、人類のこのモラルの契約が現れるのは何万年か前、少なくとも一万年より前と言って間違いないと思う。」

ここで私は問いを発した。

「しかし、なぜそのようなことが起こったのでしょう?」

「うん、そこが問題だ。あなたはなぜだと思う?」

「それは……〈神との邂逅〉ではなかったのでしょうか?」

クストーの顔に紅がさし、目が輝くのを私は見た。

「そうだ! その通りだ。その時、人は神と出会ったのだ!」

「それは、言い換えれば、ロゴスの発見と言ってもいいと思います。ヨハネ伝に〈初めに言葉(ロゴス)ありき、言葉は神と偕《とも》にありき、言葉は神なりき〉とありますから。」

「その通りです。人間は理性によって基本的生物学的法則に反抗した。この反抗が人間の運命となり、人生に〈意味〉を与えた、と思うのです。人間の理性が造り出した反自然的な法則は、平等・博愛・正義といった新しい義務を人に課した。それはジャングルの法則、弱肉強食の掟の拒否だったのです。そしてこれこそが、人類をして急速に生物界の王者としたものに外ならない。自然への回帰は、そのような運命を自らに課した人類にとってはもはやありえないことだったのです。ところが、他に類を見ない高度な社会を生み出したこの契約が、明日の私の講演の主題でもある人口爆発と環境破壊の根元的な原因となった、という皮肉があります。」

「私は、その理性主義を推し進めた十七世紀以来の機械論的合理主義が、進歩と破壊の諸刃の剣になったと思っています。自然との対話を持つ人々が野蛮人と見做された時期があった、いまもそうかもしれません。」

「人権宣言が生まれてから二百年になりますが、人権は自然の与えた権利ではない、ということを理解している人はあまりいませんね。それは三〇億年以来の生命が宿す自然の法則への挑戦だったのです。」

「あなたのようなフランス人からそれを聴くと説得力がありますね。」

「アンビュルジェの言ったことで最も興味あるのは次のことです。理性が拒否したジャングルの法則は、それでも人間のＤＮＡに残っている。人間の遺伝子に三〇億年前からインプットされている、ということです。だからわれわれ一人ひとりの中で、理性的な道徳律とジャングルの法則が葛藤している。」二つの法則が絶えず対決しているのです。」

「それはすごい指摘ですね。理性と本能の相克ともいえるでしょうか。しかし遺伝子の記憶を持ち出したところが素晴らしい。脳科学の方でも、人の理性の働きは脳の新皮質、特に前頭葉によると言われますが、古い皮質には人類のすべての過去がつまっているわけでしょう。それが時々現れる。ユングが無意識を重視し、意識との調和ある相互関係の中に全人性を追求したことを想い出しますね。人類の過去の秘められた記憶が集団的無意識となるわけですね。」

「私は社会主義を擁護するものではないが、社会主義には理性によってその秘められた闘争心を制御しようというところがあった、と思うのです。ところが旧ソ連の崩壊のおかげで、世界中の社会主義国に自由市場の法則が導入されつつある。ここでは反作用として、今まで抑えられていたジャングルの法則が一気に噴き出す可能性があります。自由市場が求める唯一のものは効率《エフィシエンシー》だから……だが一体何のための効率なのか、は誰も問わない。」

ジェット・ラグも忘れたように話し込むクストーとのこの晩の二人きりの対話を、私は生涯忘れることはあるまい。私はこの衝撃的な立論と東洋的な自然法の考え方を比較した一文を、講談社現代新書『文明の交差路で考える』に載せたのだったが、この〈神との遭遇〉とも言うべき出来事、つまり言葉＝ロゴス＝理性の出現ということがらに関しては、さらに最近（二〇一四年）の筆者のノーム・チョムスキーとの交信の一部がまことに不思議な仕方でからんでくるのである。

チョムスキーは最近の東京での講演でこのように述べていた。

「言葉は、今から五万から一〇万年前（中間をとるなら七万五千年前）、突如として人類に与えられた。それは最初から最適なデザイン（optimal design）を持ち、普遍的文法（universal grammar）があった。その現れ方は、まるで空中に結晶として雪片（snow flake）が現れるのに似ていた。」

私はこの著名な言語学者に「あなたのいう言葉の出現は人類の Exodus from Africa（出アフリカ）の時期と一致するのではないか？」と聞いてみた。また、あなたの言う Universal は私が

「Transversal」（通底）と呼んでいるものに近い、と。これに対し「あなたの指摘は非常に面白い」とチョムスキーは答えてくれた。

なんと図らずも、言葉《ロゴス》による人類の飛躍が、文明理解の中核として、いまをときめくＭＩＴの言語学者と、高名なフランスの環境学者によって語られているのである。

ロマンを与えた行動の人

行動する人クストーは、生前から全世界の子供たちに夢と冒険のロマンを与え続けた。そしてその遺言として、未来世代のためにこの美しい世界を汚してはならない、と訴え続けたのであった。地球に差し迫った危機感に促され、彼は一九七三年クストー・ソサエティを設立したが、アメリカを中心にその会員は三五万人を超えた。その趣旨は、世界レベルで証人となり、良心を代表し、世界の人々の活動の媒体となることであった。自然と共生する生涯教育がその核にあった。

実は「未来世代の権利」の考えは、不可侵とされる「基本的人権」の思想を補うものである。人権思想を形作ったものは、（1）アメリカ独立宣言、（2）フランス革命の人権宣言、（3）第二次世界大戦後の国連による世界人権宣言であるが、この三つは共に「現存する個人の基本的権利」を説くものである。そこには三八億年の悠久の生命の流れ、地球、そして将来生まれてくるものからの視点が無い。この個人の観念の確立に大きな役割を演じたヨーロッパにあって、未だ存在しないもの、来たるべきものたちの権利を説くのは勇気ある行為だと言わねばならぬ。なぜなら私自身、国連機関にあって、この侵しがたい世界人権宣言を少しでも批判する動きはすべて葬り去られてきた事実を知っているからだ。それゆえ一九九七年のユネスコ宣言により、形こそ異なれ、未来世代の権利を世界が認めたことには、クストーという一人の人格の類い稀な人間力を見るのである。

クストーが亡くなった年一九九七年の十一月、鶴見さんから私がいただいた、まだ動く右手で書かれた手紙には、「クストーさんが亡くなられた時つぎのような歌を詠みました」として、三首の歌が、美しい墨筆でしたためられていた。

海底の美しき生命究めたるクストーは今海へ還るや
熊野なる原生林を踏破せし熊楠の霊は山に籠れる
山へゆき海に還りし熊楠とクストーはともに地球守りびと

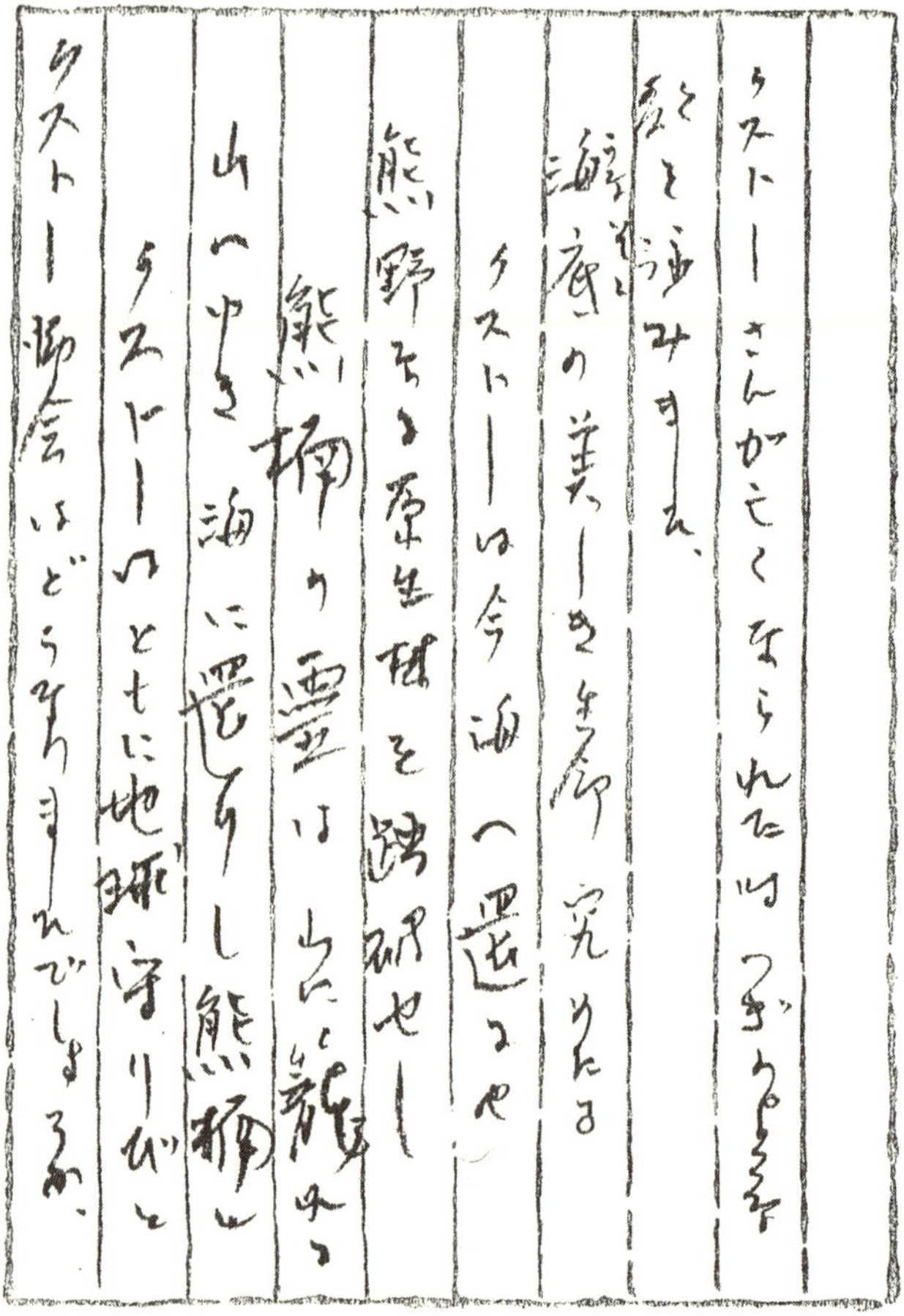

クストーさんがなくなられたはずうっと
深々と悲しみます、
海底の美しき生命究めたる
クストーは今海へ還るや
熊野なる原生林を踏破せし
熊楠の霊は山に籠もる
山へゆき海に還りし熊楠と
クストーはともに地球守りびと
クストー協会はどうなりますでしょうか、

保田紙

第I部　クストーが語る

地球の将来のために

J－Y・クストー

＊一九九二年十一月、第一回世界科学ジャーナリスト会議における基調講演

地球サミットの意味とは

一九九二年、一〇六人の国家元首を含む一三五カ国の代表団が、大変重要なリオデジャネイロ国連環境開発会議の閉会を迎えようとしていたときのことです。

世界から集まった八百を超えるNGOは、その華やかにして活気ある数々の集会の最後を、希望と反抗のコンサートで飾ろうとしていました。そのような大々的な集まりの動機は何だったのか？　それはただ単にあの歴史的なストックホルム会議の二〇周年を祝おうというものではなく、われわれの地球の将来が脅かされている、われわれの種の存続さえも怪しくなっている、という事態への良心の疼きの高まりによるものだったのです。

いわゆる南北あるいは東西間のショッキングな格差にもかかわらず、人々の多くは、一つの地球的意識が生まれていることを確認し、一方諸国家のリーダーたちやメディアがこの更なる世界的連帯の必要性に十分に反応していないことに気が付き始めていたのでした。

このリオ会議の高揚感に画竜点睛ともいうべき色彩を添えた逸話がありますので、皆さんにお伝えしたいと思います。世界の各地から集まった、いまだに独立の民族とは認められていない部族文化を持つ人々は、当然代表権を持っていなかったのですが、自分たちこそが世界の最初の住民であるとして非公式に集まり、私を記者会見に招いてくれたのです。私はそれを受けました。それらの人々のいく人かはカナダ・アマゾン・ニュージーランドやアジアで知っていました。集会のあと、彼らに彼らの旗を掲揚することが許されました。それは彼らの出自を象徴するような色とりどりのパッチワークだったのですが、それを会議場の高いアルミニウムのマストの一つに揚げようというのです。私は、私にこの旗を揚げて欲しいという彼らからの依頼を辞退しました。なぜならこの大切な寓話的意味合いは彼らのものなのですから。

その時驚くべきことが起こりました。その旗が揚がったときです。一羽の鷲が――本当の鷲なのです――空に現れ、旗がまさにポールの先端に届いたその瞬間、そこにとまったのです。このような偶然が一体何を意味するのか、世界的に見て、ここにいた少数民族にとって、またあとから来るものたちの世代にとって何を意味するか、想像してみてください。

一体リオではどんな具体的な成果があったのでしょう？　都合の悪い改革への革新的なプログ

ラムでしょうか？　もちろんそうではありません。控えめな二つの条約が、生物多様性と地球温暖化について採択され、またアジェンダ21という膨大で皮相的な書類が承認されたのですが、それらは直ちに嫌味を込めたプレスの批判を浴びました。彼らは常に産業ロビーの影響下にあるのです。われわれは、目を見開き、耳をそばだて、心を開かねばなりません！　リオ・フォーラムでの歌と踊りは、逆行を許さない希望の歌であり、人類への信頼の表明であったのです。そして〝リオ・サミット〟の不完全な、果てしない議論を経ての決議は「いつも通り（business as usual）」をもはや永遠に不可能としたのです。リオ精神の未来はどうなるのでしょう？　それは人類のたった五分の一に関するいわゆる経済危機の解決でしょうか？　あるいは富める国々でますます増加している就職難の解決でしょうか？　そうではありません。今や全世界が理解したのは、第三世界の失業率は数百万ではなく数十億に上るということ、経済危機があるのはアフリカ、南アメリカ、アジアであり、それは人工的なものではなく、その地方に固有な災難としてあることです。リオのおかげで今や地上の誰も、もはや富める者が更に富み、貧する者が更に貧する事態を許さないでありましょう。この単純なメッセージがリオにおいて程はっきりと告知されたことはありません。そして今、諸国のリーダーたちは、国際機関つまり国連、ユネスコ、世界銀行、IMF（国際通貨基金）、UNDP（国連開発計画）、WHO（世界保健機関）、UNEP（国連環境計画）と共に、小さい国内委員会を作って、リオでの条約やアジェンダ21を実行に移すこととなるでしょう。しかし大きな二つの問題が未解決のまま残りました。リオ会議は最重要の課題である統御不能な人口爆発の問題に直接手を付けませんでした。一九九四年にカイロで開かれる国連人口会議に託そうというのが口実です。そして「持続可能な発展」という語にあまりにも重点が置かれました。あたかもわれわれが知っている発展は持続できないことを覆い隠すように――。人口爆発にブレーキをかけることなしに第三世界を発展させようとするのは自分の影を追いかけて走ることに等しい、とわれわれは認知する勇気を持たねばならないのです。

希望を持たせる、しかし本当は意味のないこの表現が許されているのは、およそ混乱の中にわれわれが生きていることの証です。人生の目標は何なのか？　金持ちとして死ぬことでしょうか、あるいは幸せに生きることなのでしょうか？　競争するのか、協力するのか？　多くの国では「戦争省」の名を「国防省」に変えました。構造は何も変わっていないのに……。こうした「お化粧」の道をたどって、教育にたずさわる「公民訓育省 Public Instruction」は「教育省」となりましたが、経済的圧力のもと、単なる雇用事務所になり果てました。その結果、どうやって安全にアセチレンに加圧するかとか核を分裂させるかを知っている大量の失職者が生まれましたが、彼らがプラトンのことを聞いたことはありません。快楽や自己満足は買えます。広告の洪水の影響のもと、快楽が家族の中の喜びにとってかわってしまいました。

同じ理由で、科学と技術も、大人だけでなく子供の心の中で混同されています。科学の予想はサイエンス・フィクションにとってかわられました。電子ゲームのように――。自分たちの未来の構築に一役を担いたいと願っている今日の若い男女が、今の社会組織の馬鹿らしさに我慢できるでしょうか？　最先端の武器がまるで農作機械であるかの如く、職を創りだすとか国際競争に打ち勝つとかいう口実の下、堂々と売られていることをどうして許せるでしょう？　彼らが、富める者が更に富み、貧しい者が更に貧しくなる現在の仕組みを容認できるでしょうか？　あるいは、いくつかの国がそうですが、禁煙キャンペーンをしている政府が、同時に煙草を作り広告しているのを受け入れられるでしょうか？

言葉がその本来の意味を失ったとき、また同時に行われる政治的決定がしばしば矛盾しているとき、そして情報が世界的となっても信用できないとき、市民たちは拠り所を失い、一時的にせよ中毒患者になるのですが、これは暴力的な抗議行動に転化しうるものです。

危機管理のために

公衆は、一人の大人として、責任あるパートナーとして、一定のリスクを負うようなすべての難しい決定に参画できるのでなければなりません。およそ人間のなすことは失敗する可能性があります。飛行機は落ちるかもしれない。ガスタンクは爆発するかもしれない。原発にしても機械的・人為的瑕疵の危険がないわけではないことが証明されています。公式な世界の在庫目録から漏れている六〇キロの濃縮ウランでもって、姿を見せぬテロリストか一人の無責任な国家指導者が、究極の原子兵器を使用するかもしれません。その間にも赤や緑の泥が海に投げ込まれ、ヒ素や神経ガスあるいは枯葉剤を積んだ船が沈み、重油に汚染された黒い潮が数を増しています。科学技術の進歩は病気との闘いに成功をおさめ、寿命を延ばし、快適さを改善しましたが、不可避的に多くのリスクを生みだしました。しかしわれわれはこれらのリスクのうち取り返しのつかない結果をもたらすものを拒否し、その他を最小限に留めねばなりません。喫緊の課題は、国際政治の分野に、新しいコンセプト、すなわち危機管理の観念を導入することです。

この危機管理は、もちろん、起こりうる事故の影響の評価を含みます。それも短期的ではなく、長期的な影響の評価です。そうでしょう。人間は生殖行為を続ける限り、われわれの種が生き延び調和しながら成長していくようにとの願いを暗黙の中で表明しているのです。

ですからこの危機管理は、われわれの種の存続という一番大切なものを脅かすかもしれない危機を、一片たりとも許さず、取り除かねばならぬ、という選択の意志から始まるのです。

悲劇は、高級官僚たちが大衆は問題を理解できないと信じていることです。無知な子供に話すように話さねばならない、何をやるべきかを知っているのは技術者だけだ、と。これは本当ではありません。彼らは自分たちがやっていることが分かっていません。

フランスには、パリから五五キロから六〇キロ離れたセーヌ川沿いのノジャンという村に作られた新しい原発があります。チェルノブイリのニュースは、パリの住民にとって真に不安を掻き立てるものでした。なぜならもしノジャンに事故が起きたら、パリ全体に壊滅的被害を及ぼすかもしれないからです。テレビ放送アンテンヌ2の私の友人たちが原発の所長へのインタヴューを、チェルノブイリのドキュメンタリー番組の最後に組み込みました。彼らはノジャン原発の所長に、事故の場合の計画を尋ねたのです。答えは「ここには事故は起こりえません。当然ながら」でした。インタヴュアーは突っ込みます。「でももし起こったら、パリの住民全部を避難させることなど不可能でしょう?」、所長いわく「その通り、分かってますよ。パリ市民を全員避難させることなど無理です」「それではどうするのですか?」所長は頭をかき、言いました。「そうですね。民衆にアドバイスしますか」「どんなアドバイスを?」「うーん。たとえば、窓を閉めてくださいとか」。

なぜわれわれは、核エネルギー開発の長い過程で、こんな最悪のところまで落ち込んだのでしょう? 本当に核エネルギーを必要とする緊急事態があったのでしょうか? なぜでしょう? それは、核科学の最初の応用が爆弾だったからです。日本で爆発したやつです。この遺産がすべてを駄目にしているのです。軍事用に開発されたウランの核分裂によるエネルギー、それはウラニウムとプルトニウムを生み出すのですが、爆弾の燃料なのです。

それから核爆弾の実験が続きます。なぜなら彼らは水素爆弾や数メガトン級の爆弾を作ろうとしたからです。一九六二年と一九六三年に、ロシアは大気圏内核実験を始め、アメリカも同じ核実験をはじめました。

一九六五年のことですが、私は、ソ連邦の国立科学アカデミー会長のゼンケヴィッチ教授をユネスコでお昼に招待しました。彼は海洋研究所の顧問団の一人でもあったのです。数カ国語を流暢に話す紳士でした。私たちは四人でしたが、海洋学を中心に四方山話をしました。チーズが出て、アイスクリームとなりました。

私はもう我慢できず、ゼンケヴィッチに尋ねました。「なぜあなた方はこんな実験をやるのですか？　科学アカデミーはこのような実験の及ぼす影響を政府にわからせたのですか？」彼はアイスクリームを見ながら答えたのです。「ええ、政府は科学アカデミーの意見を尋ねました。われわれはこの計画を調査し、ロシア政府にこの実験はおそらくソ連邦内だけで五万人の児童のいのちを奪うことになるだろう、と警告しました。政府の答えはこうでした。もし実験をやらなかったらもっと多くのいのちが失われるだろう」。そして彼は泣きました。私は見たのです。それは今も目に浮かびます。彼の涙がそのアイスクリームに滴り落ちるのを。

問題は官僚の横暴を払拭することです。われわれは事故が起こったとき真実を知りたい。われわれは皆がいかなるリスクを背負い、いかなるリスクを背負わないかを決める権利を要求する。それは未来世代の生活の質を守るためです。ここで深刻な問題とは、汚染、砂漠化、オゾン層の枯渇、地球温暖化、海陸での危険物質の搬送、そしてまた生物種の絶滅です。

人口爆発を直視せよ

しかしわれわれは、この地球とわれわれの未来を脅かしている危険性のすべての根本的な原因はほとんど自覚していません。それが人口爆発なのです。この由々しき危険性がいかなるリーダーの口からも決して語られたことがない、という事実が、私が先ほど述べた、またそれに対して私たちが闘っている認識の混乱がいかに深刻かを物語っています。

　この九月三十日、私は国連で人口の過剰について講演を行いました。それが終わると国連人口基金（UNFPA）の長であるナフィス・サディック博士は、私に一つのコンピューターをくれました。それは刻々と、世界での死者の数を上回る誕生の数をカウントするものでした。これはたったの六週間前のことです。ここにあるディスプレイは、この六週間で世界人口が千四百万人増えたことを示しています——四二日間でパリの三倍の人口が増えたのです。私が生きてきた期間だけで、人口は三倍になりました。一五億が五五億人となったのです。

四〇年後、人口は一〇〇億に達するでありましょう。

　一九七〇年、Green Revolution（緑の革命）の父ノーマン・ボーローグ博士は、ストックホルムでのノーベル賞授与記念講演で、世界のリーダーたちに呼びかけ、彼らにはこの人口の危機を抑制するのに三〇年しか残っていない、と強調したのでした。

　二二年が経ってしまった——とボーローグは私に言いました——、しかしリーダーたちは何一つ手を打たなかった。いやむしろこの問題を議論することを避けてさえいる、と。現在のペースで行くと、たっ

世界人口の「倍増時間」としての年月
（1992年現在）

世界全体	41年
先進国	148年
途上国	34年

出所：POPULATION REFERENCE BUREAU, Inc. Washington D.C. 1992 World Population Data Sheet.

たの四一年で世界人口は倍増するでしょう（前頁表を参照）。しかしこの倍増の明細表の内容は、更に意味深長です。ヨーロッパは人口倍増に三三八年かかるのに対し、アフリカはたったの二三年なのです。

最近、注目すべき合同声明がロンドンのロイヤル・ソサエティと米国の科学アカデミーによって発表されました。サインしたのは双方の会長、マイケル・アティヤ卿とフランク・プレス博士です。この二人の優れた科学者はこのように表明しています。「もし人口増と人間活動のパターンが現状のまま変わらないならば、科学・技術は環境の不可逆的な劣化も世界の大多数の貧困も救うことができないであろう」。そしてこう結んでいます。「二つのアカデミーは科学者、政策決定者、そして民衆の中に議論を喚起したい」と。更に彼らは一九九三年の初めに、この問題を詳しく調査するための科学者会議を開催したい、と述べました。

しかし世界の人々はこの英国と米国のアカデミーの提案した議論に積極的に、精力的に参画する決意があるでしょうか？　科学者一般は、彼らの伝統的な引きこもりから抜け出して、今必要なこの救済の潮流に乗るでしょうか？　彼らの参加なしにはこの戦いには勝てないのです。たぶんわれわれ皆はまだ、人類がいかに凄い冒険に挑んでいるのか分かっていないのです！

人間という種の特殊性

これから話すことをよく聴いてください。世界のすべての人々、富める者も、貧しい者も、飢えている者も。われわれは皆、誇るべきなのです。生来の自然法にあえて挑んだ一つの種に属していることを。

この独創的な考えは、初めて最近の国連でのスピーチで披露したのですが、フランスの科学アカデミー会長、ジャン・アンビュルジェ教授が、死の数カ月前私に教えてくれたものです。これはわれわれのエコロジーと環境保護の観念に革命をもたらすかもしれません。アンビュルジェは極めて最近のできごとであるホモ・サピエンスの到来について語ったのです。ホモ・サピエンスは、軟体動物の頂にはタコが、花の世界では蘭が君臨するように、脊椎動物の頂に座す逆説的な存在です。三〇億年以上をかけて、生命は極めて単純な水中の単細胞生物からまことに複雑な植物・動物へと進化しました。われわれの祖先は三百万年前に現れ、生存するだけでも厳しい時期を過ごしました。デスモンド・モリスはこの初期の人間存在を「裸のサル（the naked ape）」と呼んでいます。つまり攻撃する武器も防御のすべも持たず（殻も、牙も、爪もない）、しかもその敵よりも早く走れない存在だということです。それは「犠牲」となるべき存在であり、火を使うようになり、初期の道具を刻むまでは、おそらく生き延びるのに大変な隘路をたどったことでしょう。

自然は永い進化の歴史を通してうまく機能してきました。しかし生命を花開かせ多様化させる責を負ったそのメカニズムは、残酷さと不公平に彩られたものでした。自然の中では、個体は常に種の生存のために犠牲にされます。無情なジャングルの法則の下、人という犠牲者は自らの存在の不安を感じていたことでしょう。しかし、人は、共同体をつくるやいなや、そしてすべての自然の危険を遠のけたと感じるやいなや、自然と離婚し、自らの法則を発令した、というのです。アンビュルジェは書いています。われわれ人間は個人を尊重したいという。傲慢にも病気を拒否する。早死にを拒否する。自然淘汰も拒否する。自然淘汰とは数知れぬ生き物の中で、まさに奇跡的な生息数の均衡を保証してきたものなのに、それを拒否する。われわれは正義を求める。実際は生命の物語は個々の機会の不均衡の上に成り立っているのに、正義を求める、というのです。

この自然的なるもの、標準となっていたものとの契約破棄は、ごく最近のことなのです。たかが百世紀くらいのものでしょう。そして、それがおそらく道徳の起源となったものなのです。「人間の出現と共に、その時初めて聖霊が息吹く――それは生来の生物的法則に対する反抗の息吹だった。この反乱こそ人間の運命の本質なのだ。それが人間の条件の名誉なのだ。それは人生に意味を与えたのだ」とアンビュルジェは書いています。続いて「しかし明白なのは、深刻なリスクを背負わないで生命の規範を拒否することはできないということだ。一番顕著な例はわれわれが作りだした人口のアンバランスだ。衛生と医療は、自然の生物学的状況をわれわれがいみじくも拒否したことの、まさしくその表れだが、それにより寿命はほぼ三倍に延び、資源が限られたこの惑星で、人口は驚くほどの速さで増加し、今も増加し続けている」。彼によれば、ほとんどすべての社会的害悪、飢餓・貧富のショッキングな格差、砂漠化、生物多様性の減少、遺伝する汚染物質の増加、そしてこの地球の温暖化でさえ人口爆発に由来しているのです。

だからこの人口爆発は、われわれの創りだした反自然的な一連の価値観に由来するのです。すなわち寛容、連帯、そして従来の諸悪に対して初めて医学的に勝利を収めたことに対する誇り、こうしたことがその論理的対応すなわちカウンターパートである産児制限にたどりつくまで、長い間、熱烈に支持されてきました。このパートとカウンターパートの間の共時性の欠如のために、われわれはこの革新的なコース、つまり無情な自然の掟をわれわれ自身の理想である公平・友愛・正義に置き換えることが、新しい義務と危険さを伴うという、そのことをなかなか理解できなかったのです。自然の犠牲者から一転、われわれは厳しい自然の保護者にならねばならなかったのです。われわれ自身がジャングルの法則を拒否することによって、われわれは、周囲の動植物の王国がそれなくしては生き延びられないジャングルの法則を常に享受できるよう、保障する責任を負うことになったのです。

われわれは、この最近の自然との離婚が不可逆的なことをまだ十分認識していません。われわれの祖先たちが、ずっと前に橋を燃やしてしまい、もはや自然へ帰ることはできないのです。

このことは現代人に途方もない重荷を背負わすことになります。生物学的に受け入れることができ、同時に自分の道徳的野心を満足させるような行動を一気に発明せねばならなくなったのです。二百年前、最初の人権宣言の中に、われわれの新しい倫理は見事に描かれました。しかし人権宣言は自然の権利ではないのです。この宣言は単に、われわれが闘ってきた高価な戦いに対するご褒美の前触れにすぎませんでした。その戦いとは、三〇億年も生きとし生けるものを支配してきた法則との闘いであり、たかだか一万年前にわれわれが受け入れがたいと判断したものとの闘いだったのです！　この歴史的文書が言及せず、そこに欠けているもの、それはわれわれがこの線を維持するには、一連の未来世代の権利を扱う必要があるということ、また権利は自動的に義務を伴っていることです。また反自然的権利は反自然的義務を伴う、ということも。これらの新しい義務のいくつかは民主主義世界では達成されました。例えば奴隷制の廃棄、戦犯を裁いたニュールンベルク裁判、人種差別に対する大きな抗議、赤十字の創立等です。しかし進歩は、その結果が意識されることなく、同時に一つの小競り合いを引き起こしました。もしわれわれの危うい行動の成功を願うなら、われわれは全人類をわれわれの大冒険に参加するよう説得せねばなりません。そして早急に、恵まれない人々を更に貧しくするのに直接作用している人口爆発を制御しなくてはなりません。さもなくば恨みは蔓延し、憎しみに変わり、数億人を巻き込むおぞましい大量殺戮が起こることが避けられなくなるでありましょう。

経済を管理する道徳が必要

人口のコップが溢れ出ないようにするには、最後の武器は権威ではなく説得です。教育による説得です。残念ながら最低の条件を満たさねば大衆を説得することはできません。飲料水や衛生をすべての人に与えることです。学ぶ代わりに家に留め置かれている多くの娘たちに課外学校を作ることです（リオでは、あるアフリカの大統領が私に「でも女は台所にいるものだよ」とぶっきらぼうに言い放ったものです）。また老人のための保障システムも必要です。現状を直視する勇気を持たねばなりません。世界のリーダーたちが、リオ会議に参加したことにより、問題は文字通り人間という種を救うことなのだと理解し、思い切った、普通ではない、ポピュラーではない決定をする必要性を認めるか、あるいはアティヤ卿やフランク・プレス博士が恐れている差し迫った破局が早まるか、なのです。そのような革命は人類が自然の価値を放棄したことの、直接にして避けがたい結果なのです。それが成功するのは、ひとえにわれわれの意志が諸国の連合を生みだし、国際機関、民間組織（NGOs）を集合できるか否か、にかかっています。こうした貧困に対する戦い、特別な利権に対する戦いには、大変なお金がかかります。個人の犠牲でできることではありません。

われわれがジャングルの法則を拒否したことは、われわれのこころから起こったのです。遺伝子からではありません。しかし、ＤＮＡの複雑な構造はわれわれの本能に書き込まれており、それは生命の成功、多様性を形造ってきた過酷な法則・原理に身を投じようとします。われわれが発明し、それを良きものとし、身に着けたモラルの法則・原理は、われわれの遺伝子の遺産を克服するのに長い時間を要するでしょう。今われわれに分かるのは、われわれ本来の山猫の本性は生き残っていて、それは育ち、およそ現代経済の礎石たる自由市場原理として遂に花咲いたということです。自由市場経済はずば抜けて効率の良いシステムです。共産世界の崩壊の主な原因は、東西の競争にあって、西の自由経済が東の計画経済よりはるかに効率がよかったということによるのです。しかしながら、東西の競争が終わった今、注意すべきは答えなき問題なのです。効率？何のために？　五分の一の富める者を更に押し上げ、五分の四の貧しい者を犠牲にすることでしょうか？　為替相場を操る者たちを助けるための効率なのでしょうか？　失業者を増やし、一番富める国々に無数の貧困者やホームレスを創りだすためのものなのでしょうか？　他では不足している資源をここで浪費するためのものでしょうか？　効率は若者たちにただ一つの理想を与えるに至りました。金持ちになることです。

自由市場経済が今よりはるかに厳しく管理され、われわれのいう新しい一連の道徳価値のもとに置かれない限り、それは無情な、不正なものであり続け、人類が拒否したジャングルの法と同じくらい人を殺すでしょう。国際的な武器の交易はまさに偽善者で、この自由市場の論理の中に入り込み、あらゆる道徳原理をあざ笑っています。武器の市場とは死の交易です。それ以外の何物でもありません。これが湾岸戦争の後急増したのです。

世界の二大産業、軍事産業と薬物マーケットは、共に寄生物です。つまりそれらは世界の福祉に全く寄与しないか、ほんの少ししか寄与しません。その売り上げ高は年間ほぼ一兆八〇〇〇億ドルに上ります！　これはもっとも早急に解決されるべき問題、すなわち人口問題と貧困問題を解決するのに必要な額の約三倍なのです。

こうした忌まわしい活動を減らし無くしてゆくということにもまして、もっと本当の難関は、貯蓄をもっと大切なチャンネルに載せることでしょう。それには、特殊な利益団体がその横領を偽装するために行っている口裏合わせをやめなければなりません。

知の力を取り戻す

今日、すべての人が合意するのは次のようなことです。権力は、政治であれ、経済であれ、産業の権力であれ、人民に奉仕する時にのみ正当化される、ということ。そしてその人民は、やっと無知から目覚めかけているが、支離滅裂な情報の波に呑まれ、混乱の大海の中でもがいている、ということです。彼らには明確な説明が必要です。事実を知ることが必要です。たとえそれが悪いニュースであっても、です。彼らはあまりにも嘘をつかれてきました。だから自分たちの指導者たちを、代表者たちを、そしてメディアをさえ信じられないのです。それに科学とメディアの関係も少なからず混乱しています。この二つのコミュニティは同じ言葉を話していません。そしてわずかな専門解説者も大衆を安心させるに至っていません。

科学者の新しい責任とは、そのような危ない、信頼の欠如を変える手助けをすることです。心の混乱を取り除くことです。すべての人間に人類の運命に対する自信と個人の誇りを取り戻すことです。

アリストテレスやニュートンといった独創的な科学者、更にダーウィンでさえも、彼らの現代の同僚たちと比べてずっと、哲学や倫理学といった科学ではない学問に親しんでいました。教会と国家の分離、つまり神とこの世の自然の素晴らしさとの分離がまだ存在しなかった時、科学は哲学と倫理学の領域に留まっていた、言い換えれば道徳に基づいた世界観の中にあったのです。

大量の情報獲得の結果、西欧の文明が発展すると、知識の洪水が情報の分化を引き起こし、科学を他の学問から分離してしまいました。これは悲劇でした。なぜならそれは科学とヒューマニズムの根源にあった大切な絆を壊してしまったからです。

倫理、道徳、そして人文科学から離れ、孤立した科学者たちは、その「客観性」を誇るようになりました。ひとが「象牙の塔」と呼ぶ場所で、科学者たちは「真理」を追究してきたのですが、この「現実」からの乖離は「論理的不条理」を創りだしました。ヴァリューフリー（価値を問わない）科学的解釈はヴァリューレス（無価値）なものとなりえたのです。この別離が、科学から生まれたにしても決して発展してはならないいくつかのテクノロジーを可能としました。現在のすべての軍産システムは、人の生命と個人の尊厳に価値を与えるいかなる世界観とも矛盾したものです。

高度の有害物質の生産とその環境への排出は、数ある論理的不条理の別の一例です。無知な政治家や官僚たちは、人類の需要に見合った科学の応用を全く理解せず、生命システムの生命力を破壊する政策を推進あるいは許容してきました。そのいくつかの場合、その生命システムとは、人間であり、他のケースでは人間に居住環境を与えるエコシステムでした。

そのような政策はどのように発展してきたのでしょう？　誰に責任があるのでしょう？　いつもながら答えは簡単ではありません。しかし一つのことは確かです。科学者たちは大衆や政策決定者に科学とは何か、また何でないか、を正しく伝えず、また科学の道徳への関与について正しく教えてこなかった、ということです。

モナコのアルベール大公は世界でも有名な海洋学者ですが、私の生涯でもっともインスピレーションを与えてくれた方です。大公は遠征から、それまで夢想もできなかったような海中生物の形についての情報を持ち帰りました。しかしわれわれを取り巻く世界を理解しようとする思いは、単にその答えで自分を満足させるだけにとどまりませんでした。彼は、一八〇〇年代の終わりでしたが、モナコからパリ近郊の工場までバイクを駆り、工員たちに語ったのです。彼らに人類の未来にとっての海洋の大切さを語るのでした。科学者たち、報道関係者の双方にとってなんという模範でしょう！　一般の人々に対するなんという敬意でしょう！

あまりにも多くの科学者が、彼らの科学の純粋性は現実世界への配慮によって汚されてこなかった、と誇っています。そして事実、アカデミックなシステムは多くの場合、このような孤立を助長する方向に極端に向いていています。世界中の科学者たちは、彼らが属する研究機関が微妙な問題に対しては沈黙を強要することに苦しんできたはずです。

大衆との接触を試み、合理的・持続可能な政策を構築するのに参加しようとする科学者もたくさんいます。しかし十分ではありません。

表面的に見れば、多くの国が環境局を造ろうとしていることは頼もしい動きです。だが、これらの部局は政治力が弱く予算も抑えられ、強力な圧力団体に立ち向う「みどりの党」に毛が生えた程度のものです。その圧力団体とは、未来世代に課せられた試練を一切考慮することなく、なけなしの資源から一ドルでも絞り出そうという圧力団体なのです。

世界はもはやわれわれすべての助けと献身的参加なしには生き残れません。孤立主義は許されません。科学者自身は、政策決定者を選ぶすべての人々に高度に技術的な事柄を翻訳し伝えるのに絶対的に必要です。大衆は助けを必要としているのです。世界市民の理解すべきことは、すべての行為行動の引き起こす結末、そしてそれに対する代案です。しかし単なる事実関係の知識だけでは足りません。モラルと倫理的側面が忘れられてはなりません。科学者の間にも科学だけでは不備であるとの合意が高まっています。われわれは科学と人文科学を一体化する道を見つけねばならないのです。

人類学者のグレゴリー・ベイトソンが述べたように、「知性と感情を切り離すことは、こころと身体を分けるのと同じく、奇怪であり危険」なのです。

私はユネスコこそが、そのような精神を世界に吹き込むことができる唯一の機関であると思っています。

文化と環境

J-Y・クストー

＊一九九五年九月、国連大学におけるユネスコ創立五〇周年記念シンポジウムでの基調講演

未来世代の運命を考える

昔、一九五〇年ころのことですが、私たちの小さな研究チームは、海底の世界に、第二次世界大戦以来ずっと破壊が加えられてきたことに気づきました。私たちのチームが、その発見の栄を持つものです。

ポシドニアというところがあります。そこは海草の大平原で、あらゆる海洋生物が産卵します。つまり、そこは海の保育所なのです。その平原が、浅い海での操業が禁止されている小型のトロール船によって、根こそぎ荒らされてしまいました。同時に遠くからは、ダイナマイトを使った漁法のにぶい爆発音が聞こえてきました。それは、あらゆる種類の略奪者たちの群れの到来を告げ

ていたのです。

過去四五年間、私たちは、環境保護のキャンペーンを行ってきました。それは、環境という言葉が何を物語るか、誰も知らなかった時代のことです。四五年間、私たちは海に潜り、研究し、成果を出版し、ラジオやテレビで放送してきました。この四五年間の最後のころになると、数千のエコロジー団体が生まれていました。

しかし私たちは、どんな理由で、水や、魚、鯨、鳥、花、蝶などを保護しなくてはならないのでしょうか。それは、何より人々のためであると思います。水中の生態系と、いろいろな文化をもつ人間との間の、相互的な影響を研究するという発想から、われわれのいわゆる「生態社会学」(エコソシオロジー)が誕生しました。これは新しい学問領域なのです。一九八六年に、私たちのチームは「世界の再発見」という一連の探検を開始しました。

私は生態社会学の新しい方法に魅惑され仕事をしていましたが、あることに注目せざるを得ませんでした。それは善意の環境研究者たちでさえも、そのほとんどが急速に変化しつつある世界となんらの関わりを持たないでいること、みんながもっぱら非常に狭い自分たちだけの伝統とそこでの問題に縛られている、という事実です。

そのころ私は、うすうすこう感じていました。つまり私たちは、テリエ、デュマ、アリナ、ファルコ等は、膨大な努力を払い、科学者仲間、ダイバー、船乗り、その他の参加者の協力を得て研究したのですが、それも所詮は、十分には見通せないものの、どうしても避けられそうにない破滅について、いわばその背景を明らかにしただけだった、ということです。しかし、そうこうする間に、私は過剰に開発され汚染された地球の運命を思いやって、重大な危機感を抱くようになりました。

一九九二年十一月十日、東京で開かれた第一回世界科学ジャーナリスト会議で、私はスピーチする栄に浴しました（本書三三頁）。そのときのスピーチで、人類の将来を脅かしている主要な二つの危険について申し上げました。人口爆発と核兵器の拡散がそれです。その後、カイロ人口会議がありましたが、各国に人口問題を真剣に考えさせることはできなかったようです。核兵器に関しては、不拡散条約の締結にもかかわらず、フランスは一九九五年九月、太平洋のムルロア環礁で、地下実験を再開しました。そうすることで、フランス政府は、不拡散条約の第六条を順守するつもりのないことを示したわけです。この第六条は、条約の締結国は核兵器の数を削減し、新たな製造を行わないという相互の決意を確認し、世界が化学兵器や細菌兵器と同様に、すべての核兵器を違法とする所まで到達することを謳うものです。フランスがこのように馬鹿げた決定を下し、また発表したのは、おそらく核兵器の有力な国際的ロビーの圧力があったからでしょう。今こそ私たちは、こうしたテクノクラートの傲慢を乗り越えねばなりません。

私は、かつてポンピドゥー大統領を訪問し、フランスの海洋研究を改革するための提案をしました。これは忘れることができません。大統領は私の言うことに二〇分余り耳を傾け、私が憂慮しているのと同じ問題を、非常によく理解していることを示すような発言をされたのでした。大統領はさらに私を祝福し握手を求めて、こう言われました。

「クストーさん、私はあなたと同じ考えです。しかし、忘れないでいただきたいのですが、フランス国家の大統領としては、その主要な官庁には対抗できないのです。」

これまでのところ、伝統的なエコロジーは人々を覚醒させ、次のことに気づかせました。空気、水など生命の元なる流体は、清らかに保たれねばならないこと、川、湖、さらに海岸は清潔でなければならないこと、都市のごみや工業の廃棄物はリサイクルするか処分すること、それはコストのかかることではあるけれども、新たな仕事を創造する、ということです。ますます多くの国の政府が、「環境省」なるものを設けて、それがよき番犬の役を果たすことを期待しています。このような努力は、だれにでもわかる基本的なもので、子供に歯を磨くことを教えるのと同じくらい、必要なことです。

過去五〇年間に、人々は、毎日の生活の中での不注意がどんな結末を生むかを、広く学んできました。このような近年の自覚は、新しい世界的意識の一部となりました。それはフランスの学校に「公民科」が導入されたときにも似ています。

しかし、他のことでもそうですが、この分野でも、人々の考えたのは、短期的な結果に関わることでしかないのです。例を挙げましょう。新しく建設されたダムは、電力を生産すればそれで成功と見なされるのです。しかし、それはまた、やがて川の水位を引き下げ、洪水から生存のために役立つ恩恵を得てきた地域を干上がらせてしまうものでもあるのです。

実際、今日でも、ほとんどの政治家、ほとんど全員に近いテクノクラート、すべての産業集団は、自分たちが決定したことから生みだされる、長期の、あるいはさらに超長期の結末について、少しも考えてみようとしないのです。そして、人口問題のような本質的で解決困難な事態に直面しますと、問題を避ける傾向があるのです。ほとんどの国家元首がリオデジャネイロの環境会議に集まって来て、安いコストで滞在し、見栄を切りました。けれども、彼らのうちのわずかな人だけしか、カイロでの「人口会議」に参加する勇気を持たないのです。しかもそのうちだれ一人として、四〇年先の未来世代の運命について、少しの時間でいいから考えてみるということをしなかったのです。

今、「新しいエコロジー」の役割は、ジャン・アンビュルジェの哲学について、そのあらゆる結末を考察することにあります。私たちは、まず第一に、人類が自然から離婚して以来陥った危惧すべき状態とは何かを、明らかにする必要があります。それを十分に理解したのち、次には、悲惨な未来を作り出さないために、私たちは何を警戒すべきであるか、考えねばなりません。

新しいエコロジストたちは、古いエコロジストたちのような、清浄で健康な環境への配慮というだけにとどまらず、もっと先のことを考えます。新しいエコロジストたちは、より良い生活の質と自然資源のより公平な配分に至る道のうえに、どんな罠が待ち構えているか見つけ出すでしょう。しかし私たちは、頭痛を治すためにアスピリンを飲むような方法で、環境汚染という症候を治療することに満足しません。私たちは、環境破壊の本当の原因を解明しようとするのです。

それは、医者が患者の症候の原因を究明しようとするのと同じです。

人類は、野生の世界の中で生存する手立てを、少ししか備えていなかったので、自然の気まぐれから逃れ、自らの運命を自らの手に握ったのです。環境はわれわれ人類の主要な関心事です。しかし私たちは、自らの哲学の中に、道徳的価値、市場経済、生物学、熱力学、それにまたわれわれ人間の内面世界、あるいは遺伝子医療倫理のような新たな分野も取り込まねばなりません。

もはや環境は、単に、私たちがそのうえで生命活動を演じる舞台装置のような、私たちを取り巻く周囲の条件であるというだけでは済まされないものです。環境は人間自身の行動を含み、物事のやり方と仕来り、伝統、言語なども含むものです。人間がダーウィン的な自然淘汰の法則を進んで拒否したとき、人は自動的に、その周囲の野生の生命を自ら保護する立場に立ったわけです。だから私たちは、自然からのおびただしい警告に耳を傾け、聴き入らねばならないのです。

ミズーリ植物園のピーター・ラヴェン博士は、こう書いています。

「われわれがある生物を安易に絶滅させるならば、それを保存する機会を失うというだけにとどまらず、どのようにそれを活用できたかを、今後は知ることもないし、評価することも愛することも、あるいは他のあらゆる種類の経験も知り得ないことになるでしょう。」

生命の多様性

この意味で、生命の多様性は、健康で持続的な環境というものにとっては、不可欠の前提条件なのです。生物的多様性というとき、その意味するところは、種の多様性、生命共同体の多様性と、そしてなかんずく遺伝子の多様性です。この遺伝子の多様性は、種の内部にあり、環境への適応能力を保障するものです。遺伝子的な違いの幅が大きければ大きいだけ、健全なのです。同じく、一つの生命共同体（エコシステム）を構成する種の数が多ければ多いだけ、それだけシステムは環境変化に耐える力が大きいわけです。生命共同体の多様性と、逆境に耐える力との間の、自然にできあがった強力な結びつきは根本的な前提であるということが、最近になって劇的に証明されました。フロリダ、ブラジル、アメリカ、ソ連では、一九七二年から九一年まで、生産効率を高めることを目的に行われた単一の作物種からなる野心的な大規模農業が、かえって飢饉を生み出したのです。

生物的多様性の法則は、エコシステムだけに当てはまるだけでなく、人間の観念（文学、音楽、絵画など）にも当てはまります。ある文化それ自体の内部の多様性、あるいはいろいろな文化の間の差異は、われわれ人類の文明の活力にとっての不可欠の要素であり、人類のかけがえのない財産なのです。

最も単純な文化は、古代以来、歴史を動かしてきたその傲慢と覇権欲によって、真っ先に生け贄となり、滅んできたのです。シュメール、エジプト、モンゴル、ギリシア、ローマはじめその他数多くの肥大した国々は、自分自身の力に酔いつぶれ、また一生懸命、他の幾つかの強力な文明を打ち壊し、幾百ものおだやかな文化とも衝突し、われわれ人類の財産を未来永劫、貧しくしてしまったのです。

発展途上国にとってはすでに常識となっていることですが、近代の植民地主義は、銃をお金に置き換えたといわれます。さらに現在では、文化的な覇権を追求する者にとっては、銃にとって代わるのはメディアであり、お金がそれを支えることになるということです。

私たちには、文化の自由が必要です。それは、自由に呼吸する空気が必要なのと同じことです。文化の自由は、自由というもののシンボルであり、売り買いしてはならないものです。私たちは文化の多様性を必要とします。それは食事や、不思議な性質をもつ言語、自由、デモクラシーと同じように必要なのです。同様に時間も必要です。それは単に物を作り出すためだけでなく、考え、創造し、生活を楽しむための時間なのです。

文化を保護するということは、コミュニケーションの次元に関わることです。しかしそれは、保護の意図を単に善意的に宣言することや、ゴリアテとダヴィデとの争いに等しいことを、コミュニケーションすなわち映像と言葉の間に持ち込むようなことではなく、それをはるかに超えた仕事です。私たちは、「自分勝手主義」を相互主義へ、競争を刺激へと、変えてゆかねばなりません。

歴史には、さまざまなさざ波が起きていろいろな刻印を残しましたが、いずれにせよ、いま私たちのなすべきことは、一つのグローバルな世論を喚起することです。つまり、文化の混淆《こんこう》とわれわれの雑多な文化のジャングルの豊かな繁栄を保存すべきである、という世論がそれです。「新しいエコロジー」が担うべき重大な責務は、世界中に散らばって残存している弱い文化を保存するということです。これはどんな障害があっても、やり遂げねばなりません。

私は冒険に満ちた人生の歩みの中で、文化上の多くの難破船を目撃しました。そのほとんどは、二つの種類の人々、二つの異なる生活様式の衝突から生まれた悲劇でありました。その衝突の原因は、いずれも一方的に自分の方の優越性を宣言したためでした。しかし、このような過ちをおかすために使われた方法には、実にいろいろなものがありました。

私の船カリプソ号が一九七二年にテラ・デル・フェゴ（火の土地）に着いた時、私はこの地の土着民でウナ（UNA）という名の住民と接触を試みました。彼らのことは、その数年前にランプルール神父に教わっていたのです。私がそこで発見したのは、生き残っているウナ族はたったの一人、八十二歳の女性ということでした。他のすべてのウナ族は、狩猟の獲物のように銃で撃ち殺されたというのです。それはどんな理由からでしょうか。ダーウィンがこう書き残していたのです。「ウナ族は人間よりも動物に近い……」と。

チリでは、一九七三年、生存していた三七人のカワシュカル族の伝統とオリジナルな一本弦の音楽を調査しました。それから一五年の後には、生存者は一人しかいなくなりました。みんな鉱山で白人と同じように重労働を課せられ、それに適応できなかったのです。

ニアス族は、インドネシアのスマトラ島の西方ニアス島に住み、生来、好戦的な人々でした。しかし、私たちが、ラグンディ湾に碇をおろした時に出会ったのは、何の特色もないインドネシアの人々でした。彼らは、先祖の文化に関して何も伝えていませんでした。その先人たちは石の記念碑を造り、この地にやって来たことを永遠に記録していたのですが、一世紀前に酋長がキリスト教の伝道師により改宗して以来、祖先伝来の遺産はほとんど根絶やしにされてしまったのです。侵入者たちは、長い間続く戦争よりも、より速やかに、いっそう完膚無きまでに、ニアス族の生活様式を消し去ってしまったのです。

ブラジルでは、今でもヤノマミ人が、彼らの昔からの土地で金が発見されたという、ただそのことのゆえに迫害され殺されています。

インドネシアのシベルート島の先住民メンタワイ族は、今も自分たちの独立の生活様式を誇りにしていますが、予期しなかった陰険な暴力による脅迫を受けています。その暴力とは、私たちが祝福すべき教育と考えているものです。しかし、この場合の教育とは、弱い文化を強い文化で置き換えるものです。こういった教育は、われわれ人類の文化遺産を貧しくさせるものです。この教育は人々の文化に新しい血を輸血し、結局、この文化は数十年後には消し去られてしまうに違いありません。

最後に、世界の他の地域の人々にとって最も重要な警告となる事例は、イースター島人の集団自殺です。この人々はポリネシア人の一族で、紀元七〇〇年ころに、小さな汚れのない緑豊かな熱帯の小島、かのイースター島に移住して来ました。しかし、わずか九世紀の間に、その人口が二〇〇人から二万人を超えるまでに増え、彼らのちっぽけな空間の資源を使いつくし、飢餓に陥り、反乱を起こし、自らの文化を破壊したのです。これは、一つの厳粛な警告です。つまり、人口過剰が、栄えている文化を、少数の生き残りのためのおぞましい生存闘争に、いかに簡単に投げ込むものであるか、ということを示しているのです。

文化の多様性

以上に挙げたような文化の廃棄は、私たちに一つの教訓を与えます。文明社会にあって誇るべき豊かな文化を存続させる道は唯一、世界の文化の多様性を保護すること、生物的多様性と文化的多様性とをともに保護すること、これに尽きるということです。私たちは、受け継いだ財産を使い捨ての消費財のようなものとみなす立場を拒否しなくてはなりません。

しかし、私たちは自然から離婚していて、もう元には帰れませんから、将来への道は極めて危険度の高いものです。私たちはまったく新たな道徳的価値を誇りをもって採用することで、無意識的に自らの道に無数の地雷を植え込んだのです。それを探知し、無害にするために必要なことは、絶えず監視を怠らないということと、最新の科学技術の助けを借りるということです。

最近、私たち人類は思わぬ暗礁に出くわしました。冷酷な自然淘汰の法則を、正義の観念に置き換え、個人の権利の優先、そして平等、博愛の原理に置き換えました。それは大胆な合理的選択であり、本能的衝動による選択ではありません。しかるに、人類のＤＮＡの複雑な構造の中には、私たちの行動を生命の発展と多様化を生み出してきた本能に従わせるという一つの傾向性が埋め込まれているのです。人類が発明し、宣言し、受容してきた道徳法則は、長い時間のうちには経済学にも浸透してゆくでしょう。これまでこの道徳法則は、冷戦の恐怖により陰に追いやられていたものです。

ソ連が崩壊したとき、西側の証券界の大御所たちは、自由経済の優越性を、啓示されたドグマのように説いてまわりました。数カ月のうちに、投機家たちの共同体は、いわゆる「市場経済」という名の、非情で、匿名の、普遍的な独裁者となったのです。市場経済は今日、世界を取り仕切り、国家主権をはるかに超えたところで動いています。

ところで、ドイツによるフランスの占領という苦渋に満ちた困難な時代は、金銭の興味深い歴史について、私個人に目を開いてくれました。私の家族は、戦争終了時にはトゥーロンに住んでいましたが、新聞に次のような広告を出しました。「一〇メートルの配水パイプを、孕んだウサギ一羽と交換します。」取引は成立し、私たちはウサギを何度も食べたものです。この風変わりな物々交換では、お金は少しも動きませんでした。しかし、双方が満足しました。さらに、戦争中、必需品を買うには、お金よりも配給券（クーポン）を手に入れることの方が、ずっと困難でした。お金はまずしい配給物の価値しか表現しないものと思われていたのです。

戦争中と戦後の時期というものは、不安定の時代でした。その間、貨幣の社会的な――そして道徳的な――重要性は、疑いの目で見られていました。闇市場と成金は、危機の時代の必然的な副産物です。危機の時代とは、私の経験した一九三九～四五年とか、共産主義が崩壊して以来、東欧諸国が陥ったカオスの状態のことです。戦争や革命により引き起こされた破壊は、大衆の苦しみと、金儲け亡者の欲望や傲慢さとを露《あらわ》に示します。しかし、実に短期間のうちに、誤った行動は組織され、あるいは隠蔽されます。すべてのものがうわべだけの秩序に組み込まれます。貨幣が再び「生命の第三の液体」となるのです。しかし実は、貨幣こそ社会的問題の出発点であり、道徳的対立の始まりであり、不正義の増加、地理的な分裂と戦争の危機の始まりなのです。

歴史的にみれば、貨幣は、新石器時代以来、貝殻、コイン、支払い証書、紙幣、小切手、クレジットカードなど、極めてさまざまな形があり、取引を促進してきました。またそうすることで、進歩と呼ばれる発展を加速しました。しかし、貨幣は取引の抽象的なシンボルとして、「勤労の尺度」とされてきました。それは、人間がパンを得るため額に汗して働かねばならなかった時に由来しているのです。

実際、支配の理想的な手段である富は、他人の労働の成果として生まれてきました。しかし、現代では、消費財を生産するための労働の重要性はますます低下し、魔術的な金属、光り輝き腐食せず物珍しい金属すなわち金が、労働に取って代わっています。金は永続のシンボルとして、国立銀行の地下金庫に蓄えられ、人々を安心させるものです。しかしそれは長くはありません。黄色の金属の安定性は投機家たちの弄ぶところとなり、投機家の力は、電話とコンピュータの普及につれ増大していきました。今日では、貨幣は具体的な意味を失いました。自由経済と市場経済が人間のあらゆる活動を支配することになった時、そのような貨幣は、私たちの生活の公分母となりました。不況、インフレ、失業は、市民の福祉に影響するだけではありません。最も虐げられた人々や老齢者には生殺与奪の権を振るいます。こうした災難は、経済理論家の予測からは漏れています。理論家たちは何よりも詳細な説明を行いますが、いつも出来事の起きたあとに説明を加えるのであり、災難の予測は手に負えないのです。

一方、私たちが住んでいるこの体制は、何のためらいもなく、生まれたての赤子から、人生の段階ごとに、まるで動物についてと同じように、その価値を評価するのです。理論家たちは、それと似たようないかがわしさと愚かな知に唆《そそのか》され、病人、身体障害者、無能力者やその他の弱者を、国民所得の資産部分に算入するのです。

最近このような視点から、ある保険会社は、自動車のドライバーを事故から護るためのエアバッグの導入を残念なことだと言いました。蓋し、エアバッグさえなければ、ドライバーはいのちを落とし、そのほうが生涯身障者となるより保険会社には安上がりだからです。この種の馬鹿げたことの極みで忘れてはならないのは、医療専門家が煙草についてこう説明していることです。「喫煙は経済に都合がよい。なぜなら、愛煙家のうちの高い割合の者が肺ガンにかかり、比較的若い年齢で死亡する。そうなれば老齢になってからの医療コストを掛けなくてすむからである」というわけです。

また、マダム・カルメンといえば、一二〇年も生きて人類史上最も長生きであったとされる人物ですが、彼女のわずかな人生の期間に、世界の人口は八倍も増加しました。つまり七億人から五六億人に増えたのです。自然資源は急速に枯渇し、地球の気候は温暖化し、百万以上の動植物の種が絶滅しました。人類の共同社会は二極に分裂し、豊かな国々は年々富を増し、貧しい国々はいっそう貧しさを極めています。

「新しいエコロジスト」は、河川を浄化することや、アザラシの赤ん坊を養子にすることだけに満足してはなりません。私たちの新しい仕事は、薬屋のようにアスピリンを売って病気を治すことではありません。今日、私たちは、医者として働き、人類がかかっている病気の徹底的な診断を行い、またその問題の原因を確認し、全力をあげて原因を除去しなければなりません。

ミスター・マーケット

われわれ人類が陥っている経済の混乱は、人類が自然から離婚したとき明確に示した意図と、驚くほど対応しています。冷厳な自然淘汰に回帰しようとする抵抗しがたい遺伝子的衝動は、経済分野で成功し、無名の非情な独裁者、顔のない「ミスター・マーケット」に、恣《ほしいまま》の権力を与えているのです。

この危険な権力の付与は、実際、文明から野蛮への逆戻りであり、道徳的規律から単なる力の信仰への、デモクラシーから名状しがたい独裁への逆戻りなのです。市場経済は必ずしも完全な経済の自由主義とはならない、と主張するのは容易ですが、それは民主主義は無政府主義と混同されてはならない、というのと同じです。

ミスター・マーケットには、思いもかけない分野に共犯の同盟軍があります。宗教となった技術「進歩」論や、その拡散から生み出された情報の混乱、現実世界への仮想現実的なものの侵入などがそれです。経済の領域そのものでも、現実世界はその基盤を失いつつあります。「ジャンクボンド」「先物取引」「デリバティブ」などは、まさに仮想現実的で非実在の概念物であって、それらに対する投機が納税者の犠牲のうえに行われます。納税者は、現実である証券市場で、一定の範囲内で投機をすることが許され、搾取されつつ不満を宥《なだ》められるわけです。私たちは、単一の思考方法、単一の生活様式を生み出すように組織された情報ハイウェイによって押し流され埋められることを拒まねばなりません。そして、意見や文化の多様性を保護してゆくことを主張し、同時に科学技術のよき面を受け入れ、知性をもって行動しなければなりません。要するに、「自由経済」の優位性を乱用することは、証券市場の自然選択を、ジャングルの中と同じように、非情な形で蘇生させたのであり、相互扶助と励ましの代わりに、恣の冷酷な競争を解き放ったのです。

しかし、新たなエコロジーからは、このような市場経済についての哲学的理由づけのほかに、いくつもの具体的な例が挙げられます。市場経済は本来、財貨サービスの流れを数量的に計り、それに人々がどのように対価を支払うかということに基づいています。それは、価値の受け取り手の側に基礎をおくシステムであり、消費財の創造と生産に何が投入されたかで価値を計量するシステムと対照的です。もしも「生産者を基本とする」価値システムを採用すれば、私たちは森や生物、きれいな水、あるいは教育などが大きな価値を持つことに気づくでしょう。もちろん、それらは今日人々が多くの対価を支払おうとしないのですが、実際は大きな価値を持っているのです。エコロジー的価値を決めるうえでは、現代経済のシステムは明らかに歪んでいます。

もう一つの懸念は、環境保護の新しい考え方からのものです。それは、経済を一つの循環として考えることに対するものです。つまり、労働と財貨、資本と貨幣は、企業と家計の間を循環し、それによりだれもがいっそう豊かになるという仮説に対してです。この仮説は、経済のあらゆる状態の評価原理とされます。しかし、経済は循環ではありません。非循環的資源は枯渇し、廃棄物は溜ってゆきます。最も貴重な財産は消耗し果て、価値のないごみは容赦なく堆積してゆきます。

新古典派的な市場均衡は、参加者があらかじめ生存に必要な物資を与えられている場合にのみ成り立ちます。それは例えば、成功した農業経済に見られるものと同じものです。しかし、人類がもはや仕事とレジャーを自由に選択できなくなった現状では、事態は完全に違って来ます。

ジョージェスク＝レーゲン教授は、こう述べています。「つまり、『生産』の本当の目的は『生産物』ではない。本当の目的は、まさに非物質的な『分泌物』、すなわち生命の喜びである」と。新しいエコロジストは、またこのような注意も喚起します。いわく、「熱力学の第二法則によれば、実物世界の時間とすべてのプロセスは不可逆的である」と。「調和の取れた経済循環」あるいは「調和した市場価格」について、なぜわれわれが幻想を持ち続けるのかといいますと、それは前の世紀に、凝縮された、しかしいずれ枯渇するエネルギー資源が膨大な規模で発見され、それが非循環的なものであることを忘れてしまったからです。今日のタイプの経済は、この凝縮されたエネルギーなしには存続できません。

この領域では、供給不足の解決には価格を引き上げるしか道はありません。おまけに、このような自然のエネルギー資源の潜在的な買い手のほとんどは取引に参加できません。なぜなら、その買い手とは「未来世代」であって、まだ生まれてきていないからです。したがって、現在の市場価格は、現在という時が未来という時に対して行使する独裁を肯定するものです。しかも、学際的な分析によりますと、エコロジーと市場経済とは、他の領域でも融和させがたいことが明らかになっています。

奔放な直線的経済を肯定する理論家たちあるいは開拓者たちの多数派は、アダム・スミス、デヴィッド・リカード、ジョン・メイナード・ケインズ、ミルトン・フリードマンなどですが、彼らはもうとっくに世を去ってしまい、多くの資源が再生できるものでないことに気づくことはありませんでした。
あらゆる国々に、有無をいわせず、ミスター・マーケットの氷のように冷酷な独裁を拡張してゆくには、駄目押しの大きな一歩が必要でした。つまり、かの有名な「ガット・ウルグアイ・ラウンド」です。傾聴に値する反対があったにもかかわらず、いろいろなことが可決されました。それらが意味するところは、すでにほとんどの政府が、まさしく神聖不可侵の国家主権を放棄したということであり、国際協力についてあらゆる好機をとらえて同意をとりつけるべきなのに、絶えず合意を拒否し続けたということです。

しかしながら、ミスター・マーケットは、グローバル・エコノミーの完全支配を急ぐあまり、いくつもの誤りを犯しています。世界的に見れば、給料も慣習も、貧困の程度とともに非常に格差があるのですが、投機家たちは通貨をヨーヨーのように弄び、工業的、商業的な競争が過剰なまでに暴走するのです。競争に生き残るには、ほとんどの主要企業はひたすら従業員を減らすしか選択の余地がありません。給料が高く社会保障給付の水準が高い国では、真っ先に失業が増大し、必然的に他国にも広がってゆきます。このような強制的な「競争ハイウェイの哲学」につかまると、多くの政府は否が応でも、失業の大波に呑み込まれ、まったくごまかしの「その場しのぎの政策」を提案するしかないのです。

いったい競争という制御なき経済の推進力は、生活の質を高めるのでしょうか。この問題をよく吟味しますと、答えようのない他の問いに出会います。例えば、「効率性とは何か」という問いがそれです。それは何のためのものか。誰のためのものなのか。それは、人類の三分の一の豊かな人々をさらに富まし、三分の二の貧しい人々をさらに貧しくさせるためのものなのか。効率性は、通貨の投機屋をさらに肥やすためのものなのか。最も豊かな国で失業を生み出し、働き口がなく住むところもない膨大な数の人々を生み出すためのものなのか。あるところでは必要資源を浪費し、他では不足させるためのものなのか。効率性は、若者に唯一の人生目標として豊かになることを教えるのか。効率性を私たちが誤用すればするだけ、それだけ毎年、第三世界の国々の国際収支は赤字を増やすことになります。

一世紀以上も昔、ジョン・スチュアート・ミルは、こう記しています。

「すでに人よりも豊かになった人が、消費する物資を倍に増やさねばならないということが、何ゆえ祝福に値するのか、私には理解できない。その増加分は、富の表現という以外に、喜びをほんの少しだけしか与えないか、まったく与えないか、なのである。」

自由市場経済は、今よりもっときびしく規制され、私たちの提唱する新たな世界的価値に従属させられない限り、残忍なものであり、正義に悖《もと》るものであり、多くの人々を殺すものです。それはちょうど、ジャングルの法則と同じです。私たちは、そういうジャングルの法則は、きっぱりと拒否したはずです。

武器の国際取引は、偽善的に、自由市場の一連の主張を利用しています。その主張は道徳法を蔑み嘲笑するものです。武器市場は、まさしく死の取引であり、それ以外の何物でもありません。

それは湾岸戦争後に、突如急増しました。そのひどい例は、ヴァツラフ・ハヴェル大統領の場合です。当時彼は、元のチェコスロバキアの大統領でした。一九九二年にプラハで出版された書物で、ハヴェル氏はこう記しています。「私は幼稚な夢想家であると思われるかも知れませんが、融和できないものを融和させようとした人間です。それは政治と経済の融和です。本当の政治は、国民に奉仕することです。また未来世代にも奉仕することです。その基礎は倫理なのです。それは、まさしく全員の全員に対する責任の実現ということです。」

私は、情熱を胸一杯につめて、プラハに足を運び、ハヴェル氏にインタヴューを行いました。私はこう質問しました。

「このような美しい言葉を記したすぐ後に、なぜあなたは、スコダ工場での武器生産を増加する決定を下したのですか。」

ハヴェル氏は、明らかに驚いた様子でしたが、その決定を正当化する説明を行い、それは失業と経済的圧力のせいであると答えました。ミスター・マーケットは、かの大天使ガブリエルをさえも打ち負かしたのです。もしもハヴェル大統領のような最近自由化された国をあずかる英雄ですら市場の権力に服従するというなら、それほど理想主義的でないリーダーに、蔓延する貧困と差別とに抗してまで困難な坂道を上って行くようにしなさいと、いったいだれが説得できるでしょうか。その貧困と差別は、第三世界にも、また驚くなかれ、富める国々にも存在するのです。

国際共同体は、国連事務総長のリーダーシップのもとで、リオ、カイロ、コペンハーゲンで一連の「サミット」を開いてきました。そしてほどなく北京でも開催します。そこには、世界のほとんどの指導者が集まりましたし、また集まるはずです。そこでの徹底的な分析は、地球的なスケールのもので、多くの条約とおびただしい勧告を生み出しました。それには通常、百人くらいのリーダーが署名しています。彼らはこう言います。

「環境はよりいっそう保護されるべきである。経済は成長しなくてはならない。人口爆発を抑えるためには、強制的でない手段が採られるべきである。」

これらの麗わしい原理は、ほとんど反対なしに承認されています。しかし、ひとたび私たちの行動をこの原理に適合させる段になると、意見の一致は終わります。問題は宙ぶらりんのままです。温室効果は、主として炭酸ガスとメタンの問題で、この二つが温暖化を加速している危険があるようなのですが、やっとそれだけを不承不承、抑制することが決められました。リオ・サミットの決議にもかかわらず、この有様です。

全体として、豊かな国々から貧しい国々へのODAは、ほんの記念品のようなものであり、最近ではそれも減少ぎみです。このようなけなしの配分ですら、誤った使い方が横行し、教育よりも各国の軍事支出を増やしているのです。

私たちは、歴史に類のない新たな事態に立ち向かう勇気を持たねばなりません。世界のリーダーたち、リオ、カイロ、コペンハーゲン、北京に直接参加した人たちにはすべて、事態がよくわかっています。何が危機に瀕しているのか、何が文字どおり切迫した、恐ろしい災難であるのか、何が一世紀以内に人類の文明を破壊させるものなのか、何が疲弊した地球を放置し、数十億の人々を犠牲にし、野蛮に逆戻りさせるのか、よく理解しているはずです。

国際的なサミットのレベルでは、貧困、差別、その他特別の問題に関する戦いはすでに宣言されています。この戦争に勝つには、お金がかかり、巨額のコストが必要です。慈善とか私的な義《ぎ》捐《えん》金では、とうてい賄えません。さらに、ほとんどの国は、自分たち自身もグローバル経済システムに組み込まれた競争相手と戦わねばならず、とても資金を出す余裕など無いのです。提案された〇・七%の分担でさえ不可能です。

たとえ悲観的な見方を直視せず、生物種として証明済みの私たちの天分を頼りにして安心してみても、次の問題には、未だ解決策が見出されてはいません。その問題について、世界銀行の副頭取イズマイル・セラジェルダン氏が、かつて私に次のように説明してくれたことがあります。

「私たちは、限りある環境を、いかに分割すればよいか。つまり、人類が生存するとすれば必要となる空間と、もう一つの不可欠の共同体、名づけて野生の世界がそれです。」

このような偉大なるチャレンジは、国連が招集した四回のサミットが描き出しているところです。そこから何かを得るためには、私たちは、道徳家、哲学者、科学者からなるセンターを創設しなければなりません。そのセンターで行うことは、百億から二百億の人口に対して、地球が供給できる最大限の資源を計量し、空間と財貨とが人間と野生の世界との間でいかに分かたれるべきかを決めることです。エコバイオロジーとエコソシオロジーによって知恵を与えられる世界的政策は、私たち人類をして、間違った危険な衝動から抜け出させ、黄金時代の実現に向けて方向転換させる唯一の方策です。それはまた、文化的および生物的多様性を保存しつつ、人類の旗を誇り高く掲げてゆくことなのです。

〈インタビュー〉

人口増加と消費激増が地球資源に致命的負荷

J－Y・クストー

＊ロスアンゼルスにて、一九九二年

現代が抱える問題

――今世紀の大半にあたる八五年の人生を通じ、また、そのほとんどを海洋の探検と地球環境の研究に携わった経験から見て、二十世紀最大の出来事とは何か。

人類が二十世紀中に破壊した地球環境は、おそらく、それ以前に人類が地球環境に与えた影響よりはるかに規模が大きいだろう。爆発的な人口増加と無節操な経済活動という二つの要素の組み合わせが、最大の原因だ。世界の人口は現在、五六億人だが、二〇五〇年には百億人に達しよう。これが、現代社会が抱える最も重要な問題だ。

人口増に伴う消費の激増は、地球資源に致命的ともいえる負荷をかけることになる。インドネシアのような一部の人口過密地域で起き始めている出生率の低下現象は、二十一世紀の後半までは効果を表さないだろう。欧州以外の人口の六〇%が十六歳以下であることを考えると、現状は二〇五〇年まで何一つ変わらない。将来、彼らが子供を産めば人口は倍増するからだ。

共産主義の崩壊は、計画的、中央集権的システムがしょせん、市場の敵ではないことを証明した。欧米諸国はこの結果に歓喜したが、それは大きな過ちだ。自由主義経済は結構だが、自由主義経済と市場システムには根本的な違いがある。

現代の市場システムは、あらゆるものに価格がつけられているが、無価値なものばかりであり、ほかの何よりも地球を傷つけている。長期的な展望を重視しない現在の市場の下では、経済の方程式に将来の世代の運命が組み込まれていない。価格と価値の関係が大きく混乱しているため、経済生活そのものが非現実的、抽象的となり、市場システムは存在するものよりも、むしろ存在しないものに重点を置くようになった。投機に投機を重ねる金融の「デリバティブ」は、市場と現実との隔たりの構図をよく表している。この構造の中で、真の価値は失われた。人類は現在の利益を追求するあまり、数千年かけて誕生した熱帯雨林や海に住む多様な動植物を破壊するだけでなく、その未来まで売り飛ばしている。

例えば、南北両極の氷床は、地球温暖化で解け出している。この水の惑星上で、安定した気温と水位を保つ氷床の価値を考慮せず化石燃料を燃やし続けた結果だ。人類が、短期的な計算で地球から奪ったものを挙げれば限りがない。放射性廃棄物、核拡散と核燃料のヤミ市場、インド・

ボパールやイタリア・セベソで起きた（有毒ガスや農薬工場の）悲惨な事故などが好例だ。地表の浸食と広範囲に及ぶ海洋汚染は、さらにひどい環境破壊をもたらした。現在の市場は、正気の小売りと、狂気の卸売りという構図を生み出している。

――生態系の破壊は悪意ある計画によってではなく、車で高速道路を走ることや、スーパーがビニール袋を使うこと、数頭の家畜を放牧するために樹木を伐採することなど、日常生活の平凡な営みによりもたらされる。正気の小売りという部分だ。この日常的な習慣を、教養にも似た自制心を持つという精神の劇的転換なしに変えられるのか。

朝から晩まで必要のないものを買うよう迫られている人間が、その衝動を自制することができるだろうか。ある実験をしたことがある。冬のパリで朝七時から午後七時まで街に出た。必要のない商品だが、宣伝で気をひかれたものに出合う度に、所持したカウンターを押してみた。帰宅するころには、一八三回にもなっていた。

私は、環境保護のために何が何でも統制を強化するという立場は取らない。人は運転中、赤信号に出合えば止まる。それが自由を束縛するものとは考えない。逆に、身を守るものだと知っている。

経済にはなぜ、そうしたものがないのか。責任は個人の徳にあるのではなく、社会制度にある。

残されている希望

——共産主義のつまずきは、人類に未来への不信感を植えつけた。だが、民主主義と市場主義が勝利した今こそ、未来に思いを馳せる必要があるだろう。どうしたら、それが可能か。

冷戦が終結した今、必要なのは新たな変革、つまり、根本的な意識の変革といった文化の革命だ。私たちの希望が若い世代と教育にかかっているのは、それゆえだ。

未来に責任を持とうとする人は今、だれ一人見当たらない。客観的な情報が不足しているからだ。政府は選挙にかかわる目先のことにとらわれ、企業は四半期ごとの経営状態の結果ばかりに目が向いている。

未来に責任を負わなければならない国連は勧告を行うだけで、効果的な決定を下すことができない。不幸なことに、大学ですら、成功や富金を得るための猛烈な競争を教え込んでいる。若い世代は短期的思考という社会のわなに押し込められているのだ。

こうした現代社会の弱点に取り組むことが、私の最優先課題だ。「クストー・ソサエティ」は、ユネスコの協力のもとに既存の大学を通じ、「エコテクニー講座」の世界ネットワークを構築しようとしている。

この講座は、環境管理の学際的な研究を進め、経営や経済の分野から自然科学の分野にわたるあらゆる職業訓練の過程に、その重要性を反映させるのが目的で、既存の社会システムの中で、次世代の考え方を変えていくのが要点だ。

若い世代の持つ想像力と、彼らが、今後五〇年間の爆発的な人口増加によって地球が被る緊張を理解することが、私たちに残されたわずかな希望だ。

――あなたが教育を通じて行おうとしているのは、目先の利益に代わって恒久的な価値が支配し、未来世代の権利を取り入れた決定が今なされるような、市場に対置するカウンターカルチャー（反文化）を作ることなのか。

市場こそがカウンターカルチャーだ。ここで議論されているのは、なにものも無節操な経済活動に左右されない文化を作ることだ。

――G7諸国の国民はほとんどだれもが、車や冷蔵庫を持っている。一〇億の人口をもつ中国の人々が、同様の商品を持ち、肉や魚主体の食事を取る消費者になった時、地球にどのような影響が出るだろうか。

例えば、中国人すべてが、日常的に魚を食べるほど食事情が改善された場合、魚はいなくなってしまうだろう。私が生きてきた八五年間だけで、人類は海洋資源を枯渇させた。

人類のたどる運命

私がダイビングを始めた当初、人類が消費するタンパク質のうち、魚介類が占める割合は一割だった。人口が一七億人だったころだ。しかし、今や五〇億人を超える人口を養わねばならない。地球上の漁獲量すべてを合わせても、人類が必要とするタンパク質の三%に過ぎないということだ。人口が百億人に近づくにつれ、その割合はやがてゼロになるだろう。

世界の漁獲量はほとんど欧米諸国によって占められている。かつて沿岸住民の食料だった魚が、今では欧米諸国の市場を通じ、裕福な消費者に売られている。これを、文化と呼ぶべきなのか、カウンターカルチャーと呼ぶべきなのか。

現在の中国の人口の半分が車を運転し、クロロフルオロメタン（冷媒）を使った冷蔵庫を利用するだけで、地球の大気は安定を保てなくなるだろう。

――文化がカウンターカルチャーに勝てない状況下では、自作の映画で描いたイースター島の人々がたどった運命がすなわち、人類の運命だと考えているのか。

人類が、現在歩んでいる道を変えなければ、地球はイースター島と同じ運命をたどるだろう。イースター島は、希少資源をめぐる不公平で大量虐殺を招き、やがて社会が崩壊するという教訓を残した。紀元七世紀ごろ、島に上陸した人間はわずか五〇人だったが、十七世紀には七万人を超えるほどに膨れ上がった。十世紀の間に、島の樹木を残らず伐採したため、雨で地表が洗い流され、やがて食料不足を招いた。

島の社会は、神官と、モアイ像を作った彫刻家、農民という階級に分かれていた。小さな島で起きた資源不足で社会秩序は崩壊し、神官と彫刻家の特権に対する全面戦争が起きた。多数の人々が殺され、極度の食料不足のため、その肉は食べられたともいう。

島民はこれを神の警告と受け取った。われわれもまた、イースター島の経験を神の警告と受け止め、同じ過ちを地球規模で犯す愚行を繰り返さないよう努めるべきだろう。

(©一九九六『ニュー・パースペクティブズ・クォータリー』誌、ロサンゼルス・タイムズ・シンジケート配信)

第Ⅱ部　クストーの生涯

J－Y・クストー『人、蛸そして蘭』抄

『人、蛸そして蘭』について

クストーは「自伝」と呼ばれるものを残さなかった。おそらく彼の活動がメディアで余すところなく報道され、万人の知るところとなっていたためかもしれない。またクストーが八十歳を超えても船に乗り、海に潜り、ジャングルを歩き、地球環境の危機を訴え続けていたことが、自らペンをとる時間を奪っていたのかもしれない。

しかし彼は未来世代のために現世代に訴えるメッセージを持っていた。そのためには自分の生い立ちとたどってきた道を語ることが必要であった。クストーがその晩年、その思い出を語ったのをスーザン・シーフェルバイン（Susan Schiefelbein）という人が書き留めたのが『人、蛸そして蘭』（*L'homme, la pieuvre et l'orchidée*, Ed. Robert Laffon/Plon, juin 1997）である。

この奇妙な題については私はこう解釈している。クストーは海と陸の生態系を探るうち「賢い生物」に出会う。哺乳類の長として人、海中の賢者として蛸、そして植物の頂点としての蘭である。ちなみに彼がアカデミー・フランセーズの会員に選ばれた時、アカデミーの式典の伝統に基づき友人たちが剣を進呈したのだが、クストーのために特注されたその剣の柄は水晶の原石を蛸の形に彫ったものだった。彼の右腕コンスタンスは、水晶が透明な水を表し、蛸が海の生物を代表すると、その造形を選んだ理由を語ってくれた。この剣の贈呈者としてユネスコからはマイヨール事務局長と私が名を連ねている。

この本は生前に予告されてはいたが、一九九七年の六月クストーが逝去した直後、急遽未完成のまま出版された。序文も後書きもない、しかし四二三頁にも上る本である。完成された本ではないが、通読すると、彼の出生から、海軍に入る理由、海中の世界に惹かれていく次第、地球環境の危機への気づき、原爆の世界的進展への危惧、ドゴール将軍との対決場面、等々、日本の読者にも興味ある文章に数々出会う。最後に記された、一日中海を見詰めて得た人生観、波の姿に人の一生を見る、その告白には胸を打つものがある。

ある意味でこれはクストーの自伝に代わるものである。しかしこの本にはむしろ彼の遺言が隠されている、と私は感じる。以下はその全訳ではなく、そのさわりの部分だけを取り出して紹介したものである。(省略部分は訳者が要約して補った。)

(服部英二)

1　探検への情熱

少年のころ、私はいつも探検への情熱に付きまとわれていた。それはぼんやりとした、不合理な、やみがたい、何か他のものを知りたいという欲求だった。

（…）実際もう何世紀にもわたって、探検の情熱は人間の心を燃やしてきた。最初の旅行者であった商人たちは、探検家とは反対に、富を求め、はっきりした戦利品を探していた。彼らが発見し付けた海岸の名前がそのことをはっきり示している。象牙海岸、黄金海岸、穀物海岸、はては奴隷海岸といった風に。だが探検家のインスピレーションは何だったろう？　アメリカ大陸の南端をなぎ倒すようなあの奇妙な風に打たれながら、マジェランを駆りたてたものは何だったのか？　未知の海峡にあって舳先を一定に保ち続けたとき、彼にはまだ誰も乗り出したことのない海に出られるという保証はなにもなかったのだ。なぜ大人も子供も、輝くレールの上や、きらめく海の上を進んでいくことをあきらめねばならないとき、あのような絶望を経験するのだろう？　それらは住み慣れた世界の境界を越えるものなのに。何が探検家を行先のしれぬ旅に駆り立てるのだろう？　目的地のない旅、地図もない、水深もわからない国へと冒険に乗り出すこと、つまりそれは予期せぬ世界に身を投じることなのに。

視野を広げ、来たるべき世代のために知見を増やし、危険を特定し、よりよき世界へと道を開くこと――もしそれが探検家の目標だとしたら、われわれは皆、つまり旅行家・学者・市民・親たち・子供たちのすべてが、人類が始めたこの素晴らしい遠征に参加しているということだ。

幼少のころから、私は、自然というものには、いのちのいかなる形であっても、動物にも、植物にさえも、この探検の本能が備わっているのか、といぶかっていた。私の家の壁を伝う藤の枝先が、影を避け、正確に一番いい方向を探してのびてゆくことに気が付いていた。ジョエル叔父さんはミツバチの巣箱を自分の葡萄畑のわきに持っていて、家族の蜜はそこからもらっていたのだが、この近辺を探索する偵察蜂の動きを話してくれ、私は恍惚としてそれを聴いたのだった。

私はサン・タンドレ・ドゥ・キュブザックという小さな村で育った。幼少のころその村には電気もなかった。子供たちは、日暮れとともに必ず訪れる冒険を待ちわびていた。夕食の後、大人たちは大きな暖炉を囲み、談笑するのだが、それは間もなく私たち五人の哀れな子供たちには意味不明なものとなってゆく。それから頭の天辺からつま先まで黒ずくめの、齢もわからない家のばあやが、子供たちを階段の下に呼び、一人一人に小さな石油ランプ――鳩ランプを渡すのだ。私たちはときどき、自分たちの部屋には行かず、こっそりと屋根裏部屋に昇った。そこでほこりまみれの箱とかへこんだ旅行鞄といった隠れ場所から飛び出して、皆を怖がらせるのだ。隅の暗がりの中に骸骨があった。骨がいくつか欠けていたので解剖のクラスには使えない、とされたものだが、幼い想像力を虜にするには十分だった。ランプを動かすと、その影は屋根裏部屋を這うのだった。鞄の間に入り、頭の上に突如立ち上がり天井に写るのだった。私が最後に立ち去るときは、勇気を奮って振り返り、またわざと一人で遅れたりした。見ていたのは蜘蛛の巣の中で軽やかに踊る幽霊のような影で、その神秘と夢の世界に入って行けない悔しさに身震いしたものだ。

私はかなり早く本当の世界、自分の世界を見つけた。それは人が想像するよりはるかに刺激的で神秘に満ちた世界だった。父が六歳の私をアメリカ・ヴァーモント州のハーヴェイ湖のサマーキャンプに送ることにしたのだ。キャンプのコーチはドイツ人の偉丈夫だった。私が馬に乗るのを怖がるのに辟易したコーチは、罰として湖の上に造られた飛び込み台にまとわりついている葦を掃除するよう命じた。なんという罰だ！　二週間というもの、私は毎日水に飛び込み、毎夜、朝が来てまた飛び込みを始められる時間を待ち焦がれた。十六歳のころ、私は情熱をこめてささやかな潜水の実験を始めた。私はアメリカ西部の最初の冒険家たちの話をむさぼり読んだ。インディアンからその足跡を隠すため、川に身を沈め葦の茎で呼吸する人たちの話だった。

両親は私をアルザスのリヴォーヴィレの寮に入れることを決めた。それはアメリカ西部ではなかった。だがそこにはプールがあったので私は嬉しかった。私は底に沈み、水面に出したチューブで呼吸しようとした。その実験は失敗するのだが、アメリカ西部開拓者の記述は完全な作り話に過ぎないことを教えてくれた。四、五フィートの深さの水圧でも人間の肺は水面の空気を吸い取ることができないのだ。月日が経ち、プールと湖ではこの、もっと見たい、もっと見つけたい、もっと知りたいという渇望が満たせなくなった。新成人として、私は七つの海に船出し、エキゾティックな港に着きたい、南太平洋までも、あの伝説のオリエントまでも旅したい、と思うようになった。海軍はその私の夢をかなえるのにまともな手段を与えてくれそうだった。私は何とかしてかの有名な海軍学校に入学を許された。しかし私の船が停泊するたび、心中では、旅をもっと続けたい願望にとらわれるのだった。上海の眩惑さえも、私が着くや否や消えてしまった。大体すでに数世紀にわたって、ほかの西欧人たちがオリエントを旅し、見知らぬ大地の――それが当初の見方だったのだが――目くるめく戦利品を独占していたのだ。

ほかの将校たちと同じく、私の関心は明日のことだった。船の行先の港だった。私はそれまで、水の中で、船底の下で何が起こっているのかを考えたことがなかった。ところがある日、インドシナで、私たちがカムラム湾の海図を作るため測量を開始しようとしていた時のことだ。一人の現地人が手漕ぎで岬から岬へと連れて行ってくれ、私たちは測量結果を書き留めていた。昼を少し過ぎたとき、日中の暑さは頂点に達していたが、その男は櫂を水から引き揚げ、私たちに、黙っていろと合図をした。そして手すりをするっと乗り越えて音もなく水に入った。マスクも着けず、素手のままだ。そして頭から潜って消えた。少し時間が過ぎて、水しぶきが上がった。彼が顔をだすと、その両手には魚をつかんでいたのだ。あっけにとられたわれわれ西洋人に、そのヴェトナムの手品師は根気よく説明してくれた。正午の前後、魚はお昼寝をしているのだ、と。魚が昼寝する！　なんという信じがたい打ち明け話なんだ！　私は驚くと同時に身がすくんだ。湾の水面に目をやると、船の舳先の方で、ゆったりと小波が揺れていた。そうだ。この時ついに、私はいつも自分が入って行きたいと夢見ていた未知の世界、地上でまだ開拓されていない最後の地平への扉が開かれているのを見たのだった。そこには果てしない驚異が待っていて、それを後で発見することになる。それから数々の驚異の発見があっても、私の探検への情熱は決してやむことがなかった。

一九四二年の十一月二十七日のことだ。四歳と六歳の息子たちを寝かしつけていた時、妻のシモーヌも私も、運命が私たちの生き方を覆すとは思っていなかった。当時の戦況も私たちの行動予定を直ちに変えるものとは思われなかった。私たちはその翌日の朝マルセイユを発ち、リスボンで海軍武官補のポストに就くはずだったのだ。私はレジスタンス運動に参加していた。自由フランスの海軍は私をリスボンに赴任させ、ロンドンとマルセイユで私が集めた連絡先との間の連絡要員として使おうとしていたのだ。

その晩、シモーヌも私もその一日に疲れ切っていた。一日に二度も空襲警報が鳴り響いた日だった。でも頑張って眠気と闘い、荷物を鞄に詰め込んでいた。荷物を作りながら、私たちは何気なくラジオから流れるメロディーのぼんやりした調べを聴いていた。

音楽が途絶えた。拡声器で叫ぶしわがれ声が声明を読み上げた。艦船がドイツの侵略者の手に落ちるのを避けるべく、フランス海軍はトゥーロンの艦隊を自爆させた、という。

私はラジオを消した。シモーヌと私は黙って座っていた。二人とも顔面に涙が溢れ出ていた。私たちは自らの艦隊を失ったのだ。誇りも、希望も。私たちの国の独立の最後の印を。

翌日、私のリスボンへの赴任は取り消された。私はマルセイユに残り、地下活動を続けた。隠れ蓑がプロの潜水免許だった。こうして私は海底の探索者となっていった。

もし海軍が艦隊を自爆させていなかったら、もし私のリスボンへの赴任命令が取り消されていなかったら、私は探検へのあのやみがたい思いを忘れることになっていただろうか？　あるいはその機会に飛びつき、ポルトガルの沖の大西洋の水中を探っていただろうか？　本当は、私はリスボンへの赴任の命を受けたとき、そんな可能性を胸中に味わっていたのだった。確かに、誰も自分の一生の方向を絶対的には決定できない。だが誰でもそれに影響を与えることはできる。多くの探検家のキャリアを見ると、事前に偶発的な出来事が起こっていたのはおそらく偶然なのだろう。しかし部屋に閉じこもり「機会がない」と嘆いている探検家たちは、きっと、あのやみがたい探検への情熱に感染していなかったのだ。このウイルスにかかったものは……どうしても出発する。

確かに藤の枝先が太陽を求め、偵察蜂がその群れに巣を作るのに最適な場所を知らせに来る、こうしたことは自然の果てしない複雑性を示している。だが目覚めた知性をもつことが人間というものを別にしている。オヴィッドが言うように、「神は人の顔を天に向かって上げ、星たちを眺めるよう命じた」のだ。
よく探検家は、具体的には一体何を探しているのか、と尋ねられる。答えは簡単だ。何も、だ。ハロルド・エドガートンは高速度撮影のためのストロボ発光を発明した人だが、うまいことを言っている。エドガートン博士はよくカリプソに乗船していた。彼は自分の写真機を直接海洋に投入し、深海の秘密を探るべく一万枚以上の写真を撮った。彼はその装置をロマンシュ海溝の底八千メートルまで沈めた。ある日、一人の若者が、エドガートンの熱中ぶりにあきれ果て、聞いた。何を発見しようとしているのですか？　巨大なイカですか？　埋もれた町ですか？　ウミヘビですか？　エドガートンは彼を静かに眺めて言った、「もし私がこれから発見するものを知っていたら、探すような苦労はしないよ。」

最初に行った紅海での、自律潜水具、すなわちクストー自身が開発したアクアラングによる珊瑚の調査に熱中し、四メートルもあるサメが自分の周りを徘徊するのにも気が付かない研究者の姿を描写したのち、クストーは述懐する。

珊瑚の見本の研究に熱中するあまり、恐るべき肉食生物がいることも意に介さない人間の姿を見ると、探検の情熱は人を狂気に導くのではないかと思うようになった。私の見た限りでの好奇心の極みともいうべき例は、南極一周の航海にデイヴィッド・ルイスを駆りたてたものだろう。

カリプソ号は南極海を航行していた。ホープ湾の方向に、この世界で一番危険な海での避難所を見つけようとしていたのだ。ある朝、四時ごろだったが、船腹にひどい衝撃を受け、私は目を覚ました。寝台から飛び降り、船窓に駆け寄った。マストが折れてぼろぼろになった奇妙な小さなヨットが、われわれの船にぶつかってきたのだ。私は艦橋によじ登った。驚いたことにこの船の残骸からまことに変わった人が姿を現した。

髭はぼうぼう、濡れた髪は肩まで垂れ下がっていた。闇を透かして見て私は息を呑んだ。全くひどい状態だった。手は腫れ上がり、爪は真っ黒、ほとんど歩けない。話すこともままならぬほどだった。彼の服は海水でびしょ濡れだった。われわれはその船の残骸をカリプソ号に括り付け、彼を助けて引き上げた。よろよろとする彼を船室に導き入れ、テーブルに熱い食べ物を並べた。実は、カリプソ号もそうだが、その海域に居たすべての船は、二カ月前に姿を消した単独航海者を探すよう警報を受けていたのだ。私はＮＡＳＡに、彼は自分の船にいる、とファクスを送った。ルイス博士はオーストラリアからその小さな船アイスバード号で二五〇〇海里を廻ってきたのだった。そのアルミニウムのマストが折れて沈むまでに、である。彼は何とか予備の材木でマストを作り、氷の海の中で八週間も生き延びてきたのだ。濡れた服を着替えることも凍った水につかったその長靴を取り換えることもなかった。彼が温まると、私は、なんでも思ったことを手書きすれば彼の十歳と十二歳の娘たちに衛星で伝えると申し出た。すると、自分の家族を安心させ、その愛を送ったのち、荒れ狂う海とアイスバーグに脅かされ、それを果敢に耐えてきたルイス博士は、その計画を記述してこう書いたのだ。「船は少し傷んだ。だが大丈夫だろう」。彼はアイスバードを修繕し、喜望峰に向けて再出発したのだった。

一九五三年、クストーは、フランス海軍のバティスカーフで一四七五メートルまで潜行し、帰還不能の一歩前の状態に陥る体験をする。

(…)旅人は感嘆する。探検家はその巡礼の物語を持ち帰り、その祖国を豊かにし、人類の地平を広げる。あとに残っていたものにとってさえそうだ。『オデュッセイア』は、大叙事詩だが、口承で世代から世代へと受け継がれてきた。ダーウィンはペンとインクでそのノートを取っていた。二十世紀は人類に普遍的な一つの言葉を与えた。映画だ。すぐに、遠征の成果はオンラインで世界中に流されることとなった。私は、自分の見たことを証言するために、いつもカメラを使った。一世紀前ならペンを使ったであろうように。

(…)仲間を持つことは、イルカにとって、酸素と同様に大切なことと思われる。何年間も、私は孤独なイルカを見たことがなかった。だがある日、コルシカからシチリアに行くため地中海を横断していた時、私たちはたった一頭でいるイルカに出会った。それはほとんど動かず、無風の凪ぎの水面に浮いていた。私はカリプソ号がそれに静かに近寄るよう頼んだ。イルカは眼だけを水面から出し、われわれを眺めるだけだった。われわれは手を伸ばし触ろうとした。彼はぴくりとも動かなかった。彼が重病にかかっていると考え、船医は彼を艦橋に引き上げ、貯水槽に移すよう頼んだ。診察してできる限りの手当をしようとしたのだ。医者は、そのイルカが全く正常な呼吸をしており、体温にも脈拍にも異常がない、という。

その翌朝イルカは死んでいた。解剖の結果、すべての内臓器官も健康であったと分かった。医者の診断はこうだった。孤独死。おそらく群れから追われた結果だ。壊れていたのはそのイルカの体ではなく、その心だったのだ。

クストーは、魚たちの天国であった岩礁が三〇年後再訪すると人の手によって死の世界に変わり果てていた例を挙げ、数々の不条理の例として、魚の数が減ったと言って漁を増やし、来年の破産より今年の減収を避ける漁師、科学的新発見にはその応用があるべきとし、そのテクノロジーを人間の利益に役立てるのではなく新しい技術に人間の利益を従属させること、軍関係の預言者が、プルトニウムや原爆の巨大なストックが示す危険を彼ら自身のストックを増やすことで防ぐと主張すること、世界経済を活性化すると言って大衆市場経済を制度化し、富める者をますます富まし、貧困者をますます貧困に追いやること、リーダーたちが人権を守ると言いながら来たるべき世代の権利に思いを馳せないこと、等を挙げ、古今の探検家はすべてよりよき未来、ユートピアの実現を心底に秘めていた、との考えを述べる。

（…）時がたち、単独の探検家が現れる。中世の地図製作者が北を地図の上方に描いていなかった頃だ。その羊皮紙の上の余白に、彼らは好んで東方に想像していた一つの不思議な点を書き込んでいた。それは人間の誰も入ったことがない天国である。僧侶たちがこの〈地と天が結ばれる〉庭を求めて最初の探検家となった。次いで巡礼者たちがこの聖地を再発見すべく旅立って行った。十字軍がそれに続き、神の名において新しい土地に侵入した。そしてついに伝道師たちが、大地の知られざる回廊を伝って更に遠くまで入り込んでいった――それらのすべては天国を求めて国境を前方に広げていったのだ。自分の旅を続けるうち、私はその天国を確かに見つけた、と思う。

（…）カリプソはアラスカのアリューシャン列島の海域を探索していた。銀色がかった青の世界への航海だ。空・氷・水のすべてがこの信じがたい光を浴びていた。それは真夜中の太陽の季節で、夕暮れと曙は区別できなかった。われわれはウナラスカ島の沖に錨をおろしていたのだが、チーフダイバーのレイモン・コルは潜水ソーサーに乗り込み海底の探索に出かけていた。レイモンは私とソナー電話でつながっていて、カブトガニの群れやオキアミの桃色の広大な原野を描写してくれていた。それはいのちのうごめく冷たい海だった。

その時カリプソの船上では、乗員が全く違った快挙に興奮していた。NASAが月の表面に着陸船を降ろしたのだった。カリプソの全乗組員が後部の甲板に集まり、ラジオに耳をすませていた。待っていたのは一人の人間、ニール・アームストロングが、この月という衛星の表面に一歩を記した、というアナウンスだった。

艦上は電気に打たれたような雰囲気だった。息もできないほどだった。そこにアームストロングの声が聞こえた。歓声が艦橋から立ち昇り、水晶の大気に広がってゆく。私はコルと電話をつないだ。「レイモン、歴史的なニュースだ。アームストロングが月面を歩いている!」

その日、私はNASAの探検者たちとの仲間意識という誇らしい感覚を抱いた。彼らが宇宙の遠くの片隅に到着したそのとき、われわれのちっぽけなチームは深海を探索していたのだ。私は、再び自分が恩恵に浴しているとの思いにとらわれていた。それは宇宙飛行士のそれとは関係ないことなのだが、彼らが眺めているこの青い星、地球とは関係あるのだ。あの宇宙では、一人の人間が、月面の乾いた埃を踏んでいた。だがレイモンは、太陽系の中でただ一つ水を持つこの惑星を潤している海の中で、無数の生物に囲まれながら進んでいたのだ。

数年ののち、宇宙飛行士アラン・ビーンが、宇宙での彼の経験を話してくれた。彼は月から、地球が夜と昼のサイクルを描きながら廻るのを見た。地球の暗い面が彼の方に向いているとき、この星は火花の帯に巻きつかれているように見える、という。その小さな淡い光がほとんど常に赤道を取り巻いている嵐によるもの、と気が付くにはしばしの時間が必要だった。彼は感嘆して私に言った。「地球はきらめく宝石みたいだよ。」

そうなのだ。救いに向けての道を探すこと、それはかくも必然で喜びなのが当然なのだ。つまるところ、スペインの諺にあるように、天国への道、それが天国なのだ。

2　宇宙の中でただ一人

クストーは沈没船の探索中、暗闇にたった一人で閉じ込められた恐怖の経験を語る。

（…）たった一人でいることの恐怖は、まとわりつく、陰鬱な、やるせない感覚だ。胸を締め付けるようなその感覚は人間の想像力にとりつく。それは不安となって、ついにはドアがきしんだり、錠前に音がしたり、夜子供の泣き声が聞こえたりしたときに恐慌を引き起こすまでになる。孤独はまさに人間の本性に反するもので、それを罰にもするほどである。死刑のすぐ次に重いのは独房での監禁なのだ。隔離は、それゆえ緩やかな死刑執行といえる。人は社会的動物であり、道連れを断つことは、食糧や水を断つのと同じく、その人の生存をさえ脅かすのだ。

宇宙船の中の人間のように、または監房の中の囚人のように、われわれは今いる空間を脱して宇宙のはるかかなたに生命の証し、すなわち水を見つけようとしている。クストーの小さかったころ、すぐそこにあるものを見つけられずにいた彼に母が言った諺を想い出す。「お前は川の中でも水を見つけられまい。」何百光年の向こうに進んだ生命体があるかも知れない、と探しているわれわれは、自分たちの惑星が鯨やイルカを育んでいることを忘れている。かくも優れた能力を備え、複雑で、多様な技を有する被造物は宇宙広しといえども見つからないであろう、とクストーは述べる。

われわれはこれらの進化した動物がわれわれにとって道連れでありうるか、しかとは言えない。彼らについて知っていることがあまりにも少ないからだ。それは彼らを捕えられた形で研究してきたからだ。その能力の数々は大洋の中でこそ発揮されるのに。しかしわれわれはこの地球の上に閉じ込められ、宇宙の中で孤独なのだ。鯨やイルカは、われわれに許されているただ一つの脱出の手段を与えてくれるかもしれない。

鯨類の優秀性を説明できる手がかりを得たのはつい最近のことである。彼らの能力の秘密は、彼らを海から陸へ、そしてまた海へと戻したオデュッセウス的な進化の旅にあったのだ。彼らの爬虫類の祖先たちが海の外に、岩の上にと這い上がり始めたとき、彼らを支える水の力はなくなった。だから地上の強烈な重力と戦うには更なる力と新しい勇気が必要だった。進化の見出した答えは一つ、温かい血だ。中心の温度が上がると、動物の内燃機関の効率が改善された。地上の動物のいのちは全く新しい力を得て爆発した。

地上に適応して何百万年も過ごしたのち、これらの強い獣の一部は再び水に戻る。その理由は誰にもしかとは分からない。そこで、彼らは、水中の世界のほぼ無重力の状態を再発見する。その時、彼らが地上の重力を逃れるために発達させた過剰エネルギーは、海の中で重力から解放されたので、余分なものとなった。彼らを除いては冷血動物が住んでいる領域で、その温血がもたらす生命力が、彼らを無敵のものとしたのである。

今日、鯨類は、他の海の哺乳類より早く海に戻ったことにより、進化の王子となっている、とクストーは言う。

一体知能とは何なのだろう？　語源的にはこの語は単に「理解する」という一般的な能力を定義する。ところが思い上がったエゴセントリズムによって、われわれはこの「知能」という語を、人間の能力だけを示すものであるかのように独り占めしてきた。誰かに賢いというラベルを貼ることはシナの教育から始まった。それが宮廷の階位となった。科挙の試験で一番いい点を取った者がもっとも賢いとされ、彼らに政治権力がゆだねられたのだった。学位を集めることは創造性とはあまり関係ないのに、この純粋に学校的な社会構造は、近代西欧にも忍び込んだ。そこで心理学者たちは、結局、知識の量から「知性」を解放する必要を感じるようになった。そしてＩＱというテストを確立したのであった。このテストがまた「能力」という茶番劇の現代版の舞台を準備するものとなった。今日、万人を評価するのに、文化的環境、教育システムの違いを、一つの同じ尺度で測っている。人間精神の素晴らしい多様性はこうして消し去られていくのだ。

鯨類が知能を持ち、互いに交信でき、仲間を求め、人間にも近づくことを検証したクストーは、神話の世界に触れる。

昔の物語は――いや、たぶん歴史自身が――、海の哺乳類と人とのもっと確かな触れ合いの記憶に充ちている。ギリシア人は、イルカの示す高貴さ、はっきりした愛情の表現に驚き、この生物を彼らの一番重要な神話の英雄の一つとした。それによると、ユリシーズの息子を助けたのがイルカだった。彼らは、神託の神がコリント湾を見下ろす丘の上に鎮座していると信じていた。その時、他の神々から畏れられていたアポロンがイルカの姿となり、水から飛び出してクレタ人の船に飛び乗り、乗組員たちにパルナソス山まで連れて行くよう命じたのだ。そこに着くと彼は自分の神殿に自分が姿を変えた動物の名を与えた。デルフォイ、と。つまりドルフィンである。すでに二千年の昔、プルタルコスはイルカを「人間に無償の愛を抱く唯一の動物」と書いている。

3　個人の危機管理

私が無用な冒険の死の危険を知ったのは全くの偶然からだった。一九五二年の夏の間、私は自分のチームを悲劇が襲うとは思いもよらなかった。私の頭は最近の発見でいっぱいだった。潜水の友の一人がある日、マルセイユ沖一〇マイルほどのところに沈んでいる古い壺の堆積の近くで獲ったオマールエビの数を自慢しはじめた。「古い壺」という言葉が耳に響いた。私たちは地中海の底には、ばらばらに散乱してはいるが、かつて荷として詰め込んだ優美な容器がまだ残っている船の残骸が横たわっていることを知っていた。その「古い壺」とはギリシアのものだろうか？　われわれは急いでボートにのり、現場に出かけた。考古学の専門家も連れて行った。水底でいくつかの壺を拾い、水面に引き上げるや否や、教授は私の手から水の滴る陶器をむしり取った。判定結果は、古代ギリシアだった！　二千年以上前の古い品々だった。

船に上がって四〇メートルの海底で見た素晴らしい光景を描写したときは、自分の興奮が抑えきれなかった。何百というアンフォラ（細長い壺）がそこにあった。首まで砂に埋まって。壺の口は見えており、一つの船の形を描いて綺麗に並んでいた。船の残骸がその周りに散在していた。

その場所は、まぎれもなく古代の商船の在り処だった。古代の上に標識灯を立てたわけだ。その船は疑いもなく、それまで発掘された外洋船の中では一番古いものだった。

私たちは、この回収作業のための多大な要件に熱心に取り組んだ。危険なほど深い海中での作業、貴重な遺品を覆っている何トンもの堆積物を吸い取るためにパイプを降ろし、細工された品々を水面に引き上げ、マルセイユの博物館で待機している研究者に渡すのだ。われわれはその夏中休みなく働いた。それらの考古学的な宝ものは、かつてローマ人の手にわたるはずのものだった。彼らは地中海の都市を廻り、こうした品々を商っていたのだ。こうして引き上げたものの中には酒杯、灯油ランプ、涙壺——つまり人の涙を保存するための小瓶——などがあった。そして七千個のアンフォラ、その一本には封がされ、葡萄酒がまだ入っていたが、飲めないものとわかった。

秋になり、ローヌ渓谷を吹き降ろすミストラル（寒冷な季節風）と闘い、錨を失うほどの強風の中での困難な作業の様子を述べたのち、クストーは一つの悲劇を語る。

ある日の午後、二人の屈強な若者が私に会いにカリプソ号に乗船してきた。海軍の戦闘潜水員で、インドシナの水陸両面作戦から帰還したばかりだという。ジャン・ピエール・セルヴァンティとレイモン・キエンチと名乗るその二人は、われわれのプロジェクトで働くことを熱望し、財政的な困難も知っているのでボランティアで働くと宣言した。彼らはわれわれがやっと見つけた繋留ブイのところでその潜水能力を証明した。セルヴァンティは、失われた錨を見つける方法まで提案した。ブイは重たい鎖を海底の砂の上で引きずっている。錨に行きつくにはそのあとをたどればよいという。熱意にあふれた若者は、深い海底での潜水に伴う時間的な制限――そこでは一〇分以内しか留まれない――を解くことも提案した。グループで潜るのではなく、リレー方式で潜ればよいという。吹きすさぶ風の中、その時直面していた窮地を脱するため、私はセルヴァンティの提案に心が動くのを感じた。更に私に印象付けたいと思ったのか、彼はすぐに最初に潜らせてくれと申し出た。

その翌日、私たちは数名でボートに乗り、見つかった標識ブイのところまで行った。セルヴァンティは潜り、そして姿を消した。

彼は帰らなかった。錨が眠っている予知不能な深みで、彼の心臓は止まったのだ。

この若者との私の会話は、おそらく数分であったと思う。私は彼の手を握り、「この家族へようこそ」と言った。そして彼が消えたのだ。私は紛れもなく古い壺の山を一人のいのちであがなったのだ。それは確かに〝私の〟決断だった。発掘のための途方もない要求を受け入れたのは。〝私の〟決断だった。セルヴァンティがその能力を鮮やかに証明したのを賞賛したのは。〝私の〟決断だった。彼を単独で潜らせたのは、私の過ちなのだ。そして今や、彼の母親を探しだし、その息子が亡くなったと言いに行かねばならなくなったのだ。

われわれは、最後の悲しい作業を執り行った。彼の遺体をその生まれ故郷のイエールに運び、この若者を埋葬した。そして船に戻ったのだが、私は頭をかきむしり、自分はこの仕事には向いていないのだと心中で叫んだ。私はカリプソ探検社を解散することを決めた。

私はそうしたすべてを苦悩のうちでかみしめていた。と、その時一つの電報が届いた。それは週末のすべてをわれわれのプロジェクトの研究に費やしていた一人のダイバーからで、セルヴァンティの死の少し前からヴァカンスで不在だった人だった。私の後悔の波を止めるのは、単なるお悔やみの言葉ではあるまい、と私は悲しみの中で思った。だが彼のメッセージの最後の行に私は息を呑んだ。

「あなたの事業を進めるため、セルヴァンティの代わりをさせていただけないでしょうか？　署名者　ベッソン」

自分が始めた危険な仕事、この忌まわしい古い壺を見つけようという頑固な探究心が、一つの人命を奪ったのだ。ところが今、もう一人の男がこれらの陶器の価値を認め、自発的に、最初の男がいのちを落としたその場所で、同じ使命を引き受けようとしている。ひょっとすると、これは単なる〝古い壺〟のせいではないのではないか？　人間が死さえも辞さない古い壺なのか？　あるいはベッソンの断固とした申し出は、この海底のがれきが、単なる壊れやすい残骸ではなくて、今は消え去った生き方のかけらであり、遺物であるということなのか？　すなわちわれわれの未来に対して何かを教えてくれるかもしれない、われわれの過去からのメッセージだということなのか？　私は彼に来るよう打電した。こうして私は続けることになった。危険を冒す価値のあるものがある。そこには、到達するに値する目標があるからだ。
私の過去のすべてはこの事件の周りを巡っている。すべてはこの出来事の前か後かである。個人として潜り始めたとき、私には好きなだけ危険を冒す権利があった。一人だったとき、私は冒険家だった。しかしセルヴァンティとベッソンのエピソードの後、私は悟った。チームのリーダーとして、不注意が許される余地はないと。私は変わらねばならなかった。〝分別ある〟冒険家にならねばならなかった。ベッソンはいのちを賭ける価値のあるものがありうると、そしてセルヴァンティは、いのちを粗末にするいかなる理由もないと教えてくれたのだった。

（…）

クストーは若いころ自動車事故で、左腕を切断するか、わずかな治癒の望みに賭けるか、選択を迫られた時、後者を選んだこと、自分自身とその同僚がいのちの危険にさらされた数々の経験を語ったのち、このように言う。

では、まともな仕方で危険を冒すという、われわれを導く原則とは一体何なのだろう？ 私は早くから、危険を計算しながら危険に立ち向かうとき、何が肝要なのかを見出していた。それは恐怖心を取り除くことだ。危険そのものは脅威に過ぎない。恐怖心は敵なのだ。明晰な精神で反応しなくてはならない危険に対した時、恐怖は判断を狂わせる。

海底の洞窟に閉じ込められて一命を失いそうになった思い出、巨大なサメに囲まれた経験、サメの乱舞の中に飛び込もうとするカメラマンを必死で止めた場面、アフリカで筏に積んだ機材のすべてをカバに破壊されたこと、等々の死と隣り合わせの思い出を列挙する中に、クストーとしては珍しいカンボジアのジャングルでの思い出がある。

（…）冷静さが肉食獣にたいする唯一の防御だというつもりはない。だが一九三〇年代の初め、カンボジアでこれが最後の切り札になったことがあった。海軍の友人の将校と共に、私はジャングルの中に分け入って行った。五百年にわたりクメール王朝の誇りであったアンコールの城都を呑みこんだ植物群を切り分け、道を作りながら進んでいた。と、小さな寺の跡に出会った。その石には、この東南アジアの帝王たちが希望を託していたのだろう、彼らを魔法のように神に変えるシンボルが刻まれていた。私の友人はその小さな祠で立ち止まっていたが、私は歩みを進めた。この、かつては輝かしかった文明についには打ち勝ったジャングルの美しさに魅了されていたのだ。

自分の前に突然黒豹が姿を現すとは私は全く予期していなかった。このジャングルでは、豹が犬や家畜を襲い、時には人までも襲われると知られていた。それは素晴らしい早業で、肉や骨の残りが森の穹窿の中、蔦にまといつかれて見つかっている。私は一本の木の方に走った。少なくも後ろからの攻撃から身を守るために。そして自分の目を豹の両眼にぴたりと合わせて凝視した。豹は私を見つめ、筋肉を動かした。私はじっと見つめ続けた。すると豹は悠然と立ち去って行ったのだ。もちろん、私は怖かった。しかし、もし豹がそれを感じ取っていたら、半世紀後この話をしている私は今ここにいなかっただろう、と確信している。

この時、樹を背にして豹の背後からの攻撃に備えたことがヒントとなり、海中でもダイバーが二人で背を向けあう姿勢が、サメの後方からの攻撃を防ぐ方法として採用された、とクストーは言う。

（…）カリプソ号は木造船であり、南極向きに造られた船ではなかった。しかしそれは私の持っていた唯一の船だった。その南極に挑戦しようとしたのにはある重大な理由があったのだ。捕鯨が進み、種の絶滅が危惧されるまでになっていた。鯨を守ろうとするなら、その悲しい運命を私自身もっとよく知る必要があった。この南極の全く特殊な海洋動物を研究するのに潜水が使われることは稀だった。そしてこの凍った大陸を取り巻く深海を探索した潜水艦は無かった。NASAはまるでサイレンを鳴らすように、表層の葉緑素と海流についての情報を集めるよう頼んできた。この宇宙研究所はまた、カリプソ号に地球を回る軌道に乗っている三つの衛星に直接つながる設備を提供してくれた。このような設備を備えた初めての船として、カリプソ号は気象情報を監視し、氷床の広がりについても写真を入手できた。

十二月から一月にかけて、南極は想像をはるかに超える素晴らしい景色を見せてくれた。氷河の割れ目の氷壁に刻まれた火山噴火の歴史も読み取れた。氷の下ではウェッデル海のアザラシの合唱を聴いた。大陸の浮遊によりインドから分かたれた樹木や植物の化石を発見した。われわれは新種のウニも発見した。それは深海の岸壁に張り付き、どこまでも伸びていくねばねばした触手でエビを捕え、それを不格好な口に運ぶのだった。われわれは水中の牧場の中に散在する鯨の墓場の中を彷徨った。そしてまた、私たちはほとんど宗教的な思いで、熱心にペンギンの子育ての行動を観察した。それは上空に輪を描いて飛ぶ雪鷹や、子供を攫おうとするカモメの急降下の襲撃に無関心なのだ。

二月十二日、われわれの出発の日が近づいていたが、素晴らしい朝だった。一週間後この荒涼たる、しかし目くるめく土地を離れるはずだった。その月末、冬の気候がやってくる前に出なければならない。ウェッデル海の中心のホープ湾に来ていた。南極大陸の北西の端で、晴れ渡った空の下、海はきらきらと光っていた。息子のフィリップとそのチームは晴天の静けさを逃さず、巨大な氷山に沿って潜った。目もくらむばかりのこの白い山の輝きに魅せられ、彼らは水晶のような洞窟に入り込み、氷山の中心部まで進んで、この水面下の氷の城の隅々を撮影した。われわれが絶えず衛星から受けていた情報では、その翌日低気圧が嵐をもたらす、ということだった。だが私はその時は心配していなかった。風速はほとんどゼロだった。しかし自然は衛星をだましていたのだった。ダイバーたちがその氷の城の中に入り込んだとき、もう雪が降り出した。ボタ雪で、見る間に視界は五〇メートルにまでなった。

すぐに嵐がわれわれに襲いかかってきた。かつて多くの探検船を破壊し、乗員が氷原上に避難せねばならなかったあの急激な突風と同じものだ。錨を巻き上げる間もなかった。白雪の塊の雹が風に吹き飛ばされ、船にまるで空襲のように降り注ぐ。氷の塊が猛スピードであまりにも激しく打ち付けたので、カリプソの一〇倍の重さがある巨大な氷山さえも見えなかった。それは船腹の喫水線の上六〇センチのところに穴をあけた。そして右舷のスクリューを大きく捻じ曲げて損傷した――この船のただ二つのスクリューの一つだ。カリプソは衝撃で震えた。そして風は更に強度を増し、湾の入り口の方に氷床の残骸を押しやって行く。それは数分の出来事だった。風速はゼロから六五ノットになった。静寂から突風に変わったのだ。私は理解した。南極のブリザードに立ち向かわねばならなくなったのだ、と。

　われわれの錨は、流氷の進路でわれわれを引き留めていた。それは悪夢の中でスイマーの踵を摑む悪者の手にも似ていた。そこに繋留しているわけにはいかなかった。希望《ホープ》湾という名前であっても。その彼方には巨大な氷山が危ない格好で立ちふさがっていた。静かな時でもその壮大な氷壁が自らの重みで崩落するのを見たことがある。巨大な山が目の前で崩れるのだ。もしこの氷の崖が仮借ない風の力に耐えられなかったら、もしそれが分断したら、われわれはブロックの落下から絶対に身を避けねばならない。だからと言って湾の避難所を出るわけにもいかなかった。外洋に出ればもっと危険だろう。外洋では強大な氷山群がわれわれの船を数分で寸断するだろう。

われわれにできることは、錨を引き上げ流氷を避けながら、今いる比較的な避難場所である入り江に留まることだけだった。絶望に襲われた人が「希望の湾」と名付けたのはゆえなきことではない。

われわれは三人で二四時間の見張りというきつい任務を分かち合うことにした。カリプソ号の船長、アラン・ブーガラン、私と年齢が近い海軍将校の同僚で友、ロジェ・ブルノ、そして私である。無事に残った唯一のプロペラと破損したもう一つを操りながら、われわれはカリプソが何とか操作できる状態に保とうと務めた。その狭い湾の中で、氷山が崩れその塊が榴散弾のようにはじけるのに備えてだった。

一時間も待たず、風は八五ノット、ハリケーンの速度に達した。瞬間風速は一〇〇ノットだ。今やわれわれは盲目だった。船の舳先も見えなかった。見えるのは雪ばかりで、その雪片は横殴りの風で、あたりを昼から夜に変えた。だがそのわれわれの試練は始まりに過ぎなかった。私は続く二四時間を艦橋で過ごした。そこを離れたのは時々体を温めるために食堂に駆け込みコーヒーを一杯飲みこむ時だけだ。誰も、その一日がいつ終わり次の日がいつ始まったのか覚えていない。

ブルノの番の時、私はキャビンで、急いで乾いた衣服に着替えていた。その時クルルーンという音が響いた。艦橋に電話すると、ブルノは、左舷の機関を始動したが無傷のスクリューは動かず、船が回転しない、という。左舷のシャフト、機関からスクリューへ繋ぐ円筒形の軸が壊れたに違いない。もはや望みは、ひどく損傷した右舷のスクリューを動かすマシーンだけとなった。われわれは荒れ狂う嵐の中をぐるぐる回るのみだった。

われわれのいのちをつなぐのはレーダー、そして巨大氷壁が風に耐えてくれることだけだった。この全く視界のないブリザードの中でレーダーが故障したら、岸も判別できず、船はぶつかり沈没するだろう。もし氷壁の斜面が剝落したら、それが引き起こす大波と氷塊雪崩が船を海底に送るだろう。おそらく儚い望みをつないで何とかSOSを発し、ゴムボートにぎっしりと乗り込み、荒れ狂う凍った海に身を任すほかはあるまい。そこではいかなる救援船もわれわれを見つけられまい。船上でこのような危険を察知していた者は無かった。誰も考えたこともない、という。機械技師は必死に文字盤を見つめ、動いている機械を停めないよう、細心の注意を払っていた。妻のシモーヌはたゆみなくコーヒーやサンドイッチを準備するのだった。そして絶えず代えられるよう暖かい手袋を準備し、びしょ濡れになった手袋をストーブで干すのだった。二日目の夜が過ぎ、三日目の朝が来た。

三日目の午後、ブリザードは止んだ。カリプソは三〇トンもの氷に覆われ揺れていた。静けさがいつまで続くか分からないので、急いでその氷をつるはしで崩し、喫水線上の船腹に開いた穴に応急手当を加えた。私は無線でチリ海軍の友人を呼び出し、エスコート船の手配を頼んだ。NASAには、天気が鎮静化したこの機会にこの場を抜け出し、ホープ湾を出て南極の北の岬を回り、キング・ジョージ島の近くにもっと確かな停泊所を見つけたいと通知した。そしてやっとそこにたどり着いた。

その時残されていたのは損傷したスクリュー一つだけで、危険極まりない状態だった。二つ目のシャフトが壊れたら、嵐で有名なドレイク海峡の中に全身不随のまま取り残されることになる。われわれのエスコート船ゼルチョ号に曳航されることになっただろう。

南極はわれわれに一刻の猶予を与えてくれたのだ。荒れることで有名なこの海峡は全く静かだった。われわれは無事に南アメリカに着き、破損した水面下の部分を調べるためプンタ・アレナスのドックにカリプソ号を引き上げた。われわれが予想していたように左舷の機関とスクリューをつなぐシャフトは二つに折れていた。予想していなかったのは、もう一つの右舷のシャフトの、五つあるボルトのうち四つが無くなっていたことだ。われわれは、ただ一つのボルトで繋がれた折れ曲がったスクリューで嵐と闘っていたのだ。その残った一つがブリザードの中で外れていたら、私の乗員たちは、シモーヌは、そして私も、いのちを失っていたことだろう。

このエピソードをもう一度繰り返すことがあったら、私は同じことをやるだろう。全く同じに。われわれは万全の準備を整えていた。妥当な目標に到達すべく、妥当な方法を取ったのだった。私の隊員たち、シモーヌ、そして私自身も、これらの日々を語るとき、どのようにいのちを失いかけたかは、あまり語らなかった。私たちが語ったのはどうやって生き延びたかだけであった。

「生きることの用は広さでは無い。それはどのようにいのちを使ったかだ」とモンテーニュは書いている。「長く生きても、あまり生きなかったこともある」と。家の中で一番危険な部屋は寝室だ。家庭内で一番起こりやすい事故はそこを舞台としている。転倒、火事、毒殺、窒息などだ。もう一つ危ない場所は浴室で、何百人の人が浴槽で溺れたり、シャワーの下で死んでいる。もっといい死に方があるはずだ。

もちろん、もっといい生き方がある。

4 乱獲

私が見たその老いたジャマイカ人は、自分のちっぽけな小舟の上で、波のまにまに、たった一人で揺られていた。それはまさにヘミングウェイの哀れな漁師の生まれ変わりで、疲れも顧みず海と闘う人だった。カリブ海の容赦ない太陽の下で過ごした七〇年に焼かれたその褐色の皮膚は、果物の皮のようにしわだらけだった。時は、そのぼろぼろの船と同じく、彼の体を痛めつけていた。ところがその彼は夢中で働いていたのだ。船から大きな筌《うけ》を引き上げまた投げ入れる。その痩せ細ったシルエットは、十分に食べられない人の影だった。あばら骨は突出し、そのしわが寄った羊皮紙のような皮膚が、使い古した太鼓の皮のように、窪んだほほを包んでいた。

初めて私が彼に気づいたのは、ジャマイカの北西海岸の沖で潜水し、ゾディアックボート（軍用ゴムボート）で還ってきたときだった。私たちはモンテゴ湾の素晴らしいサンゴ礁を調べていたのだ。海底の迷路の中に花咲く珊瑚の外縁と色合いを撮影した。が、ほどなくして気が付いたことがある。われわれは綺麗な砂漠の上を泳いでいる。虫やウニや貝に飾られているのに、奇妙なことにこのサンゴ礁には、普通は珊瑚の中で群れている魚の群がいないのだ。漁師たちは自分の海を知っている。そこであの老いた漁師が手漕ぎで戻り、船を砂浜に引き上げるのが見えた時、私はゾディアックを岸に着け、彼に話しかけた。

彼はモーゼといい、半世紀前からその湾で漁をしていた。魚は前からこんなに少ないのか、と私は尋ねた。「とんでもない」とモーゼは自分の道具を指差した。「昔は、この網で大物をどっさり持って帰ったもんだ。」

ジャマイカは、海底が岩だらけのためトロール漁に向かず、長らく漁獲量を目立ってあげることができなかったのだが、どうしたことかこの一〇年でその成果をちょうど倍増させた、ということを私は知っていた。聞いた話では、魚の需要が増え、スズキやハタのような売れる種類の魚の過剰漁獲につながったという。それに今この瞬間も、はるか沖に浮かぶ漁師たちが、最近モーターを付けた古い船の上で、回遊魚を捕獲しようと外海で闘っているのを私は見ていた。モーゼのように自分自身の努力に頼るほかない者たちは、年々細かい目の網を使うようになり、ますます小さな魚を持ち帰るようになった。私はモーゼが用意した筌を眺めた。網目は一センチにも満たなかった。

「こんなに細かい網目では、魚に大きくなるチャンスがないではないか。今にあなたは何も獲れなくなるだろう」と、私は言った。モーゼの痩せこけた顔は無表情で、骨ばった指で獲物を外していた。一二匹ほどの五センチ大の岩魚《いわうお》で、それは食用というよりは飾りと言えるものだった。ほんの二口ほどのために丸一日働いていたわけだ。彼はやっと頭を上げた。その窪んだ眼に一瞬鋭い悲しみが宿った。「悪いことだとはわかってる」老人はその掌に情けない漁獲物を集めながら言った。「だがわしは食べなくてはならないんだ。」

この忘れがたい出会い以来、私は半世紀を生き、海を巡りその底を探った。だから人間が海を開発しようとして犯す多くの過ちをこの目で見てきた。それは無知、不注意、強欲で、たとえ悪意がなくても最悪の結果をもたらすのだ。雨や雪や川の汚染、石灰質の湖、そして多くの漁師がそれを生業としようとしている海もそうだった。海洋世界の限られた資源は漁師の共同体によってひどい目に遭っている。その結果、乱獲と自然資源の枯渇が魚の値段の高騰を招くことになった。それを必要としている沿岸の人々は、もはや伝統的食生活をなしえない。それなのに裕福な国々の富裕層だけがこの状況から得をしている。その犠牲者の一例としてのモーゼの悲劇は、そのまま地球規模の問題となってきているのである。世界中で増え続ける漁船が、ますます減ってゆく魚を追い詰めている。ジャマイカ沖のような普通の漁場で漁獲高が減っただけでなく、地球上の最も豊かな漁場も一つまた一つと枯渇し、ヘミングウェイが『老人と海』でいち早く描いていた、かの魚なき砂漠と化して行ったのだ。生きるために海に依存している者、いやモーゼのようにそれで生き延びている者、は犯罪者ではない。彼らは放っておかれた犠牲者なのだ。巨大会社だけが生き残る国際的な漁業体制から見ると、彼らはいなくてもいい存在なのだ。五千トンの船団は、漁獲高を上げる最先端の技術を装備しており、一つの海岸沖を、一、二往復するだけでほとんどの魚群を一掃することができる。商業的漁業はこの乱獲のクレドに加担している。彼らは、漁業の一つの領域を消し去る方が、魚を脆く、しかし再生可能な資源として保つことより利益になると考えている。

最後の魚を求めてのこの血眼の競争で、もっとも大量の漁獲量を上げているのは産業化された船団である。しかしそこではだれも勝者となりえない。われわれの貪欲な漁の仕方が世界のタンパク質の蓄えを枯渇させているのだ。

世界中で獲られた魚の三分の一以上は豚や鶏の胃袋に収まっている。あまりに小さく質も悪いので、粉砕され家畜用の飼料となっているのだ。本当は漁業は、もはや世界経済に対しても大した貢献をしていない。設備過剰な船団の社会的浪費は、魚の値段の上下によって起こる失業や破産はいうに及ばず、多くの国民の純収入を減らし、ただいくつかの会社がそこから利益を得ているのみである。

モーゼは明日のために缶詰を作ってなどいられない。さもないと今日飢え死にするのだ。

> 巨大船団は今日の利益のために明日を思わない集団である、と商業主義を糾弾し、各自は自分の立場を弁明するが、モーゼのような人の立場を弁明する人はいない、とクストーは言う。

そう遠くない昔まで、海洋資源の豊富さにかけた期待があった。それは安売り商品に溢れたスーパーマーケットに似たイメージで、それが正しいと思われていた。二十世紀の末、トーマス・ハクスレーはまだ、海の「無尽蔵のストック」に恍惚としていた。そして、その後の一〇年というもの、漁獲量は伸び続け、彼の言葉が正しかったかに見えた。一九五〇年には、年二一〇〇万トンの漁獲量があった。一九六〇年にはそれが倍増し、一九七〇年には、総計六千万トンにまでなった。小躍りした漁業機関の責任者は、一九八五年に八千万トンという数字を目指し、更に、あわよくば最高一億トンを目指そうと考えたのだ。実際は一九九一年の総漁獲量が八千万トンであった。しかもそのうちの四百万トンは漁によるものではなく、養殖された魚であった。

クストーは、漁業の技術的進歩により海産資源が枯渇しつつあることを、世界の海で検証している。

今から一万一千年ほど前、原始的な部族はゆっくりとだが、種をまき、家畜を飼育する方が、より多くの食料を手に入れる方法だと理解し始めた。つまり獲るのではなく、その蓄えを再生する方法だ。彼らは鳥を殺すのに使っていた棒や石を捨て、資源が無くなると土地を移らなければならない遊牧生活を放棄した。彼らは定住した。土地を耕した。そして、文明を創りだしたのである。ところが一万一千年後、近代社会の産業漁業はいまだに海に襲いかかっている。魚を取るために。新石器時代の人間が資源の枯渇を感じ取っていたのに、現代の産業漁業は、この過去からの学びに文字通り目を閉ざしている。なぜならそれは獲物を見ることの出来ない唯一の狩人だからだ。

もし彼が見ることができれば——もし海の世界が大地の広がりのように目に見えるものだったら——漁師は目の前の光景に酔いを醒ますだろう。ハクスレーのいった「無尽蔵な」海とは、海洋の膨大な水のことだが、ほとんどすべて、いうならば生物学的な砂漠なのだ。海のほんの薄い層だけが、すべての海中生物のいのちの基である植物プランクトンを生産できる。植物プランクトンの牧場が豊かさを呼ぶ。それを食べる魚が増える。それはただ、太陽光が差し込み、同時に滋養のある物質が豊富なところだけだ。浅い大陸棚、島影の一部、海中の険しい崖の底に水が渦巻き、陽光の当たる海面に向かって豊かな成分を含んだ深層水を送り込む、そういった場所のことだ。このような豊かな水の一ヘクタールだけを取った時、それが生み出す植物は、大地の一ヘクタールが生産する植物より少ない。それに、植物系からもっと複雑な動物系へと海中生物の階段を上がって行くほどに、収穫は減っていくのだ。漁師のご褒美であるタラ、サケ、オヒョウは食物連鎖の上位を占めているが、その最上位にはマグロが鎮座している。五〇〇グラムの牛肉を得るには五キログラムの穀物でいいが、海は、最後に五〇〇グラムのマグロの餌を提供するためには、あらゆる種類の植物——海中ではむしろまれなもの——を五〇〇〇キロ余りも提供せねばならないのだ。

高度なテクノロジーと原始的な考えで、近代的漁業産業が飛び込んできたのは、この壊れやすい海の世界なのだ。それは海の希少な生物を、軽飛行機で、ヘリコプターで、人工衛星で追い詰めている。

レーダーでウサギを追い詰める猟師は居まい。それなのに海では、工業的大船団が使っているのは戦車や自動機銃に匹敵する装備だ。それでリスの数に匹敵する生物を掃討しようとしている。何のためなのか?

魚は、今日、そして永遠に、世界を養い得ない。

海産物は平均して人類が毎日消費するすべての蛋白質の一〇%しか提供していない。昨今この数字は七%に落ちた。四五年後……地球人口が倍増したときはさらに減るだろう。

多くの国で、海から取る蛋白質のパーセンテージは更に低くなっている。アメリカ人は魚からは蛋白質の二%しかとっていない。フランス人は三・九%、イタリア人は二・八%である。平均以上の国を挙げても、例えばスペイン(一〇・六%)であり、日本(一七・八%)であるが、必要というよりも嗜好で海産物を食していると言える。OECDに食糧消費についての報告を上げている先進国のうちでは、その食生活で完全に魚をなくしても蛋白質の不足を招く国は一つもない。フランス人、スペイン人、イギリス人そしてアメリカ人は、あまりにも蛋白質を飽食しているので、もし魚を完全にあきらめなくてはならなかったとしても、その平均的食生活はまだ必要量の倍の蛋白質を維持するだろう。日本は、漁業のいかなる規制もその食糧需要に支障をきたす、と根強く抗議してきたが無駄であった。平均的な日本人は日常必要なたんぱく質を一〇〇%摂取しており、更に六八％の余裕がある。魚を一グラムも食べなくても、のことである。

多くの機関が、漁業を促進する努力を正当化しようとしている。漁業は裕福な国よりはるかに貧乏な国を「食べさせている」、と主張するのだ。昔はそうだった。だが今はもう本当ではない。

ある責任者たちはこういう。「第三世界では、必要な食糧の限界と食糧不足の間にいる人々のうち、一〇人に四人が動物性蛋白質の総量の三〇%を魚から得ている。ある民族では七〇%となる。」FAOのある次長は最近こう宣言した。「魚は第三世界の肉だ。」

他の人々も声を揃え、彼らの願望を正当化する数字を並べたてる。いわく、魚はチャド・コートジボアール・ジャマイカ・韓国・マレーシア・マリ・セネガル・ウガンダの人口に動物性蛋白質の五〇%を与えている。コンゴ・ヴェトナム・インドネシアではその魚への依存度は少なくも六〇%になる、というのだ。

こうした驚くべき宣言が貧乏な人々の哀れな状態をいかに利用したものか、悲しい答えは彼らのお皿にある。栄養不良の人々の食生活にあっては魚が蛋白質の大変重要な部分だというが、それは彼らがたくさんの魚を食べるからではない。他に口に入れるものが無いからである。確かにインドネシア人は、動物性蛋白質の五〇%を魚によっている。しかしこの大変なパーセンテージは一年でたったの四・五キログラムの魚を示すものなのだ。ちなみに平均的日本人は毎年三五キロの魚を平らげている。ロシア人は一二キロ、アメリカ人は六キロ、その彼らは同時に五八キロの牛を食べているのだ。

クストーは自分が目撃した領海侵害の例とその方法、しばしば国とも結託した商業漁業が海中の資源を枯渇させている例を列挙する。そしてこれに対する漁のあり方としてモルディヴの住民の方法を紹介する。

FAOがインド洋の産業的トロール船に「自動誘導装置」をつけるよう指導していたのと同じ年、カリプソはその海域を航海していた。われわれはモルディヴ諸島の漁師たちのグループと出会った。彼らは海からの食糧を得るその漁を手作りの優雅な帆掛け船で行っていた。何世代もそうしてきたのだろう。その船上に彼らは獲物を生きたまま置いておく生簀を作っていた。喫水線の下に穴があけられている! このやり方は確かに獲物を生かしておく。だが船を浮かせるには厄介である。彼らはこの巧みな漁法を作り上げていた。この現地人たちは絶えず水をかき出す。そのバケツを空にする時、それは水面をかき混ぜることになる。櫂の動きとそれが合わさり、泡立ちは小魚の群れの戯れを写したようになる。それがもっと大きなカツオを引き寄せるのだ。島民たちの反しのない針は水中できらきら光り、まるでかわいい銀色の揚げ物のように、いま一度カツオと戯れるのだった。こうした漁師たちのいく人かは、われわれに、大真面目に、彼らの昔からの法則を語ってくれた。「海からは、一日に、お前の村の住民の数以上のものを獲ってはならない。お前がこのようにすれば、明日も十分なカツオが見つかるだろう。」

このような忘れられた漁師こそ産業国の五千トンのトロール船の競争相手となるべきなのだ。漁獲量だけではない。その質、魚の扱い方、そして値段において。もう競争すべきものはあまりなくなってしまった。ソ連・スペイン・日本がナミビアのイワシの生息地に手をつけたとき、二年にしてその生息数はほぼ消滅した。豊富なタラの群れがソ連・スペイン・日本そして南アフリカの船団を引き込んだのだが、獲りすぎであった。この過剰漁獲により、アフリカ南西部のイワシの水揚げは半分に激減した。

多くの国で漁業が政府機関の補助なしでは立ち行かなくなっている現状を述べたのち、乱獲が生態系の食物連鎖に及ぼす悲劇の例として鯨を取り上げる。

一九七九年、カリプソ号はテール・ヌーヴ（ニューファンドランド）沖で北に渡るこぶ鯨の群れを追っていた。そしてわれわれが見たのは、この鯨がカラフトシシャモの漁が引き起こした惨状により、どのようにして文字通りの犠牲者になっているかであった。この種のシシャモは昔からカナダの沿岸沖に大量に発生し、商品となりうるあらゆる魚の餌となっていた。タラ、大西洋のサケ、グリーンランドのオヒョウ、ハドック、そしてさまざまなカレイと言ったものだ。生まれた熱帯地帯から栄養をとる北極圏までの厳しい旅を続ける途中、腹を空かせたこぶ鯨たちはやはりカラフトシシャモで養われていた。国際的な大船団がカナダ沖でこの魚に襲いかかった時、その生息数は六年足らずで壊滅した。
飢えた鯨たちは、本能的にいつもの遊泳路を変え、岸近くにまだ残っている魚影で空腹を満たそうとした。不幸なことに、その時同時にこの沿岸の漁師たちはタラをとっていた。その装備はカナダの沿岸水域ではかつてなかったほど進んでいた。ニューファンドランドを迂回するのに、カリプソ号は数キロにもなるタラ用の網の障壁を避けて進まねばならなかった。ジグザグに進み、われわれは幸運にも何とかそこを通り抜けた。だが自分たちのシシャモの分け前を求めてきた鯨たちには同じ幸運が待っていなかった。その夏の間に、多くのこぶ鯨たちが網にかかって溺れ、また漁具と衝突して傷を負った。漁師たちは、その網に鯨がかかるたびに壊れた漁具で何千ドルも失い、また漁の時間を失うため怒りに駆られる。私たちが会った漁師たちは口をそろえたように怒りを露わにしていた。「本当は、奴らを殺したいよ」「時には発作的に鯨の奴を撃ってやりたくなる」。聞いた話では、ほんとうにそうした者もいるという。だが人間以外の生物がこの魚に依っているところでの、この無理解から来る漁の犠牲者はこぶ鯨だけではないのだ。大西洋のサケもシシャモが無くなり減少した。その他の市場に出回っている大型魚もそうだ。

地上では、人類は定住革命以来土地を管理することを学んできたが、海では近代化したのは漁業の装備だけであり、精神は獲物のあるところにはどこでも出かけて行った原始的な狩猟採集生活の時代を抜け出ていない、とのクストーの指摘は重い。更に海は無尽蔵だとの神話は事実を知らない者の妄想で、海洋のほとんどは砂漠に等しい、との衝撃的な証言がある。魚たちは陸地に近いほんのわずかな領域に集まっている。それは食物連鎖の起こる場所であるが、その中の一種類が商業漁業の乱獲の的になると、一気に生態系は崩れていくのだ。

（…）現在の利を得るために漁師たちは未来を犠牲にした。だが未来とは現在なのだ。損失はわれわれ全体に及んでいる。本当はそれは不必要なことだった。もしわれわれが漁業の生物学的な法則を尊んだら、数年後には収穫を倍増させることも可能かもしれない。そして今は幻となった漁獲高の見通しに到達するかもしれない。こうした方法を実行に移すメカニズムはすでに存在する。あの有名なZEE、排他的経済水域をZNR、国有責任水域に変えればいいのだ。そうすればわれわれは、資源はすべての国によって略奪されるためそこにある、といい張ることを止め、それを守るのはすべての国の義務なのだ、と理解し始めるだろう。

この解決方法は、理論的には手の届くところにある。だが問題はそれを採用する意思が生まれるか、どうかだ。もしわれわれが過去に行ったように将来も行動するなら、それはおぼつかない。私は、ベネズエラの国連大使からカラカスでの海洋法の会議の開会式で話をしてくれと頼まれた時、一縷の楽観主義が芽生えるのを覚えた。大使は私がそこで何を言おうとしているのかを尋ねた。そのころ、海を人類の共有遺産にしようという考えは、海の一部をそれぞれ自分の海として領有することを主張する大多数の国の前で鈍化していた。「岸から岸へと絶えず循環する水をだれも〝所有〟することはできません」と私は大使に言った。私が言うつもりなのは、「漁業の無政府状態に終止符を打つには何らかの〝世界海洋機関〟を作らねばならない、それはすべての沿岸国が、二〇〇海里の水域の中での責任を果たすに当たって、順守されるべき国家的な規則を定めるものとなるべきである」ということだった。

二週間後、大使が電話してきた。大変困惑した様子だった。彼は私の案を会議の責任者たちに伝えたところ、彼らは私が演壇に立つような招待を撤回するよう大使に頼んだ、というのだ。

私は私の道を歩んだ。彼らは彼らの道を続けた。そこからそう遠くないところで、魚のいない海の向こう側で、モーゼは、その日も食べることなく、眠りについたのだった。

5　一滴一滴が大切――アマゾン、ナイルそして南極

山肌を駆け下り、岩を穿って道をつけ、この世の齢も知らぬ諸々の川は、無秩序な流れを造り海に至る。川たちが海に至るのは、まるで動脈が心臓に発し、また植物の根っこが幹に繋がっているのと等しい。いのちに欠かせないその水は、地球を巡り、野生のいのちを育み、街を生かし、諸民族や川のほとりで栄える儚い文明を養っている。「海の鼓動」である潮汐の反動は、遠く川の上流まで伝わり、日々にリズムを与え、それは過ぎゆく年にも千年紀にも影響する。

毎月、太陽と月と地球は一直線に並び、海に最大の牽引力を働かせる。そして毎年、春と秋に、この力は大西洋から荒れ狂う波を運び、それが大河アマゾンになだれこむ。

カリプソ号のヘリコプターの上から、私はこの光景を撮影していた。ブラジル人はこの現象をポロロッカ（大咆哮）と呼ぶ。その日、強大な高潮が河口に押し寄せ、巨大な波を造りだす。マスカレ（海嘯）である。それは三メートルにも立ち上がり、両岸に押し寄せる。耳をつんざくような咆哮と共に、波は岸辺を直撃し、樹々をなぎ倒し、家々を砕いて行った。ある農夫はこういった。「私の家は波の中に放棄せねばならなかった」。もう一人は「ポロロッカは私の土地を呑みこ

んでしまった。飢えた猛獣のようにね……。」その直後、アマゾン河とその分流は河床からあふれ出し、銀色の水のシミが一五〇キロも内陸にはみ出し、近隣の森を水浸しにしていた。私はヘリコプターからその光景を観察していた。増水した水面から五メートルも突き出したジャングルの大木はまるで鏡から飛び出したみたいだった。見渡す限り、枝葉はドームのような濃い蒼穹を描きだし、水面に映る太陽のかけらをきらきらと身にまとっていた。

私たちはヘリコプターをカリプソの甲板に降ろした。その中の数名はもっと近くで見たいと、ボートに乗り込んだ。そして小さな列をつくって豊かな緑の茂みに分け入って行った。

そこは穏やかだった。かすかに花咲く森の香りがした。私たちのボートの周りでは頭の上の小枝から落ちてくる蟻や蜘蛛が絶えずぴちゃぴちゃと音を立てていた。ぶんぶんという虫の声、オウムたちはぎゃあぎゃあと鳴き騒ぎ、サルの叫び声が聞こえた。そうしたすべてはジャングルのメロペ（叙唱）の中に溶け込み、私たちの耳が慣れてくるとやがて消えて行くのだった。ふと気が付くと、聞こえるのは私たちの漕ぐ櫂のリズミカルな音、そしてピンク色の川イルカが空気を吸いにきて噴水口から出す短いヒューという音だけになった。彼らはブロントザウルスのような鼻先を突き出し、枯れ木の沈んだ河底に泳ぎに行くのだった。

時が大昔に戻ったかのように思えた。奇妙に居心地が悪かった。衣服を着ていることが、時計を持っていることが、空調の効いた、電子器具を満載した船がこの何もない原始的な世界の外で待っている、と知っていることが、場違いな気持ちを抱かせた。私たちは新しく生まれたばかりの河に入り込んでいたのだ。力強く、清らかで、自然のままで、いのちに充ち溢れた河だった。かつてはすべての河がこうだった。たったの数万年前に生まれたアマゾンの純潔の水は、二千種以上の魚を養ってきた。それはあまりにも潤沢だったので、時々河から飛び出し、われわれの船底に落ちてくる。山肌を削ったこの河には豊かなミネラルが含まれ、冠水した森の地面を肥沃にする。だが同時にそれは水をチョコレート色にまで色濃くし、太陽光は一メートルの深さにしか届かない。光合成はほとんどできない。水の下では植物性の食べものが乏しく、飢えた魚たちは、上の方で実った産物で補おうとする。だから暗い深みから飛び出し、たわわに実った枝から落ちてくるクルミや葉っぱや果物をとろうとするのだ。川は森を養い、森が川を養っている。動物と地球と淡水のいのちの相互作用の輝かしいシンボルである。アマゾンの王道はジャングルの闇の中にではなく、地球上の生命の秘密へと通じているのだ。

カリプソ・チームがアンデス山脈のチチカカ湖を調査したときのことだ。われわれは標高約四千メートルの湖の岸で海洋生物の化石を発見した。私は、この星の淡水と海水のシステムが、歴史上いかに結び合ってきたかをはっきり理解した。その後タンガニーカ湖とそれを源泉とするアフリカの色々な河の探検をしたとき、私は湖、河そして海にさえも、岸辺へのいのちを賭けた到達競争という点で、人と動物の間には類似点があることに気が付いた。

大河の誕生の時代は特定できなくても、大河を文明の誕生の時代の特定に使うことはできる。

ユーフラテスとチグリスの渓谷は、紀元前七千年ころ最初の農業共同体の揺籃の地となったと思われる。人間は少しずつ、その家畜を飼い馴らすように、河を飼い馴らすことができることを見つけて行った。だが河の方はそう簡単にくびきをつけさせなかった。年を経るごとに、運河による灌漑で土地の表面を肥沃にできるようになった。しかし、農地や村を洪水から守るために岸辺に沿って造られた堰は、大地と水の相互肥沃化の障害となった。昔は洪水を防ぐために堤防を造ったのだが、巨大ダムの建造が増大するのは十九世紀に過ぎない。それには発電という新しい存在理由があった。こうしたダムには善悪両面があったが、いずれにしても暫定的な利益しかもたらさなかった。

私たちはナイル川を、その源泉たるブルンジから調査したことがある。それはヴィクトリア湖で花開き、はるばる地中海に流れ下るのだが、われわれは最も印象的な工学的失敗の例を目の当たりにすることとなった。アスワン・ダムである。それにはそれを造った父親の名も添えられている。ナセル湖と。この巨大にして精巧な企画は、当初はソ連とエジプトの婚約の贈り物のはずであった。だが共産主義者の技師たちは西欧の同僚たち以上のものを見ていなかった。

「エジプトはナイルの賜物である」とヘロドトスは書いている。しかし今日のエジプト人たちにとって、それは実はみすぼらしい賜物だった。耕作可能な細い帯、それだけがこの激増する人口を養わねばならぬ国の持っている沃野だった。アスワン・ダムは、ナイルの水を貯め、この国の新産業にエネルギーを提供するはずであった。水と食べ物、それを人民は求めていた。ところがそれをダムは反対に奪ってしまったのだ。

伝統的に、このあたりの農民の生活は、季節ごとに変わるこの大河のご機嫌に左右されていたのだ。その優しさと怒りに。だが増水そのものが「ハピの到来」というようにちゃんと祝われていた──その優しさと怒りに。


ハピとはナイルの神で、その波打つ水は養い、蓄え、エジプトに備蓄をもたらす。その通るところに豊穣の種をまき、その指先までも食料を運び来たる。こうして広がった堆積土はいかにも肥沃であったため、女たちはその一握りを呑みこむのだった。母なる大地に受胎させた神は、人間の女にも同じことをしてくれるはずだと信じ込んでいたのだ。ダムの出来る前は毎年何百万トンの泥土が土地を豊かにしていた。現在この大切な沖積土はアスワンの貯水池の底に積もっている。

毎年の牧草を奪われ、収穫は化学肥料に依らざるを得なくなった。それは更に土壌を貧困にする。それに肥料の生産自体がエネルギーを必要とする。皮肉なことにこのエネルギーは新しいダムの創りだすキロワットのなかから捻出せねばならない。こうしてこの工事がもたらすべき利益の一部は消され、農民の生活費の比重を増大させた。ナイルの岸にたたずみ、私たちはエジプト人がナセル湖にその船を走らせ、バケツを水に投げ込み、堆積土を彼らの疲れ果てた土地に撒くのを見た。これら農民が昔ながらの原始的な農法を捨てがたい、というのではない。彼らは単に肥料を買う習慣がなかったのだ。ナイル河がただで運んできてくれていたものだからだ。

ナイルの渓谷は、今、塩の渦巻きで斑点ができている。荒立つ波は、かつては土地を清め、そしてごみを海まで運んで行った。それが灌漑の池に変わり、水は運河の中で蒸発している。ナイル川の河口まで旅を続けたとき、われわれが目にしたのは岸辺に沿って海中にまで埋め込まれている電柱だった。地中海はエジプトの肥沃なデルタ地帯を侵食していくが、その侵食の速度は毎月数メートルに及ぶのだ。驚くにはあたらない、とわれわれの話し相手は述べた。ナイルの水はほとんどすべてダムにとられてしまっている。海まで流れる水は少なくなり、堆積土はほとんどできない。この川は河口に大量の堆積物を残し、デルタの岸辺を強化していたのだが、その堆積物が今はダムの虜になっている、というのだ。今日、放っておかれたところでは、地中海は海岸を侵食している。徐々にだがデルタは海水を含んだ水に侵され、肥沃な土地の面積は減少している。

アスワン・ダムの創りだした本当の害悪を認識したとき、私はエジプト科学アカデミーの所長のアブ・エル・アザム博士と討論した。彼の説明では、この国の最も懸念すべき問題は人口が四千万人に上るということだった。そして百年後には、この人口は飛躍的に増大し三倍になるはずだという。彼の懸念は、一体どこにこれだけの人間の食料が見つけられるか、だった。

「われわれは一〇〇パーセント、ナイルのおかげで生きている」と、ある時アヌアール・サダトは言った。「もし誰かがこのわれわれの生活をなくそうとするなら、われわれは戦争も辞さない」。そのナイルが、今日ではエジプト人の未来を脅かすように操作されているのだ。それなのに、闘うべき敵は彼ら自身しかない。

クストーはナイル上流で試みられた灌漑計画がすべて失敗に終わり、生態系も破壊したと述べ、また世界各地での河川の人為的変更が、アラル海の例に見るようにほとんど失敗に終わっていることを検証している。

大河、湖、氷河、地下水脈、氷山、雨、雪、雹、霧、グリーンランドと北極を合わせても、その海洋の水への寄与は少ない。最近の海の理想化された呼び方に従い、「水の一滴」と言っても良い。しかしこの「自然の最小の要素」がなければいかなる生も不可能なのだ。

水は液体としては宇宙の中では少ない。それはいかにも希少なのでラクダやサボテンは蓄えを作る。それはまことに清らかだったので、人間の罪を洗い落とす力が与えられた。それはまた気まぐれで、そよ風が運べば蒸気で気候を温暖化し、暴風の渦となれば大地をひどく痛めつける。人間は毎日、体から失う水分を補う淡水を必要としている。それなしでは死ぬ。人間はその食糧を確保するのに農作物に水をやらねばならない。そうでないと死ぬ。いのちは飲み、いのちは呼吸する。空気と水がいのちの流体なのだ。露の水滴がダイヤモンドより輝くのはゆえなきことではないのだ。

この貴重な液体は、自然には大量に存在するのだが、希少となり、社会学者たちは五〇年後、百億人に十分な飲み水、衛生に必要な水、土地の灌漑用の水が提供できるのか疑うに至った。このような状況を創りだしたのは汚染と浪費である。われわれが調べた河川のすべてで、つまり、アマゾン、ミシシッピー、セントローレンスと五大湖、ナイル、それにその他のもう少し規模の小さな川の数々だが、われわれは多かれ少なかれ毒入りの水を見つけた。それはすでに人間の飲料としては不適切なものだった。国連のいくつかの機関は、今日、少なくとも一〇億人(全人口の六分の一)が飲み水に事欠いている、と見做している。その結果は過酷なものだ。開発途上国では、四家族のうち一家族で、一人の娘が毎日数キロを歩いてバケツ一杯の水を家に持ち帰るのが務めとなっている。その結果、途上国の三五%の女の子は学校に行けない。男兄弟は行っているのに、だ。この性的差別は、水の管理の悪さから来ているのだが、将来の母の教育レベルを押し下げる。バース・コントロールは益々男性の仕事となる。

(…)われわれの「一滴の水」は、素晴らしい過去と、予期できない未来の双方を併せ持っている。今日の状況はかなり安定しているかに見える。湖、河川、氷河、南極は海洋の二・六%の水量に当たるが、常にそうではなかった。一万七千年前には海面は今より一七〇メートル低かったことが知られている。それはもっと淡水が多かったことを意味する(海水の約七%の量)。だがこれが意味するのは、もしグリーンランドと南極大陸の氷が溶けるようなことがあれば、海の水面は八〇メートルも上昇するということで、それは人類にとって大打撃である。科学と技術のすべてをもってしても、人類はこの氷河期の周期という淡水の冒険に立ち向うすべを持っていない。

(…)南極、この世界の果ての大陸は、私にその壊れやすさを見せた。それはその生態系の極端な単純さのせいであった。だがその環境の恐るべき厳しさも、様々な領土要求の妨げにはならなかったのだ。一九五九年の条約が一九八九年まで生きており、それを正当化していた。この書類は七カ国がサインしたものだが、その他の一九カ国がその条項を尊重していた。それは南極を非武装化し、科学的研究のみに使うというものだった。だがこの重要なテキストには、残念ながら欠けていたことがある。言及さえもない。それは鉱物および生物資源の開発の可能性だ。一九八七年の国際条約や国際捕鯨委員会による捕鯨中止のモラトリアムにもかかわらず、鯨は追われ続け、一九八二年の国際条約ではオキアミの工業的漁業を容認し、アザラシの群れの輸出も認可された。南極条約はわれわれの星の最後の野生地区を保存すると決めていたが、新しい条約はその精神を曲げた偽善的なものだった。

ある朝、新聞に目を通していると、いろいろな広告の中に埋もれたような小さな記事が目に留まった。私は目を疑った。六年間にわたるひそかな交渉ののち、三三カ国の代表がニュージーランドのウェリントンで一つの条約にサインした、というのだ。それは南極大陸の全体を、コントロールされた仕方でという言い訳の下に、石炭・ウラニウム・石油と言った地下資源の開発のために開放する、というものだった。仮面は剝げ落ちたのだ。私は信じたくなかった。資料が明記するところでは、「事前調査のために、適正な強度の人工地震を起こすことも許される」とあった！　寒さは？　氷は？　難しいのか？　高くつくのか？　そんなことはどうでもいいのだ！　できるのだからできる、と勝ち誇った高級官僚たちは宣言していた。何だ？　石炭の埃や石油産業が燃やす排気ガスの煙が南極大陸全体の熱反射を変える？　氷が溶ける危険がある？　海面が数メートル上昇しいくつかの町や列島を呑みこむ？　冗談だろう。またエコロジストの戯言だ。

私の反応は、憤慨と失望の入り混じったものだった。ウェリントンの条約はほとんど秘密裏に準備されたもので、地球全体からみるとまさに強盗行為であった。その真に意味するところは、この一番すばらしい宝物を入れた金庫の扉を開放するという犯罪的決定であった。その宝物とは、淡水の最後の保護区であり、もしそれを開放したなら管理不能になるのだ。その人質となるのは、アザラシ、ペンギン、鳥たち、鯨である。この災いで脅かされるのは人間共同体のすべてである。それが（旧約の出エジプト記のシーンを借りるなら）意味もない金の仔牛の祭壇に身を捧げようとしているのだ。

私はどうしたらいいのか？　何ができるのか？　このプロジェクトをだれが始めたのか、それがなぜこのように秘密裏に行われたのか、について情報を収集すればするほど、私はそれに対する外交的解毒剤を見つけたいと思うようになった。このテキストを密室で書いた外交官たちが、何も知らずにやったとは私は信じなかった。パンドラの箱を一度開けたら、解き放たれた欲望は鎮まることを知らないだろうと、よくよく知っていたはずだ。そこに書かれたむなしい注意事項は、大衆に丸薬を呑みこませるためのもので、大衆は不当に過小評価されていることを私は知っていた。

だが、ウェリントン条約を批准しないように三三カ国を説得するにはどうしたらいいのだろう？　もちろん私にも賛同者がいたが、これほどの規模の決定を変えるほどの重みを持っているだろうか？　ポール・エミール・ヴィクトールの一九九一年の宣言は、一九五九年の条約をそのまま五〇年間延長すべきだ、というものだった。ニュージーランドの環境運動の指導者カトリーヌ・ワラーは、南極を守る唯一の方法は、すべての鉱山会社にこの大陸への接近を禁じることだと主張した。世界中で、学者たちが遠慮がちにだが、南極を世界の公園とし、自然生物のみならず、世界の気候、海水面を守るべきと主張した。

私はついに決断した。民主主義においては、最後に勝つのは世論だ。大衆の署名運動を始めよう。それがどうなるか見てみよう。そこで、この請願運動を発足するに当たり、一九八八年の六月、私はそれを「南極のための聖戦」と宣言した。

一年後、われわれは六〇万以上の署名を集めた。ミッテラン大統領は電話をよこし、「地球という惑星」という会議で話す前に私の詳しい報告が欲しいという。大統領はこういった。「クストーの提案する平和的国際保護地を作ることに賛成する。私は政府にこの提案を研究するように依頼する。そしてわれわれと懸念を共有する国々と共にこの考えが直ちに適用できるかを検討する。」

その間だったが、私はオーストラリアは理解を示すだろうと考えた。私はパリとオーストラリアをライブで結ぶ一五分ほどの多元テレビ放送を行った。私の主張の核心は、伝統的にオーストラリア人は南極に関する重要な決定にはいつも参加してきた。その非軍事化、領土に関するすべての要求の放棄、科学に捧げられた地域、等である。ならば、ウェリントン条約を拒否しなさい。われわれの運動に参画し、われわれの気候とわれわれの未来を救おう！

偶然だが、オーストラリアの首相のロバート・ホーク自身が私の放送を見ていた。彼はパリに来ようと決めた。私は、彼と当時のフランス首相ミシェル・ロカールと私の三人の朝食会をアレンジした。そこで決められたのが、国際自然保護区のためのフランス＝オーストラリア共同モラトリアム宣言である。

一九八九年の九月、私の請願はフランスだけでも百万以上の署名を集めた。一つ、また一つと、南極条約に署名していた国が、ウェリントンの錯誤の真の意味を理解し、それを放棄していった。しかしアメリカ合衆国は、当然ながら、地下資源開発の最も激しい先兵だった。それゆえ今や私は、請願の署名が一一〇万に達しなければ説得の試みが完結しない、という立場に立たされたのだった。

一〇日間というもの、私は個人的に下院議員や上院議員や、ワシントンのプレス関係者に会った。当時、与党の上院議員だったアル・ゴアは、一〇人の上院議員を説得し、ウェリントン条約を破棄し、南極の全世界的保護を可能にする新しい条約に向けて直ちに交渉を始めることを求める決議文にサインさせた。私は関係国の半分を廻り、イギリスでは更に九〇万人の署名を得た。「反対クラブ」は拡大していった。私の希望も膨らんでいった。一九八九年の十月二十日、南極条約に関する第一五回会議はわれわれの進歩に一里塚を立てた。しかしまだこの「自然の保護地区、科学の領域としての南極」というフランス＝オーストラリア案に断固として反対する国があった。時間は過ぎてゆく。私は大衆のイマジネーションそのものに訴える方法を探さねばならなかった。

一九九〇年の一月、私は十歳から十二歳の六人の子供たちを、船に乗せた。それはエレビュスという名の船で私が借り上げたものだ。三人の女の子の一人は日本人、一人はオーストラリア人、もう一人はフランス人だった。三人の男の子はアメリカ、チリ、タンザニアから来ていた。一月四日の真夜中、私たちはプンタ・アレナスを出港した。初日、ジェロニモは船酔いになりかけたがすぐ治った。彼らの先生はシャーリーで、子供たちを集め四時間の授業を行った。みんなで絵葉書を描き、日記を書き始めた。五日の金曜日、船はドレイク海峡を晴天のもとで越え、われわれはヨーロッパと北米向けにラジオ・インタヴューを行った。高かった気圧計は下がり続けた。乗員たちはこの現象を「レオポルド」と名付けていた。レオポルドとは、気圧がさがったとき、すさまじい嵐を引き起こす恐ろしい怪物だと解説した。目を見開き、口はあんぐりさせたままだったが、それ以来子供たちは何度もレオポルドを見ることになる。

一月六日、レオポルドは吹き荒れたが、お昼には綺麗にあがった。太陽が顔を出した。私は子供たちにゲームを提案した。最初に氷山を見つけたものはご褒美がもらえる。飛行機の模型をもらうことになったのはケリーだった。私たちはアミローテ（海軍司令）湾に向かっていた。景色は一九七二年の時と同じく素晴らしかった。氷河、そして雪のドームから顔を出すぎざぎざの火山岩。だが私の思い出はここから先には行かない。

フレイ基地は今日マーシュという名に代わっている。その倉庫や滑走路は、これが将来この大陸の植民地化の出発点になるのではないかと思わせる。まさに南極条約が禁止したはずのことだ。科学の先達としての四人のイギリス人を記念して建てられた木の十字架は、いまや、黒い高潮（石油汚染）と観光客のクラブで終わる悲しいコメディーの情けない思い出となりかねなかった。その日は、私たちに会いに来てくれた二頭のこぶ鯨で終わった。それはエレビュス号の周りを、口を開き、空中にその背びれを突き立てて泳ぎ、遊んでいるようだった。子供たちは嬉しさで歓声を挙げ、盛んにカメラを回した。

一月七日の日曜日、私は子供たちに、一九七二年この海岸で組み立てたナガスクジラの骨格を見せた。それを助けてくれたのはデュギー教授で、昔から散在していた鯨の骨を使ったのだった。

アミローテ湾の奥、キング・ジョージ島のイギリスとブラジルの基地近くに、私たちは皆が夢見ていたイグルーを作るのに最適な場所を選んだ。私たちの意図はこの子供たちが小さな大使たちとして、ここに避難所を造り、未来世代の名において、象徴的に南極大陸を所有するということだった。オーストラリアのケリー、日本のフミコ、フランスのエリーズ、タンザニアのオコ、チリのジェロニモ、合衆国のコリー、この六人の子供はわれさきにとわれわれの手伝いをした。それはすぐに本当の蜂の巣みたいな騒ぎになった。子供たちは身の丈ほどもある氷の塊を運んだ。

午後五時にはイグルーは完成した。内部は半径三メートルほどあり、天井の高さは二メートル一〇センチもあった。私は六人の子供たちと一緒にこの新しい家に入った。三人のカメラマンと写真家も一緒だった。みんなに十分な広さがあった。私たちは疲れ果てていたが、ケリーとオコはそのイグルーで寝ることを申し出てくれた。その後の日々はペンギンの大集落を訪問したり、南極に最初の海水汚染を引き起こしたバヒア・パライソ号の残骸を見に行ったりした。ひどい吹雪にも遭った。と、小さな大使たちは、彼ら自身でビデオ・カメラを回し、映画を作ることに決めた。プロデューサーはケリー、スクリプトはエリーズ、音響技師はオコ、解説はコリーだ。タイトルは「世界の子供」だ！　ケリーはいつも私たちにインタヴューをする。本当にプロみたいに。素晴らしかった。バヒア・パライソ号の遭難の地、パルマー基地への遠征、それにシャーリー先生に子供たちとパシュートゲームをする機会を与えた吹雪の日々ののち、七月十四日の日曜日の一九時、エレビュスはついにプンタ・アレナスの停泊地に入った。

この冒険は、私のちいさなお客さんたちだけではなく、私のプロのチームによっても撮影されていた。その結果は一時間のテレビ番組となり、アメリカではテッド・ターナーによって、またヨーロッパではフランス2その他のチャンネルで放映された。「南極の小人」という題で。私は「小人」のカセットを千個造り、下院議員、上院議員、大臣のすべて、それに最高裁の裁判官たちに配った。この映画は私たちの広報活動の最良かつもっとも効果的な道具となった。

われわれの南極に対する請願が三百万に近い署名を集めると、世界中が懸念を抱き始めた。チリのビナ・デル・マールで開かれた南極条約締約国会議では、一九九〇年十一月以来、締約国の三分の一がすべての地下資源開発に反対するようになった。フランスの基地、デュモン・デュルヴィルの拡大、特に滑走路の建設は大多数の反対に遭った。一九九一年の春、マドリッドに集まった締約国は、日本とドイツが見解を変えたことを知った。この決定が、おそらくイギリスとアメリカがわれわれの立場に歩み寄る契機になったのだ。それに加え、ノルウェー代表団が予期しない行動に出た。一つのプロトコル（議定書）が全会一致で採択されたのだ。そのプロトコルは、一九九一年六月二十三日に正式にサインされることが決まった。それは南極条約発効の三〇周年にあたる日だった。

だがこの良い知らせには予期せぬ悪い出来事が続いた。六月二十二日、マドリッド会議でアメリカ合衆国は、ノルウェー提出の議定書を審議するために新しい猶予期間が欲しい、と要求したのだ。各国代表は唖然とした。私はワシントンに飛び、ブッシュ大統領との緊急会見を取り付けた。二時間の議論ののち、大統領は私と合意に達した。そして七月三日、彼は、合衆国はマドリッド議定書にサインすることになると発表したのであった。「この文章は合衆国の利益に配慮し、将来世代の得るべきものを危機にさらすことなく、南極を効果的に保護することを保証するものである。」この決定は五〇年間適用される。この時間が経過したときは、新しい会議が開かれ、この議定書を更新するか、破棄するか決めることになる。

このまるで推理小説にも似た話は、今や具体的な結論を持っている。「南極大陸――自然保護地にして科学の領域」と。

この出来事が証明したことは、大衆の圧力だけが、政治家から良識ある決定を引き出す唯一の方法である、ということだ。

私がカリプソ号から初めて南極に降り立ったのは一九七二年の十二月のことだった。粉雪の上にまばゆい太陽が輝いていた。心躍らせ、私は第一歩を踏み出した。靴の下で雪のきしむ音に、私は振り返った。油のシミに汚れた私の足跡が周りの真っ白に輝く景色の中で目立っていた。正直に言って私は恥ずかしい思いをした。足をふくのを忘れていたことに。

6　環境破壊

六〇年代の終わり、私は汚染だけが海中のいのちを脅かしているのではないのではないか、と疑いを抱くに至った。第一にサンゴ礁が大きく減少した。産業化された地域の周りでは、汚れた、有毒の水につかったサンゴ礁の減少は、汚染で説明できた。だが、モザンビークのカナルの大サンゴ礁は、透明な水中にあるのに、またニューカレドニアの珊瑚もきれいな透明な水の中にあるのに、やはり減っているのだ。

一体何が珊瑚を破壊するのだろう――珊瑚はあらゆる進歩の攻撃にも耐えて生き残り、繁栄していたというのに。われわれは、珊瑚の崖に沿って深みへと潜ってゆくたびに、何か時間を遡って行くような感慨にとらわれた。原始の海は今から六億年前、最初の珊瑚を誕生させた。孤立した単細胞から最初の複合体を造り始めたのだった。その時以来、少なくとも四回はすべての珊瑚が死滅した。それは新たな発展のための条件が整うまで続いた。小さなサンゴ虫は、温かい海水の中から石灰を取り込み、その骨組みを作った。そして集まり、殖え、だんだん高くなってゆく。一年に一センチほどのペースで伸びてゆく。それは時代と共に増大し、ますます見事な建物として広がって行った。それが形作るいろいろな隅、洞窟、クレバスは膨大な他の生物の隠れ家となった。珊瑚とそこに住むエキゾティックな住民たちは、かくして地上でもっとも精巧な生態系を作り上げることとなった。

インドの南、モルディヴ列島に赴いたとき、私たちは感動した。カリプソを一つのラグーンに入れたのだが、それはまさに、その縁まで澄明な水に満たされた珊瑚の杯というべきものだった。一日また一日と、私たちはこの贅沢な光景を撮影した。珊瑚は手を広げてレースのうちわとなり、また花の形をとっている。また伸びるとシカやヘラジカの角のようになるものもある。われわれのランプの光に照らされると、赤、オレンジ、パステルの無数の色にきらめいて現れる。この密生した珊瑚の豊かさの中に、海のジャングルを住まいとする膨大な数の生き物がうごめいていた。カジキやキメラと言えるような魚も、地球のように丸い魚も。ウツボは珊瑚の林の影を徘徊し、サメの遠い従弟であるエイは、青い水の中、バラクーダやタツノオトシゴの群れの下を悠々と滑走してゆくのだった。四月から八月まで、呆然としたように私たちは、昼間は水面下で、静かな夜はカリプソの船上で過ごした。船はラグーンの澄明な水に浮かんでいた。それは大波からサンゴ虫というパラドックスによって守られていた。個々では脆い存在だが、集団になると押し寄せる強力な波もそれを越せないほどの強さになるのだ。

だがその珊瑚ももう一つの力には敵わなかった。ある日、われわれはモルディヴの首都があるマエ島に投錨した。そしてびっくりすることになるのだが、それはこの砂の天国には木も石もないため、人々が自分たちの家を珊瑚をベースとして建てる、ということだった。その小さな村を波や上げ潮から守るための堤防も同じだ。彼らは一年中、サンゴ礁で力仕事をする。つるはしでブロックを切り取り、これまた珊瑚を砕いて作ったモルタルをセメントのように使って組み立てるのだ。彼らは自らの住居を、自らの住環境（Habitat）を壊すことによって建てていたのだ。つまり大海の荒波から彼らを守るサンゴ礁という住環境だ。その本来の意味を比喩的に言えばこうなる。この島の住民は自分たちが座っている珊瑚という枝を切っている、ということだ。

その頃、原住民によるサンゴ礁の組織的な破壊は私には悲劇に見えたが、それは単発的な悲劇だった。私の友人や私自身、モルディヴ人の行為を認めなかったが、彼らを理解することはできた。それは熱エネルギー汚染の結果としての海面の上昇に対する本能的な反応なのだと想像できた。昔われわれも同じだった。最初海に潜った時、海の豊かさは満ち溢れ、なんでも獲っていいように見えた。魚を獲るには手を伸ばせばよかった。実際私たちもそうしていた。やり、矢、銛に獲物を串刺しするのは何でもなかった。私は編み物の針で魚を釣るという賭けに勝ったことを威張ってさえいた。

だが私は、少しずつ、海は自分が想像していたような、金貨を吐き出す豊穣の巻貝ではない、と学ぶことになる。

陸上の砂漠のように、大海は生きた砂漠なのだが、そこから時々いのちの賛歌が噴き出す。だから私はひとときときき幻想に酔いつづけることが出来た。一カ所で魚を撮影できなかったら、他所へ行った。次の岬へ、その先の湾へ、隣の場所へと。だが七〇年代になると、岬を回っても無駄になった。ブルターニュの岩場の海岸もカナリア諸島でも少しずつ生物の数が減っていった。私はインド洋のアサンプション島に戻った。そこの水は、昔撮影した時、いのちに充ち溢れていて、潜水者たちがこう形容していたものだ。「上下のない海」と。その地域も今はほとんど荒廃している。私は過去に撮影した他のすべてのフィルムを想い出そうとした。一二本以上のフィルムはもう再現不可能なものだった。荒廃の被害はあまりにも遠くまで広がっていたのだ。

世界中で人々が環境汚染の脅威を認め、それに対して立ち上がろうとしたのはその頃である。世論に後押しされ、かなりの数の政府が何らかの方策を講じると宣言した。私は、今こそカリプソ号を使って地中海の厳密な調査を行うべきだ、と考えた。ほぼ完全に大地によって取り巻かれた海だ。世界の海の縮尺モデルだ。この海がこうむった害悪は、多くの場合、世界中の海水のこうむったものを先取りしていた。

地中海の汚染の範囲を詳しく調べることにより、あるいはわれわれは、地球規模での問題のいくつかを回避でき、解決方法を見つけることが出来るかもしれない。そして私は、その事業の資金を出す、地中海国際学術調査委員会の事務局長になった。国連環境計画（UNEP）もこの事業に加わり、その成果の共同出版者となることを引き受けた。

われわれはこうして五カ月間、地中海に面する一二カ国を廻る旅に出た。一四〇以上の測定点に停泊し、水や堆積物やプランクトンを採集した。それは海洋博物館の研究者に送られ、分析され、毒素を含んでいないかが調べられた。

しかしながら、汚染のレベルだけを測るのでは足りない、と私には思えた。私が望んでいたのは、いのちのレベルを測る方法は無いか、ということ、「生命力のインデックス」のようなもので海のランク付けができないか、ということだった。生命を統計学的に測れるような科学的方法は存在しないことは知っていた。だが私はダイバーとして、また映画製作者として――またこの一〇年の間に地中海に起こった変化に直接立ち会った証人として――こう考えた。われわれはこれまで誰も行わなかったやり方で、いのちを育む諸条件の評価に取りかかれる。われわれは六〇メートルまで下降し、更に深海用のソーサーを使って三五〇メートルまで潜水した。そこでトロイカを発進させた。それは海中カメラを積んだ橇で、岩の間を飛び跳ね、海底の生命の状況を映した。われわれはこの周辺の海中で撮ったばかりの映像を何十年か前に同じ場所で撮った映像と比べてみた。スペイン・アルジェリア・チュニジア・ルーマニア・イタリア・ギリシアそしてフランスの漁師たちと議論した。またいろいろな国の大統領、首相、水産・環境担当の国務長官、また漁業産業の代表や漁船を保有する船主の多くと話し合った。

われわれが見聞きしたことのすべてが、一つの同じ結論に導くものだった。地中海の生命は衰えている、と。


クストーはいろいろな生物種が減少している例を具体的に列挙して、地中海では三〇〜四〇%の生

命が失われたと述べる。

われわれが見た荒廃した海岸、生き物の姿が減ってしまった海は、汚染だけでは説明できない。他の要素がある。それはあるいは化学製品汚染より重大なものだ。それは機械的破壊だ。これが私が〈環境破壊〉と呼ぶもので、海に重大な打撃を加えるものだ。汚染はしばしば不注意や無知から起こるが、環境破壊は故意の攻撃なのだ。

数百万人が押しかける地中海沿岸の建築状況、利益追求の水の管理の在り方を描写し、生態系を破壊する人工的な建造物の危険をクストーは指摘する。

その時以来、地球のいたるところで、私は同じ人間の行為を見た。沼地を干拓する、川を迂回させる、鉱山に回廊を穿つ、犂を牽く、銃や銛を撃つ、ダイナマイトを仕掛ける、穴をあけ、底を浚う。モルディヴの島民のように、われわれは、地球という島を掘り、切り裂き、解体しているのだ。自然からそのかけがえのない宝を剝ぎ取っているのだ。自然は現代の泥棒たちによって身ぐるみ剝がされ、略奪され、破壊されている。汚染によるのではない。環境破壊だ。あらゆる開発に反対する者――すべての企画にノーという極端な環境保護主義者――は、彼らなりに未来を危なくしている。だが、「いや、しかし」といって、自然の資本を浪費するのではなく、自然の収入を合理的な方法で利用しようと提案する者には何らかの場所が与えられていいであろう。なぜなら社会にとって、すべてを拒否する者よりもっと悪いのは、何があっても止めない者たちだからである。彼らは環境破壊を進める究極の詭弁をわれわれに呑ませようとする。われわれは「進歩のために」環境の搾取を許さねばならない、と。あたかも破壊がわれわれを進歩させているように、あたかも飽くことを知らない消費と無秩序な発展が経済成長を示すものであるかのように、あたかも富は瞬時に儲けまた失うお金でしか測れないものであるかのように。地球が進化のすべてをかけて生み出した自然の宝は考慮されていないのだ。

(…)環境破壊からいのちとその住環境を守り、それを存続させるには、その理由を見つけねばならない。それらを守らねばならないのは、なぜかというと、この無限のコスモスの中で、どのようにして地球というこの星に、こうした素晴らしいもののすべてが現れたのか、どうしてもわからないからである。いのちとそのハビタット＝住環境、それはそこにあるから守らねばならないのだ。

環境破壊はいのちが始まったところで始まる。それは海の苗床だ。生命は海洋の三つの領域で発達する。水面に近い水、それは陽光を浴び、植物性のいのちが栄える。海の底、そこでは有機物が堆積し解体してゆく。そしてこうしたいのちを育む二つの要素が融合するところが大陸棚だ。それは水際に始まり、約一八〇メートルの深さにまで下降する。この大陸棚のもっとも壊れやすいところは、もっとも豊かなところだ。すなわちあまり深くない海岸沿いの水域なのだ。海のいのちは、陸のいのちが川辺に集中したように、海岸に集中する。魚たちは、植物相で養われ、海底の牧場で卵を産む。海の苗床である。九〇%の海の生命は海岸水域に依存しているのだ。

まさしくこの海岸線に、全く無神経な環境破壊者は損害を与えているのである。ここで建設会社は砂や砂利をとるため浚渫をする。海洋の床、魚の産卵場をはぎ取っている。文字通り底浚いとなる。この砂利業者の破壊効果に疑いを持つ者は、ドーヴァー海峡で、かつて繁栄していたニシン産業が崩壊したことを見れば納得するだろう。多くの産卵場が壊滅した。それは、浚渫業者たちが今度は荷を降ろし、また海岸線に土盛りの建造物を作ったり、あるいは延長工事をしたりするときだ。

ここでクストーは、ニース、コルシカ、イール・ド・レ等での建設工事がいかに環境破壊に繋がり、生態系が壊され生物の数が減少したか、を検証している。(日本の東北の海岸で住民の意見も聞かず建設中の巨大防潮堤をクストーが見たならば、必ずやこの章に引用されたことだろう。)

いのちの住環境の破壊よりももっとひどい荒廃行為は、いのちそのものの破壊である。遊びのための狩りは、それが王のスポーツだったときは存続した。宮廷のメンバーだけが王の森で狩ることが許されていた。狩りについて言えば、民主主義は王様を平民の立場に置かなかったが、反対にすべての平民を王にしたのだ。自然淘汰は、もっとも弱い動物を消すが、それがもっとも強いもの、もっとも敏捷なもの、もっとも健康なものを殺す猟師の群れに代わった。銃を持つ漁師は、編み物針を持ったダイバーのように、必ずしも金銭欲で動いていない。単に情報不足が迷わすのかもしれない。カナダの北部グランド・ノールを撮影していた時、森を探しても野生動物を見つけることが出来なかった。カリブーもトナカイも狐もオオカミも消えていた。森そのものが年々後退していた。ある日、私はサスカチェワンの漁師協会の会長に会った。私の言葉に彼は憤慨した。「猟師は自然の友なんだ！　群れの頭数を減らすのは必要なんだ！」私は答えた。「ここにヘリコプターがあるから、乗ってみたら？」われわれは一緒に森の上を飛んだ。帰ってきて着陸したとき、彼は悲しみで顔をゆがめていた。だがそれはもう私の言葉に対してではなかった。「ひどいことになった」と彼は悲嘆に暮れて言った。人間は群れの数を減らすのではなく、抹殺してしまったのだ。それを理解するため、彼にはヘリコプターが必要だった。私に自律潜水服が必要だったように。彼の絶望は生き物の気配のない森に対してであり、それは私が生き物のいない海に絶望したのと同じだった。

環境破壊者としては、企業の外に密猟者がいる、とクストーは言う。アマゾンでは毎月四万頭のワニが密猟者に殺され、革以外は放置されている。一方カナダのアザラシの子を殺す映像は痛ましいが、殖えすぎると群れ全体が生きられないという問題もおきる。カリフォルニアのオットセイとラッコの例では、これらの動物がアワビを食べるために銃撃を受けることが増えている、と指摘する。

オットセイはアワビも食べるがウニも食べる。オットセイが殺されウニが増えると、アワビが卵を産み付けるわかめがウニに食べられて減る。悪しき循環がアワビもウニもいない海を作る。こうした実例で生態系の循環の問題が提起されている。次いで、クストーは戦争といういのちの浪費を語る。

海のいのちの無駄使いを、無駄死にした人間のいのちの残骸を撮っていた時に知ったこと、それも忘れえぬ体験だった。息子のフィリップと共に、私は太平洋の中央、ミクロネシアの中心の火山列島の中を航海していた。私たちはトラック島のラグーンに投錨した。トラックはその昔、世界的に有名な投錨地であった。第二次世界大戦のさなか、たった一度のアメリカ軍の爆撃作戦が日本軍の一艦隊のすべてを撃沈し、鉄くずの山を作ったのだ。一日また一日と私たちは、一二隻以上の艦船を調べた。

だが一体魚たちはどこに行ったのだろう?

私のチームは、埋もれた戦争の幽霊を撮影した。水面に向けられた高射砲の列、それはかつて最後の一兵まで戦った水兵たちの記念碑だった。だがハタは、ウツボは、伊勢エビはどこに行ったのか? 他のところでは沈んだ船の残骸に住み着いているのに。

深さ八〇メートルを超す潜水の困難を顧みず、フィリップは誘惑に勝てなかった。彼はほとんど到達不可能な最後の軍艦にまで潜ろうとした。深海の酔いの幻覚と闘いながら、彼は幽霊のような船の残骸にまでたどり着き、密閉されたままだった部屋のドアを開けた。彼の目の前に広がった光景は、彼の言葉を借りれば、彼が想像していた限りの地獄の光景だったという。数々の人骨、骨片、あざ笑うような頭蓋骨、それらが酸素の無い水の中に保存されていた。これが死者が生者に伝える戦争の遺産なのだ。

そうしたすべてが、少しく彼に戦時の破壊のみならず平和時の破壊を想い出させた。ラグーンの生き物たちに対する宣戦布告だ。フィリップは下で大量の缶詰、缶ビールの山を見た。だが弾薬のストックはどこに行ったのか？　盗まれていたのだ！　それだったのだ、大きな魚を見なかった理由は。大きくなるのに何十年もかかる魚のすべての姿がなかった。なぜなら現地人が軍艦の爆薬を手に入れたからだ。それをダイナマイト漁法に使い、海を荒らし尽くしたのだった。

クストーは世界中でダイナマイト漁が海を破壊していることを警告、特に子供を使ってサンゴ礁の割れ目にまで入り込むフィリピンの例を報告している。青酸カリの使用もある。こうした無法な漁で殺される魚の九〇％は捨てられると言う。

（…）あるいは不毛な環境を受け入れるわれわれの受動的な態度は、環境の劣化を受け入れる奇妙なそして悲劇的な能力によるのかもしれない。それが良心をぼかして行き、無限にそれが続くような気持にさせるのだ。ある生物種が絶滅の危機にあるとき、耕作できる土地の面積が消滅してゆく時、水が汚れて行く時、そのたびに、人々は生活が楽しくないと感じる。そのような時、彼らは悲しみは死ではないことを発見する。生き残れることを知る。過去において野生のいのちを見た者は、今日子供たちにまだ駐車場ではなかった頃のその場所の思い出を語ることが出来る。実生活は改善されない。しかし少なくともそれは続く。環境の劣化は精神の劣化と対になっているのだ。そのどちらも少しずつもう一方を誘発し、もっとひどくする。陰鬱な惑星には陰鬱な生活があるだけだ。水の枯渇、土地の疲弊は精神の疲弊に対応している。

アマゾンの熱帯雨林の中で二年間の調査を行った時、息子のジャン・ミシェルはその密林の真ん中に住む原住民の部族を訪問した。彼はその長、タトゥンカと仲良くなった。ある日タトゥンカは、部族の賢者たちが集まっている、と告げた。新しい丸木舟が必要なのだったが、彼らの議論は一つの樹を伐るかどうかという重大な決定についてであった。彼らは遂にそうすることを決め、神々に許しを乞い、祈ったのであった。

だがタトゥンカにとっては、祈りだけでは足りなかった。彼らが伐った樹に代えて、タトゥンカは数百本の木を植えたのである。それは若い芽だった。それらが大きくなりタトゥンカ自身に、あるいは彼の生存中にその部族に役立つことはあるまい。それらの樹はその孫たちの為だったのだ。それらの樹々はまた地球の為であった。

7　一〇億年後の生命

われわれは未来を恐れる。以前は未来への夢は人間を高貴にしたものだった。だが今は人間を小さくする。ソクラテスの教えは遠い黄金時代に関するものだった。このようにかつてのまなざしが無限に向かって開いていたとすれば、今やわれわれのヴィジョンは近眼と言わねばならない。ウォール・ストリートのゴールデンボーイは明日の株価を心配している。実業家は目前の四半期のことしか頭にない。政治家は次の選挙の先までを見ていない。未来学者もせいぜい将来の数十年の予想を述べるにすぎない。「家族計画」という言葉さえも、家族を作らないと計画しているカップルを指すようになった。そしてそれでも子供を作った者たちは、それがよい選択だったのかと自問している。赤ちゃんに生を与えることにより、あるいはそのいのちに課すことになるかもしれない災難を想像して顔をしかめる。孫たちのために世界をより良いものにしよう、という考えは、誰も抱かなくなった。

毎日の報道がわれわれの懸念を深めていく。危機、紛争、挫折ばかりだ。第三世界は、われわれが享受している贅沢に触れて、貧困の最中、危険な発酵状態にある。北極の氷は溶けていく。

オゾン層は薄くなっていく。武器庫は核兵器で溢れている。未来への道はまっすぐに壁に向かっている。われわれがしていることとは、ただ運命が提案する選択肢の上をぴょんぴょんと飛んで歩いているだけなのだ。人口爆発、それは社会的無秩序を誘発し、死が蔓延する。紛争の有無を問わず、核の狂気は、人類という種のほぼ絶滅につながる。人間の生存はもう二五年とか、五〇年とか、あるいは約百年ということであろうか。

われわれは未来に立ち向うことが出来ない。その理由は簡単だ。それが無いと懸念するからだ。人類の運命は教育と破局の間の競争だ、という。まだ間に合うだろうか？ われわれの冒している致命的な誤りを見つけられるだろうか？ われわれに襲いかかる悪夢が始まる前に目を覚ますことが出来るだろうか？ 疑問である。

しかしながら、目の前の大虐殺の大きさがどうであれ、ほんの少しの人間は生き残るだろう。長期的な見通しに立てば、この些細な結果でも安堵させるものかもしれない。災難は偉大な教育者なのだ。災難が大きいほどその教えは深く心に刻まれる。もしわれわれの種のほんの一部が来たるべき百年を生き残れば、来たるべき千年も夢見ることが出来る。そして――そうなれば結構――来るべき一〇億年も。

当直の長い夜、自分の船の艦橋に立って、私はよくわれわれの未来のヴィジョンを妨げているものについて考えた。それは最後の審判だ。だから私は自分の想像力を構想の黄金時代の大きな夢に飛翔させる。未来を翌日の尺度でしか測れない者にとっては、来たるべき一〇億年を語ることは無意味と見えるかもしれない。だがしかしだ。地学者や古生物学者は、この地球はその四・五倍も前から存在しているという。天文学者は、もし地球が自然死を迎えるようにするならば、つまり太陽が完全に地球を燃やしつくすときまでだが、それまで地球はまだ五〇億年も生物を住まわせたままでいることが出来る、という。一〇億年は、だから、可能な未来の五分の一なのだ。宇宙的見地に立てば、夢見る人であるわれわれこそが現実主義者なのだ。

たとえ大多数の人にとってはそのような尺度での時間は全く無意味だ、と思われても、ジャングルの、熱帯雨林の稀に見る豪華さの中に入り込み、あるいは大自然のまだ侵されていない領域に分け入った者にとってはおそらく意味があるであろう。またベテラン・ダイバーであるわれわれには、大海の永遠の広がりを見つめてきた者として——そこでは進化の遠い過去が眼下に展開しているのだ——、遠い未来のヴィジョンを描くのがおそらく容易なのかもしれない。われわれが紅海で、インド洋で、太平洋で観察してきたサンゴ礁が証しするのは、言うなれば、時間のゆっくりとした、荘厳なリズムである。潜水艇の丸窓から、そこにある珊瑚の、そこに存在した珊瑚の、真の姿が見えてくる。それは論理的でありながら恐るべきものだ。頂上の方を見れば素晴らしいその珊瑚は、下に行くほどに、大きな火山の噴火口のようになり、いのちは無く、絶えずカルシウムが溢れ出している。それは砂の涙のようだ。この記念建造物のような高さ、そして水面近くの震えるような層は、いかに時そのものが建設材として使われたかを示している。働き者の小さなポリープと頑固で疲れを知らぬ石灰藻は、数千年という時間を煉瓦とし、モルタルとして使ったのだ。海からカルシウムの炭酸塩を取り込み、そしてそれを時に委ね、この圧倒的な頂を形成するまで層を積み上げたのだ。その中の数百メートルには化石が眠っている。ストロマトライトがある。それは珊瑚礁を作った最初の生物なのだ。それが今から二〇億年ほど前にここに閉じ込められている。それは地球がいまの二倍若く、魚が現れるずっと前だった。壊れやすく、うごめく珊瑚の都市にあって、色のついた水面近くのものは、底に眠っている古い空の墓の生きた墓標であり冠なのだ。

時間の尺度をもっとはっきり分からせるためには、たとえ陳腐であっても、距離を使った古典的な類推が役に立つかもしれない。われわれはパリのコンコルド広場のオベリスクの下にいるとしよう。踏み出す一メートルの歩幅が五〇年、つまりほとんどの人の一生に当たる。四〇歩進むとわれわれはイエスの誕生に達する。二〇〇歩進めば広場の端に着くが、そこはすでに前史時代で、洞窟に身をひそめたいと思っている。二五キロメートル進んだところで、われわれは最初の類人猿に出くわす。だが、サンゴ礁の最初の建築者に出会うには地球を一回りしなくてはならないのだ。私が選んだこの簡単な尺度原器が明らかにしているのは、最近起きたホモ・サピエンスのあわただしい進歩の仕方と自然の進化のゆっくりした歩みの間の落差である。

この進化の大河小説は私を魅了する。それは単にわれわれが時間の中に身を置くからだけではない。それが生命の共同体の中でわれわれが占めている場所を定義しているからだ。それはわれわれの琴線にふれる。それはわれわれに、植物や動物との共通の絆を与えてくれる。われわれは皆、同じ宇宙的実験の中での兄弟なのだと。過ぎ去った四五億年の研究は、必ずやわれわれが来たるべき数十億年を夢見るのを助けてくれるだろう。

クストーは灼熱の地球の歴史と生物の大量死の事実を化石によって検証している。

本当の木のように、生命の樹は時として一つの枝をそっくり失うことがあった。しかしその樹は花咲くことを止めず、葉を茂らせていった。この経過の中で、ほとんどすべての、考えられる限りの刷新が試された。植物と動物の多様性、動くものと動かないもの、硬いものと柔らかいもの、骨格と殻、体内での抱卵と外への産卵、冷血と温血。こういった偶然の変異によって生まれながら、生きのこれなかった被造物の数は、石に中にその痕跡をとどめ現在に至っている被造物の数よりおそらくは何千倍も多かったことであろう。

ところで、進化の最も強力な痕が刻まれているのは、石の中ではなく、生きた組織の中である。偶然の掛け合わせの連続の中のどこかで、頭脳というあの驚くべきアクシデントが起こった。われわれの中で考えることが出来る者にとって――あるいは過去について瞑想することが出来る者にとっては――、進化の歴史は精神の歴史の周りを回っている。

一〇億年後、人間の精神はおそらく、われわれが知っているもの、つまり単細胞の有機体にも可能な単なる刺激への反応からは程遠いとされているもの、それとはまた違ったものになっているだろう。多様な動物が外界の出来事を多様な仕方で受け取るとしても、神経システムがだんだん進化していく仕方には驚くべき一貫性が見られる。

例えば海中動物は、海の中での限られた視界をいろいろな仕方で補っている。あるものは聴く能力を発達させた。あるものは水圧に敏感である。またあるものは静電気の磁場、磁力の変化、あるいは重力の変化を感知する。しかしながら、観察していくと確認されることがある。これらの動物は、こうした異なった感覚を四つの生きるための根本的動機のために使っているということだ。その四つとは、まず個体の生き残りで、これは防衛の、また暴力の反射運動を引き起こす。次が飢え、これは餌の探求となる。そして生きる空間の確保、これが縄張りという至上命令を生み出す。最後に種の保存、これが性の本能を創りだす。

神経システムが複雑になるほど、この四つの動機に対する答えは凝ったものとなる。まるで四つの塩基が結び合い、DNAの無数の変化を形成するように、したがってまた、地上の生命の多様性を創りだすように、この四つの動機は組み合わされ、無数の行動様式を作りだす。進化が進むほどに、行動は予期できぬものとなる。生物は本能的に反応することを減らしていく。それは出来事を選択して収録するようになる。そしてそれを生活に応用するのも選択的となる。言い換えれば、それは賢くなる。自由意思が生まれる。それはカントやスピノザの弟子たちにとっての終わりなき議論の糧となったものだ。

頭脳の発達と知性の発達は、二つとも進化の歩みと共に、並行して進んでいく。それは霊長類にまで達した。そこで突然亀裂が入った。チンパンジーと人間を分かつ大きな溝だ。私は個人的経験で、ある種のマッコウクジラがゴリラより賢い行動をすることを知った。進化の中でわれわれに一番近い同類は、あるいは霊長類ではなく、われわれの系統樹のもう一つの枝に属する動物たち、海中の哺乳類なのではあるまいか？

人類の高度の知的発達、精神的感度の発達は、単に素晴らしい脳を持っていることによるのではない。それはコツコツと貯め、注意して記録された集団的経験の集積であり、われわれが文明と呼ぶものの遺産から借りてきたものの集積なのだ。出生後すぐに捨てられ、野生の中で生きることを余儀なくされ、動物たちの家族として育った子供たちの例はすべて、彼らから奪われた文明の価値を証言している。フランス語ではこうした子供たちはオオカミ少年と呼ばれる。

クストーは数々の動物の学習を列挙し、それを同類の中で使えるようになったときその免状が与えられると言う。

だが彼が試験に通った時、進化が与えた永い教育を一体何のために応用するのか？　古典的な人類は、精神の究極の発達は調和をもたらす、という仮説の下に花開いた。ところがわれわれの他の人間に対する虐待、他の動物やわれわれの地球に対するひどい仕打ちが、哲学者の何人かをして、この知性と呼ぶものは人類の失墜を早めるための呪いだ、と言わしめることとなった。そして頭脳の出現もまたそれ自体、死に至る突然変異である、と。

われわれが享受している恩恵がまたわれわれの喪失につながるということは、人類史の中でも最近明らかにされたことである。その存在のほとんどすべての時期、ホモ・サピエンスは生存のため自然と闘わねばならなかった。防御にしても攻撃にしても武器というものを全く持たない被造物として、人間は馬が人に与えるほどのエネルギーも持っていなかった。ところが突然、化石燃料の到来と共に、人間は地球の全く予期せぬ主人となった。人間はその優位性をまだ学習していない。人間は今日その生存が自然の征服にではなく、自然の保護にかかっている、ということを理解していない。人は自分の無能のレベルに達したのだ。

人間は、かくして、原始的な態度を維持しながら現代的権力を行使することが出来るようになった。その動物的遺産としての「爪と牙」の側面は、珊瑚に例えれば決して水面から遠くないところにある。そこに頭脳と言語と手の、ブレーキの利かない力が加われば、人は自然の法則から解き放されるが、まっすぐに一種の地球的無政府状態の中に突入する。自尊心に酔いしれ、人間は自然災害がかつて消去した数を上回る生物種を消し去ろうとしている。カリプソ号に乗って、われわれは南極で、この真実の単純な、しかし悲しむべき例証を見た。何百回もスキューバで、また潜水ソーサーで潜ってみて、われわれはどのようにして植物性プランクトン——進化の歴史では約二〇億年前に出現したもの——が小さな甲殻類に食べられ、それが六億年前に増殖し、それが今度はイルカやクジラの餌となったか、を観察した。イルカたちはおそらく五千万年ほど前に現れたものだ。ところがその時、海底にわれわれが見つけたのは、鯨の巨大な骨のおびただしい堆積だった。それが目の前に果てしなく並んでいた。骨格が一つまた一つと。それはまるでこの古代からの系譜を持つ被造物への追悼の辞のごとくであった。誰に殺戮されたのか？　地上に新しくやってきた人間の手によってである。

今日、われわれは自分自身に根絶の砲の筒先を向けている。武装の面では熱核反応装置のため太陽の火のかけらを借りた。われわれは自分たちの種を根絶すという考え、もっと言えば大地を地獄の砂漠状態に陥れる考えを抱いている。アルバート・アインシュタインは、この考えの拡大が招来したパラドックスを見抜いていた。「われわれの知性は、それ自身解決できない問題群を発明している。」

アインシュタインの警告は、われわれに解決策のなくはない問題を投げかけている。人間の頭脳の類い稀な美しさは、今日想像できないようなことを明日はなすことが出来ることを物語る。人の頭脳はアインシュタインの説くように更に上の段階に到達できる。それは自らをプログラムできる唯一のコンピューターなのだ。知性はわれわれを喪失に押しやる進化のアクシデントである必要はない。あるいはこうなのかもしれない。偶然がわれわれの頭脳に現在の需要をはるかに超えた能力を与えた。われわれの完成した神経システムは、われわれに今日不可欠なもの以上の手段を提供している。その手段はわれわれが将来の発展段階に到達したときは生死を分ける重要性を担う。私としては、今や確信を持っている。もしわれわれが全霊を込めて戦ったならば、ついには隠された可能性を見出すであろうと。われわれは避けられない大殺戮を生き延びるであろうと。そしてそこから多くを学ぶであろうと。

将来はおそらくわれわれのものだ。われわれが目前の災難を直視したその瞬間から、われわれは遠い将来を脳裏に描く自由を得る。可能性は無限である。この過去何世紀かの夢を思えば良い。馬の背の旅から、土星への遠隔装置による宇宙船に至るまで——現実は常に空想小説を超えていた。来たるべき一〇億年の間も、現実はその驚くべき奇行を演じ続けるであろう。

未来への旅に出発しよう。少し夢見てみよう。二〇五〇年、大洋は殺伐としている。大陸は廃墟だ。植物と動物の九〇％は消滅している。生き残っているのは急速に生殖するものだ。昆虫のように。それは生きているものすべてにまといつく。一〇億年の先に達した時、人間の数は一千分の一に減っている。地上に残ったのは一千万人だ。だが人類という種は生き残っている。

この学びは厳しかった。われわれはお互いに似ている。われわれはライバル意識を忘れた。われわれは組織する。人為的な国家の観念は消え去った。それはわれわれの前の世代の悲劇的な過ちによって揺り動かされたのち、生き残りであるわれわれの仲間によって廃止されたのだ。われわれは生存することにしがみつかねばならないと知っている。われわれには貴重な宝物が残されていた。美術、科学、技術の領域での成功のほとんどはチップに記録され、大災害の来ることを予知していたヒューマニストによって、時に打ち勝つように設計されたステンレスのカプセルに閉じ込められていたのだ。今やこれらの強力な道具を建設的に使う時だ。大掃除という凄い事業に取りかかる。水も大気もその供給のネットワークをすべて洗浄する。そして合理的に進歩を計画するのだ。

ここからしばしクストーの夢想が続く。氷河期の到来、地軸の変化、大陸の浮遊、月の変化等、クストーの科学技術に対する信頼はゆるぎない。人は不死となり、ついには銀河のすべてに人類を拡散する、との奇抜な考えも口にする。

かくも長い時間はわれわれを避けがたい問いを問うように誘う。永遠とは退屈なものなのか？　私はそうは思わない。もしそうだったら、なぜすべての宗教がそれを究極の褒美のように言うのだろう？　質問を言い換えてみよう。われわれが不死となった今、自然から借用したあの四つの基本的動機はどうなるのだろう？　縄張りの観念、生存のスペースは、人口が少ない限り重要ではない。持つことは時代遅れとなった。もしあなたが不死なら、あなたの子供たちに残す財産を貯めて何になるのだろう。ばかげている。だからもうお金の話は無い。暴力？　何のために？　われわれは素晴らしい星の上でたったの一千万人だ。だがもし血の中に暴力が残っていたら、それを消し去ろう。ただそれだけだ。つまり、狂犬病に対してワクチンを打つのと、暴力に対してワクチンを打つのと違いがあろうか？

もう二つの動機付け、飢えと性は、驚くべき問題を抱えている。食卓と愛の快楽はあまりにも身近になるのだろうか？

（…）今日の人類は死すべき存在である。しかし永遠に生きている。人は宇宙の御しがたい力を統御し、生命の奥の至聖所まで入り込んだ。人は過去を知り、予言できる。すなわち未来を変えることが出来る。どこが神と違うのだろうか？

もしあなたが無神論者なら、それを新しい神と呼びたまえ。もしあなたが信仰者なら、それを神の子と呼びたまえ。それは遂に聖書の理想とするものに達し、いまや創造主の写しとなったものだ。四次元としての時間は曲がり、自分の上で閉じるかもしれない。位相幾何学の教えるように。そうすれば天地創造は、神と人は、常に現存し、永遠にして、不可分なものとなる。


ここでクストーは、地球外生命の存在とそれとの邂逅の可能性を幻想的に語っている。


電話が鳴り、夢から覚める。一人の同僚が告げたのは、ドナウ河地方の民族間の血なまぐさい争いを解決するための何回目かの会議が、五年間の停戦についてどうしても合意しようとしない幾つかの部族の強情な態度のおかげで、またもや妥協の産物となった、というものだった。

われわれの前途は遠い。

8　シャーベットへの涙——原子力について

一九五九年のこと、国際原子力機関の会議のために天蓋の下を通っていた時、私はこれから起こる出来事が自分の生涯を覆すほどのものになるとは夢にも思わなかった。モナコの海洋博物館の館長として、この設備を新しく作られた原子力機関の会議に貸すことは問題ないと考えたのだ。その会議には数十カ国の四百人ほどの生物学者・化学者・物理学者が参加することになっていた。その頃私は、原子力エネルギーについては、普通の新聞の読者ほどの知識しか持ち合わせていなかった。私は単純に学者を受け入れることを喜んでいた。なぜなら私は、彼らの探求し、学び、発見する情熱に惹かれていたからだ。

私の頭には、顕微鏡とサイクロトロンの違いはスキューバと潜水メガネの違いくらいに写っていた。双方ともあなたの好奇心の赴くところを彷徨う自由を与えるものだ。私自身がこの初期の年月、海底で眺めた光景、あのような神秘を見た者なら、もっとそれを発見したいと誰が思わずにはいられようか？

私は暗い海底深くノーチラスを探索したことがある。このごくまれな生物種は五億年前から、人間の出没する場所からは離れたひっそりした片隅で発達してきたのだ。その時、闇の中からノーチラスが一匹ではなく二匹現れた。私の目の前で交尾し、そして消えた。彼らは秘密を持ち去った。私に残ったのは無言の人魚の呼びかけだけだ。「もっと深く。もっと深く」という。私はバティスカーフで、この逆転した世界に向かって六〇〇メートルの深さに潜って行った。通り過ぎたのは億兆の微細な光る生物の銀河、それは信じがたいことに、その三〇〇尋の海底の寒さと暗さの中で減るどころか増えていくのだった。もっと遠くへ、もっと遠くへ、というように。

核に関する会議の直前だったが、高速電気フラッシュの共同発明者として有名なハロルド・エドガートン博士が私のチームに合流し、水深七五〇〇メートルの赤道下の峡谷であるロマンシュ海溝にカメラを降ろした。私たちが発見したのは、驚いたことに、この、光からも、空気からも、陸からも七キロメートル半離れたところにいた一つの生き物だった。「壊れやすい星」とはよく名付けたものだ。全く予想に反し、海底の漆黒の中で、この孤独な壊れやすい星は、生きており、太陽のように輝いていたのだ。

私が大海を調査していた間に、科学者は原子を調査して居た。原子の核はそれまで考えられなかった力を蔵していた。その狂乱の力を解き放つことを、科学者たちは第二次世界大戦中に学んだ。だからそれを市民たちの上にぶちまけるというおぞましいことが起こったのだ。平和が訪れ、核分裂を人間に対してではなく人間のために使うという希望が生まれた。それはクリーンな無尽蔵のエネルギー源になるはずであった。

だから、原子力科学に対する先入見は全くなしに——ただ予見される発見に対する希望に満ちて——、私は自分たちの博物館に国際原子力機関の学者たちを迎えたのだった。彼らを会議室に残し、私は自分の部屋に戻った。

博物館の要員がインターホンの装置をつけていてくれたので、私は時々イヤホンをつけて議論を聴いた。学者たちが集まった目的は、放射性廃棄物について議論するためだった。全員が、すでに相当な量に達している被曝物質のストックという大問題がある点で一致していた。だがこの死の危険をはらんだ有害物質から何千年も世界を守る方策に関しては、誰も一致しなかった。

一人また一人と、技術者がその時としても突拍子もない考えを述べ立てていた。放射性廃棄物をガラスの中に閉じ込める。塩の採掘抗に埋める。グリーンランドの氷河の頂に落下傘で降下する。砂漠の中に放棄する。ミサイルを使って宇宙に送る、等々。

私は二階の自分のオフィスにいて聴いていたが、科学者たちが過激な派閥に分かれていくのが心配だった。愛国主義者はすぐわかった。彼らは誰にせよ自分の国に敵対するものはいかなる提案も拒否するのであった。大変努力して未来的な提案を創りだした技術屋たちも、その計画が引き起こす結果についてはあまり考えていないようだった。物理学者と化学者は、そうしたプランのいくつかを試すよう強く言い張った。だが生物学者——いのちの科学者——は、そうした方法をそれが残す影響を研究することなく実行すること、そして折り返すことの出来ない未知の道に乗り出すことの無謀さを批判した。そして核産業の担い手、つまり会社のスポークスマンや政府の代表はといえば、懸念を示す生物学者の発言を絶えず停めるのだった。自分は何と無知だったのだろう、と私は悲しみの中でつぶやいた。科学者と技術者の世界的集まりをこの博物館に迎えるのだ、と思い込んでいたとは。

だが、突然、私は無知だけではいられなくなった。イヤホンの雑音に交じって何人かの技術者の声が飛び込んできたのだ。放射性廃棄物を海に捨てると言い張っている。海へだと！　彼らの国はもうすでにこうして放射性廃棄物を流したのだ、と威張っているではないか。

私が会議室へ飛び込んだとき、それは完全な断絶状態だった。一方では産業側の技術者と政府代表が前に突き進めと主張し、生物学者を議事妨害と非難していた。反対側では生物学者たちが、常軌を逸した技術の前で眩惑されている同僚たちに啞然としていた。彼らの危険に対する無関心には呆然とさせるものがあったからだ。

私はこの喧騒の中には巻き込まれまい、と決意していた。なんといっても――と私は思った――その翌日海の問題の最高権威の一人が演説することになっている。彼はきっと海洋をゴミ捨て場に使うというこうした議論のすべてに決着をつけてくれるだろう。

その有名な専門家が到着したとき、私は彼を自宅での昼食に招いた。数人の国際的な専門家たちが同席した。国際原子力機関のメンバーもいた。また私は、そこに海洋生物学の専門家であるルイ・ファージュも招いていた。私をこの博物館館長職に推薦してくれた人で、私が我が師、我がよき助言者、我が霊感、そして友とする人だ。私たちは皆テーブルを囲んで座り、くつろいでいた。慇懃に意見を交わしていたが、それはあの会議室の乱暴な議論とは程遠いものだった。誰かが廃棄物を海に流すアイデアを話し出した。と、私の主賓であるこの有名な専門家は椅子に座りなおした。

「海は」と口を切った。「間違いなく原子廃棄物の自然の集積所だ……。」

私の心臓は早鐘のように打ち出した。私は何年も海の驚くべき生命の真っただ中を潜ってきた。それは壊れやすい疑わしいいのちだった。だが海を良く知っているこの大学者、それは私が観察した海の不思議をその細部に至るまでを調べることにその生涯を捧げた人だった。いったいどうしてこの人が——と私は胸中で聞いた——、海を放射能の毒物に侵略されるままにしておく、などと考えることが出来るのだろう？

「現実主義者になりたまえ、ジャック」と彼は私に向かって言った。「唯一の問題、それは人口問題だ。間もなく地上には数十億の人が住むことになる。それを食べさせなければならない。人類に必要な蛋白質を製造する工場を起動するのに、核エネルギーは無限に発展させねばならない。(見下ろすように肩をすくめて見せた) われわれは明らかに核のプログラムを促進せねばならない。たとえ廃棄物の放棄が結局のところ海の航海を閉ざすことになったとしても。(私の方を無遠慮な態度で振り返った) そして海を人間のすべての活動に対して閉鎖することになってもだ。」

私は唖然とした。私の先生であるファージュ教授に目配せした。彼の表情は忘れられない。その顔は不安にひきつっていた。他の人達は黙っていた。そしてむなしい会話が続いた。確かに私は人口増加に面と向き合うことの絶対的必要性を理解していた。しかし私はどうして、この世界の破局の首謀者になることで、目前の世界的問題の重要さを緩和できるのか分からなかった。

私には、地球の四分の三を人々の手の触れられないものとしながら、どうして多くの人々を助けることが出来るのかわからなかった。私にはどうしてわれわれがその技術的な器用さを新しいエネルギー源の発見に使わないのかわからなかった。それはリスクのないエネルギーだ。全く不安定なエネルギー源である原発につきものの危険に対して、次善の策でしかない療法をいじくり回すのを止めるのだ。だがとくに私に理解できなかったのは、数十億の人間を生命を尊ばない世界に住まわせようとする、その理由だ。

この瞬間まで、私の全生涯を導いていたのは海への愛だった。この日から、私は海を守ることにいのちを捧げる、と決めた。私は、自分の貢献は、原子力の敵としてよりは原子力の科学者と協力することで価値を増すだろうと、と心中で決めた。だからこそレニエ・モナコ大公の祝福を得て、国際原子力機関に海洋博物館の私の研究所の施設を使うよう申し入れたのだ。この国際機関はその頃未だ海洋研究の基地を持っていなかった。それは長い実りある協働の始まりだった。その過程で私は科学者たちに交わり、毎年の研究計画の選択に加わった。そのほとんどは空中での核実験による海洋の汚染の測定、あるいは海洋生物に対する放射能の影響に関するものだった。

四〇年近くが過ぎた。一九九四年に採択されたロンドン条約改正によって、各国は核廃棄物の海洋放棄を禁止した。原子力兵器の方はと言えば、東ヨーロッパの変革でストックが減少した。

アメリカ合衆国と旧ソ連の独立諸国は数千の弾頭を解体した。あの一九五九年の会議の頃は、楽観主義者の最たるものといえども物事がこのように良い方に向かうとは予見できなかったであろう。

しかしもう一つの問題が皆の意表をついて現れた。それは専門家が予見できなかったというより、彼らがその存在を認めることを拒んだものだ。数十年の熱気に充ちた核物質の生産、堆積のあと、われわれはこの地球をプルトニウムや凝縮ウラニウムで覆ってしまったのだ。冷戦は終わった。「熱い平和」が今や始まったのだ。

私の博物館での会議で原子力学者たちが自信満々で予告していた、リスクを伴わない廃棄物の撤去方法をわれわれはいまだに待っている。廃棄物の永久の貯蔵方法を確立した国は一つもない。それを詰め込んだコンテナは放射能を含んだガスで膨れ上がり、それが埋め込んだ大地に漏れ出している。何百という原発が古くなり、廃棄の直前に来ている。だがそれを造った企業も国も、それらを解体する金はなく、また汚染された部分をどこに埋めたらいいか考えが浮かばない。責任者たちは、住民の保護の問題を避け、(頭だけ穴に埋めた)ダチョウを決め込んでいる。放射能を含んだ液体を川に流し、大量に汲み上げて地中に流し込む。そうしたすべてが「国家の安全保障」の名の陰に身を隠している。その致命的な秘密は、国民の目に触れないように保たれている。

軍縮の合意を交渉している者も、廃棄物の管理人以上に、パンドラの箱から飛び出したアトムの悪魔を制御できないでいる。核保有国は、他の国が核兵器を持つことを諦めるよう主張するが、彼ら自身はこの破壊兵器の貯蔵庫を増やし続けているのである。不拡散を説くときは立派な反核演説をするが、その核保有国は「利益」という語を耳にすると説教を止める。彼らは常にその装置を売りつける準備をしているのだ。金を払ってくれるならいかなる戦闘国家でもいい。そしてこのお客さんと国境を分かっている国々は、自分たちの地位が隣国から標的に変わったと考え、自分たちも報復の原子力を持とうとする。この不安定な状況に泥棒や密輸入業者が入り込む。彼らは独裁者やテロリストがうごめいている情けない市場で、盗んだウランやプルトニウムを売る。

クストーは世界における原発素材の売買の危険を指摘している。

今日のお寒い現実は、皆が恐れているものに直ちに取りかかる必要があることを示している。それは明日がどうなるか、ということだ。だがまた過去を振り返ることも大切だ。それは間違いを見つけることではなく、進むべき道を示してくれるからだ。人類をこのような不都合な状況に陥れたものを理解できたなら、そこから抜け出すことも学ぶであろう。世界大戦の要望によって作られた例のものが、いったん敵対行為が終了すると危険物と分かったことはよくわかる。だが例のものは、戦時中は理解されこそすれ、その後は平和を損ない続けたのである。

現代の核の不幸を原子科学者のせいにする者は最初から間違っている。ここに、未知の世界に出発する時は目を閉じていて、次に目を開いて素晴らしい光景を眺め、有益な発見をする宇宙飛行士の姿を見つけることはできない。アンリ・ベクレルが一八九六年、故意ではなく放射能を発見したとき、アルバート・アインシュタインが一九〇五年、物質とエネルギーの間の関係を認めた時、彼らの視線は知と発見の世界に向けられていたのであり、戦争の世界にではなかった。アインシュタインは、自身、彼の方程式の引き起こしたものを想像できなかった、と言明している。彼はのちに彼を非難する人々にこのように手紙を書かねばならなかった。「私はその後の原爆の発展を予見すべきであった、こう思わせたいのですか？　それは全く不可能でした。なぜなら連鎖反応を引き起こすのは、その当時は考えられなかった要素の存在に依るからです。」

（一九三四年、核分裂と人工放射能を発見した）フレデリック・ジョリオ（＝キュリー）とイレーヌ・キュリーは、それまで数世紀にわたって魔術師たちが失敗してきたことを成功させたとき、呆然とする以外の感情を抱きえただろうか？　今彼らは不変のものを捻じ曲げたのだった。一つの元素に中性子を放射し続け、原子核の陽子を放出させることで、彼らは見事に一つの元素を他のものに変質させ、メンデレーエフの元素表のもとの元素の近くに置いた。エンリコ・フェルミはすべての元素に放射を始めた。だが（ノーベル賞受賞者）フェルミがウラニウムに放射したとき、その感嘆は驚愕に変わった。確かに彼はウラニウムを別の元素に変えていた。だがその元素は、人間には知られていないものだ、と彼は思った。

ドイツでは、オットー・ハーン（ノーベル賞）とその同僚フリッツ・シュトラスマンがこの新しい元素の特定に情熱を燃やしていた。彼らもウラニウムに放射を続け、発見したのだが、全く驚いたことに、得られた元素は未知のものではなく、バリウムであった。彼らは呆然とした。彼らはウラニウムの原子をバリウムに変えていたのだ。その核は単にいくつかの陽子を失ったのではなく、ほぼ半数を失っていた。ハーンとシュトラスマンはウラニウムをただ単にメンデレーエフの元素表で近い元素に変えるだけでは満足しなかった。彼らはそれをもとの元素から全く関係ないものに変えたのだ。

ハーンの仕事を追調査した物理学者たちは、直ちに彼が単に一つの核から陽子を飛び出させただけではない、と推量した。彼はまさしく核を二つに割っていたのだ。彼は物質の心臓部の分裂を取得していたのである。すなわち想像を超える力を解放したのだ。こうして二つに分かれた原子核は、彼らの計算するところでは、ほぼ二億エレクトロンボルトの総運動エネルギーを発散して分かれていく。この報を聞いた時、偉大な核物理学者ニールス・ボアはこう叫んだという。「ああ、われわれはなんて馬鹿だったんだ！ ああ、だが素晴らしい！ まさしくこのようにやるべきだったのだ！」

これらの関係者は、それから世界がどのような方向に向かうのか何も考えていなかった。「人類に最大の福祉をもたらした」者たちに与えられるノーベル賞が、この発見に関わったすべての学者に授与されたことを思い出すだけでよい。時は、その後、過酷な教訓を課すことになる。知らぬうちに原子爆弾の誕生の立役者になった学者たちは、ダイナマイトの発明者が創った報償を受けた。アルフレッド・ノーベル――スウェーデンでは「きちがい科学者」と考えられていた。

なぜならその爆薬は自分の工場を吹き飛ばし弟も殺したのだから——は、自分の発明した破壊力が戦争に終止符を打つことを期待した平和主義者の顔をして死んだ。

その頃、実験室で起こっていたこれらの驚くべき出来事は、外部で起こりつつあった嵐の前で、少しく注意から後退していた。世界大戦の真っただ中で行っていた原子の魔術のすべてが引き起こす結果を恐れていた者の中に、熱力学の専門家レオ・シラードが居た。戦火を逃れハンガリーから合衆国に亡命したシラードは、こうした発見の悪魔的可能性を思い描いていた。ウラニウム原子の核分裂により解放された力を使うことにより、いかなる既知の爆発物よりも一〇〇万倍強力な爆弾を作ることができる。そしてヒトラーはそのような兵器を他国より前に造るかも知れない、と。続いて彼は核分裂の実験を繰り返した晩のことを描写している。もしブラウン管に閃光が走ったら原子エネルギーが解き放たれた証しだ。

「私はスイッチを入れた……閃光を見た……私はその現象を一〇分あまり見ていた。そして全部を停め、家に帰った。その晩、私は世界が破局に向かっていることを知った。」

この自覚——核分裂の発見ではなく、人間がそれをどう使うかに対する直観——が、すなわち偶然では無く、熟慮した言葉が、核の歴史を造りだしたのだった。分裂は自然現象だ。だがその使用方法を決めるのは人間である。ついに原子を使うに至ったやり方は、人類の運命に書き込まれていなかったものだ。それは人間の選択であった。誰がこの選択をすべきだったのか？　誰が真実の守護者として行動すべきであったのか？　それから歴史の舞台に上がった者たち——声を上げた者、沈黙を守った者、権力を簒奪した者、無力に陥った者――、彼らがいまも続いている核のドラマの第一幕を演じたのだった。

原子の核分裂に至ったという知らせに動転したシラードは、間もなく「連鎖反応」という悪夢の力が――分裂した原子が他の原子に分裂の連鎖を引き起こすことが――人間の手に落ちると考え、恐怖を抱いた。彼はいく人かの物理学者と連絡を取り、彼らにその最近の発見を彼らだけの「危険ゾーン」に保護しておくよう頼んだ。シラードはすぐに、戦争から生まれたもう一つの出来事にぶつかることになる。核の舞台を律する国々の主権、覇権、威信、といった魅惑だ。フランスではフレデリック・ジョリオが連鎖反応を起こすことに成功、すぐにそれに魅せられた。無尽蔵の電気を生産し、自分の国の工業での優位性を確保する、ということを夢見て、ジョリオは業績を秘密にしておいて欲しいというシラードの嘆願には耳を貸さず、自分が大量のウラニウムの中で連鎖反応を引き起こすのに用いた方法の詳細を発表した。彼はかくして、全く別の連鎖反応を引き起こしたのであった。軍拡競争である。

ジョリオ＝キュリーが核エネルギーにしか興味を持たないと言ったことも、間もなく無視されることとなる。連鎖反応を成功させた数カ月後、彼のチームはウラニウム原爆製造の特許をちゃんと提出しているのだ。その後すぐ、アメリカ、英国、ソ連の科学者が、それぞれの政府に対しウラン原子の核分裂を使って兵器ができる可能性の情報を伝えた。当時、埋蔵量の一番大きなウラニウムはベルギー領コンゴで採掘されていたものだ。英国はこのベルギーのウラニウムを大量確保することに成功した。時をおかずオランダが五〇トンを注文した。

その時、心配な情報が飛び込んできた。ドイツがチェコスロヴァキアで押さえた鉱山から採られたウランの販売を禁じたのだ。ドイツはどこまで核の研究を進めているのだろう？ ヒトラーの軍隊はベルギーに進軍していた。もし、チェコのウラニウムを完全に制御しているナチスが、ベルギー領コンゴの膨大な量のウラニウムをその手に収めたら、何が起こるのだろう？

シラードは、友人のアインシュタインがベルギーの女王の知り合いであることを知っていたので、この大学者に女王に注意するように頼んだ。このころ、アインシュタインは完全に無関心のままだった。ただ理論家の夢想に浸っていた。シラードがアインシュタインに連鎖反応を説明すると、彼はこう答えたという。「そんなことは考えたこともない。」今やこうして、戦争はこの素晴らしい夢想者さえも自失状態から引き出したのである。常に熱心な平和主義者であったアインシュタインは、ユダヤ人として告発され、その首に懸賞金が賭けられるにおよび、ドイツを逃れた。ナチスの計画についてのこの意表をつく打ち明け話に動揺し、彼はベルギー人にドイツがウランを統制することの危険を知らせることに同意しただけでなく、後で「それは私の生涯での大きな間違いであった」と彼に言わしめる決断を行った。アインシュタインは、シラードが原稿を書いた、フランクリン・ルーズベルト大統領に対する書簡に署名することに同意したのだ。それは大統領にウラニウムの鉱山を確保し、連合国の中で核研究を加速させることを訴えるものだった。

この書簡の中で、アインシュタインと、そして当然ながらシラードは、核分裂の連鎖反応を記述し、こう述べている。「こうして、全く新しいタイプの、非常に強力な爆弾を作ることが考えられます。たった一つの爆弾で、港のひとつは、周辺地区も含め完全に破壊されるでありましょう」。英国の学者たちからも警告されていたルーズベルトは、ためらうことなくマンハッタン地域計画を承認した。この計画でアメリカとイギリスの科学者がその爆弾建造に力を合わせることになる。

(…)何百というアメリカの科学者がマンハッタン計画に参加した。それは崇拝者の誰かが「知的セックスアピール」と呼んだ、J・ロバート・オッペンハイマー博士の魅力のよるもので、彼はこの計画の所長となり、情熱的に人を集めた人である。(ヒトラーの死とドイツの敗戦により)当初の動機を失ったとはいえ、それにかかわった技術師たちは、彼らの抑圧された才能を発揮できるもう一つの出口を見出した。原発への競争でヒトラーに勝つ代わりに、大戦の最終的勝利に貢献できる、というのだ。オッペンハイマー自身がはっきりとそのプロジェクトに存在理由を見つけた情熱を語っている。「もっと急いで務めをおわらせよう。必要な時、爆弾が出来ているように」。「ほとんどすべての者が大きな計画とは何であるか分かっていた」と、オッペンハイマーは書いている。「ほとんどすべての者が、もしわれわれがこのプロジェクトを早くやり遂げたら、それは戦争の行く手に決定的な役目を果たすだろう、と知っていた。ほとんど皆が、それは前例のない機会であり、知識と芸術と科学の基礎を集合し、自らの国に大きく利することだと分かっていた。ほとんど皆が、この責務は、もし成功させたら、歴史に刻まれるだろうと知っていた。この高揚感と熱情、そして愛国心が彼らを変えていた。私は一つの共通の目標にこれほど献身したグループに出会ったことがない。そして自分の国の歴史に果たす自分の役をこれほど意識していたグループは無かった。」

こうした情熱あふれる技術者としての思考に耽る科学者への変身は、その後の年月への先例を創りだした。軍人たちは、科学者を従え、その権威を一段と増した。彼らは市民からその権利を奪った。軍人たちは一つの超秘密を創りだした。秘密そのものが秘密となったのである。その情報は敵にだけでなく、政策決定者、政府の高級顧問たちにも伏せられた。警告を発する者、慎重さを求める者、地政学、哲学、道徳の領域で示唆を行う者は誰でも、文明の流れを変えることになる兵器を作ろうとする決定から外された。人間の個人差は無くされたのだ。

例を引いてみよう。政策決定者に情報を伝えることを省いたのみならず——だから放射線による病気について多くを打ち明けられた者は少ない——、決定の過程で介入できたはずの知識ある専門家は除外された。本当は、マンハッタン計画に従事する科学者の多くがジェイムズ・フランクによって書かれた覚書にサインしていた。彼は、自分が協力する条件として、政府の責任者に自分の意見を伝えることが出来ることを求めた、ただ一人の研究者である。フランクは、政府が戦後の軍拡競争を避けるように努力すること、それゆえ爆弾の実験を人間の上に投下する前に警告として〈砂漠か無人島で〉行うことを主張したのだった。フランクは抗議している。「政治家たちは原子が世界を変えたことを理解できなかった。くだらない平和計画を立てている。そして事実を知っている科学者たちは無力のままだ。」

　フランクのメモにサインした者たちは無力となった。そして彼らの報告書は、調査委員会の引出しの中で眠っていた。レオ・シラードはというと、彼もまた原爆に従事する科学者が核エネルギーに関する使用方法の進展から外されていることに動揺し、その懸念をアメリカの国務長官、ジェイムズ・バーンに伝えた。バーンは単なる物理学者が自らの発見に関して「政治計画に参入したい」といったことに憤慨を露わにした。情熱的なシラードは、その後マンハッタン計画の責任者、レスリー・グローヴ将軍により「他の人々の頭脳への寄生虫」という烙印を押され、「差し出がましい、日和見主義のユダヤ人」として扱われた。この呼び方は悲しくも、ヒトラーが核物理学を「ユダヤ人の科学」と呼んでいたことと符合する。この類似点は、戦争中グローヴがシラードを収監するのに払った努力によって更に鮮明になる。こう聞きたい。いったいなぜ西欧は戦っていたのか、と。戦争に勝ち、人間の自由を守るためなのか？　価値と尊厳を守るためなのか？　あるいは単に勝つためだけなのか？　原爆関連の官僚たちはアルバート・アインシュタインをも疑い、その陶片追放さえも考えていた。アインシュタインは、彼自身の理論がそこに至らしめた原爆が一般市民に対して使われた時、一般人と同時にその使用の話を聞いたのだった。

　一九四五年八月六日、広島に原爆が投下された。その爆撃機の副操縦士は、後に、そのショックを回想している。広島の町を見た。そしてその一瞬のあと、もう一度見たら何も見えなかった。

見えるのはただ、放射能の灰の柱で、それが空に立ち昇っていた。機体は爆発の爆風の中で揺れたのち、基地へと機首を向けた。乗員たちは賭けをしていた。この悪魔的な雲が見えなくなる距離についてだ。彼らは五六〇キロメートルを飛んだが、呪われた雲の柱はまだ彼らの後ろにそそり立っていた。副操縦士は日記に書いている、「おお神よ、私たちは一体何をしでかしたのだ?」

この爆発で数十万人の人が死んだ。三日後、もう一つの原子爆弾が長崎の数万人の市民を殺した。そして放射能は、何日も、何カ月も、何年もの間、更に数十万人の被害者を生み出した。

合衆国ではハリー・トルーマン大統領が、公衆の前で神に感謝した。「原爆の悲劇的な意味合いと、それを使った恐ろしい責任は、敵の陣営にあるのではなく、むしろ我が陣営にあった」と、彼は自分の日記に書いている。「われわれはこの新しい力の監視人であり続けねばならない……。」原爆を創った者はその所有者であり続けるとの確信を表明したトルーマンは、疑うこともなく、大戦によって作られた核の最後の産物を明らかにした。すなわち、原子力時代のカースト・システムを制度化することだった。それは原爆を持てる者と持たない者を差別し、核兵器の脅威を振りかざす者は安全に、優位性を持って生きられるという考えに基づくものだった。またそれは、それを持たぬ者は恐れと隷属の中で生きねばならぬ、ということでもあった。

以来、世界中の人間が未来の平和にではなく、未来の新兵器に力を注ぐことになった。次はだれがそれを振りかざし脅威となるのか、と。

クストーは、米・英・ソ連の思惑で戦後の原子力管理組織の試みがことごとく挫折した、と述べている。

アインシュタインは原子物理学者の緊急委員会の議長となった。シラードは、原子物理学者の連盟を組織した。二人とも、彼らの知っていることを直接大衆に知らせることを目的とし、隠さなかった。シラードは遂にはニキータ・フルシチョフに接触し、モスクワとワシントンの間に例のホットラインを設置するように説得した。オッペンハイマーは、公然と後悔を表明し、軍が原爆に関する情報を政治家に伝えることを拒んでいることを非難した。彼は、教育者たちを集め、「誠実作戦」を組織した。彼らのメッセージは明らかだった。原子爆弾はもっと破壊的になるだろう。それに対する軍事的防御法は無い。原爆戦を受ける準備をすることは無意味である。もしそんな試みをするなら、われわれの経済的・社会的秩序の構造を破滅させることになろう。課せられた脅威にふさわしい何らかの権威に解決法を求めなければならない。

戦争中、自由な精神を閉じ込めようとした者すべてが、平和が訪れても、彼らに猿ぐつわをはめる、傲慢さを平然と示した。オッペンハイマーがアメリカの水素爆弾計画に反対したときは、彼は公然と反逆者と非難され、国防に関するすべての研究から外された。ソ連は、もちろん他の国々と同じく抑圧の政策をとり、アンドレイ・サハロフは、自分が創った水素爆弾に対する何らの権威も与えられないことを知ったとき、「無力感と恐怖に打ちひしがれた」という。

(…) 一九五三年、トルーマンは（プルトニウムの精製に賛成し）、「ロシア人はこのような複雑なメカニズムの知識を持ち合わせているとは思わない」と述べた。

二年後、ソ連は初めて水爆実験を行ったが、一九四九年の八月には最初の原子爆弾の実験を行っていた。

合衆国は賭けに出て、熱核反応爆弾の研究を始めた。

イギリスは、公衆の論議の完全な不在のもと、一九五二年十月三日に最初の原爆を爆発させた。

広島への原爆投下の二カ月後、ドゴールはフランスに原子エネルギー委員会を造り、一九六〇年二月十三日、フランスは、その最初の原爆実験を行った。

一九六四年、中国がその試験的爆弾を爆発させた。

一九七四年、インドは中国に脅かされていると感じて、初めての核実験に踏み切り、おそらく二ダースほどの原子爆弾と水素爆弾の製造材料を取得した。

インドが最初の原爆実験を行った後、パキスタンが秘密裏に核計画に乗り出した。

イスラエルは、五〇発から二〇〇発の核弾頭を作れるプルトニウムを秘密裏に蓄積したらしい。

この国は核反応爆弾を製造する可能性があるという。

日本は、灰燼と化した二つの街に涙し、一九四五年に公式に、アメリカによる「非人道的兵器」の使用を断罪したのだが、実際は大戦中すでに原爆の計画を進めていたのであり、その研究に携わった物理学者の言葉によれば、「それができていれば、それを使うことには躊躇しなかった」

という。隣国である北朝鮮に対する不信を表明している日本は、今日、「潜在的核大国」になったと見做されている。日本はそのためのすべての要素を持ち、数週間で原爆を創る能力を有している。

北朝鮮は、日本を、民間の核エネルギー事業を「謝罪しながら、核兵器の製造を急ぐ」ために使っている、と非難している。そして彼らもこの種の武器を準備していると疑われている。

イラクも秘密裏に核兵器の計画を持っていると思われている。アルジェリアの核兵器計画も疑われ、リビアもまた核兵器の面で危険さを示している。

イランは原爆製造に必要な機材を買ったので、間もなくそれを持つことになると見られている。

ブラジル、アルゼンチン、南アフリカは、原爆計画を放棄すると発表したが、それは国際軍縮機関が彼らがそれを持っていると考える前であった。専門家はこれらの国は原爆を製造する能力を保持していると断言している。

スウェーデン、ドイツ、イタリア、スイス、カナダ、韓国、台湾はすべて原爆の製造に必要な知識も材料も持ち合わせているとみなされる。オーストラリア、オーストリア、ベルギー、デンマーク、エジプト、フィンランド、オランダ、ノルウェー、スペイン、セルビアは、比較的近い将来原爆を造ることが出来る設備を持っている。

「原子爆弾は、法なき世界に放り出すにはあまりにも危険な武器だ」とトルーマンはヒロシマのあとで言った。いったい何が起こっているのか？

(…)私の国が原子力の泥沼にはまって行くのは、間違いなく偉大さの為であった。ジョリオの惹かれた国家の威信ということが、ドゴールを魅了した。マクジョージ・バンディはその名著『危険と生き残り』で述べている。アメリカは原子力エネルギーに関して法律を造り、核に関する秘密を外国と交換することを禁じた。だがすぐにこの禁止対象から英国を外した。ところがフランスはそれを知らされずにいた。ドゴールはアイゼンハワーに手紙を書き、フランスにその防衛を一人でやれとされたことを遺憾とした。バンディはドゴールの当直将校で優れた外交官でもあるジョフロワ・ドゥ・クールセルの言葉を引いている。「大切なことは、フランスが政治的に核大国であると言えること、そしてアングロサクソンの国々と対等に議論ができることだった。」もちろん侵略は論外である。それは傷ついた誇りである、フランスを核兵器の保持に向かわせたのは。それは、われわれの最初の核実験の直後、ドゴールが国民に発した電報に明らかに表れている。「フランス万歳！ 今朝からフランスは更に強く、更に誇り高き国となった。」

その年、ドゴール大統領がモナコのわれわれの海洋博物館を訪問する意図がある、との通報があった。このころ、私は博物館館長の職務を果たすだけでなく、地中海に核廃棄物を放棄するというフランス政府の計画に抗議していた。ドゴールの訪問の予定日の少し前、モナコのレニエ大公はエリゼー宮からの一つの電話を受けた。一人の役人が、レニエ大公に、大統領の訪問日、私を博物館から遠ざけてくれないか、と頼んだのだ。面白がって、レニエは私にその会話内容を告げた。もちろん私は圧力を受けることを拒否した。

私は、自らドゴール将軍を迎えることを決めていた。彼のリムジンが着いたとき、私は海軍将校の正装をして、博物館の玄関の階段の上に立っていた。彼が車から降りても私は動かなかった。彼が階段を上ってくるのを待った。「大統領閣下、海の殿堂へようこそ！」私は博物館を案内した。そして彼を地中海に垂直に落ちている崖を見下ろすガラス窓の前に連れて行った。すぐその下に私の三艘の船、カリプソ、ウインナレッタ・シンガー、そしてエスパドンが、磨き立てられ、旗を風にはためかせていた。波立った海で踊っていた。私はこういった。「私の船たちがあなたに挨拶しています！」

私はそうやって彼に尊敬の念を示したつもりだった。だが同時に私の決意も。ドゴールは不動の姿勢だった。上階に上る小さなエレベーターの中で私と二人きりになるや、大統領はすげなく言った。「クストー、わしの原子屋たちに優しくしてくれ。」それに私は答えた。「あなたの原子屋たちこそ私に優しくすべきなのです。」私たちが着いた階では、報道カメラマンや政治の諷刺家さえもが、ドゴールと私がすごい形相でにらみ合っている写真を撮ろうとわくわくしながら押しかけていた。レニエ大公とグレース公妃の方は、部屋の隅で目を伏せ、できたら外に行きたいという風情であった。私は努力して自制しながらも私の思いを大統領にいい続けた。遺憾なのは、米国が、フランスとではなく、英国とのみ核の秘密を分かち合うという決定をしたことだ、それがフランスを核の要塞に押しやったのだ。われわれが守ろうとしているのは、国民ではなく、名誉なのだ、と。

フランスでも外国でも、原爆が威信をもたらすという、今や時代遅れの考えを抱き続けている人が居る。インドが核実験を行ったことを知って世界のほとんどの国が驚愕を表明したとき、フランスの原子力庁長官の反応はインドに祝電を打つことだった。今日、原爆の使用は狂気のわざだと思われているのに、この国の原子力産業の首脳はこう言っている。「核産業とその技術は、一つの国の力を測る尺度だ。」北朝鮮は同じ幻想を抱いている。外国のあるジャーナリストが「あり得ない」仕方でこの国に潜入し大衆に紛れ込んだのだが、彼が見たのは靴の代わりにぼろきれを足に巻いた労働者であり、聞いたのは栄養失調で死にゆく人の悲惨な話だった。だが彼が金日成の核計画について質問すると、「ほとんどの人は、政府が世界をひれ伏させる武器を持つためには飢餓も辞さない覚悟がある」ということだった。

クストーはNPT（核不拡散条約）が如何に無力かを語っている。

核大国は（核実験禁止のため）禁止期限を決めるのに、そしてその項目を守らない言い訳を見つけ出すのに二五年を要した。世界はその頃、希望を持つことが出来た。ロシアは一九九一年に実験を止め、フランスは一九九二年に核実験のモラトリアムを発表した。米国と英国がこれに従った。その状況から、これらの国は、ジュネーヴで草稿が準備されていた核実験の全面禁止条約に正式にサインすると思われていた。一九九五年の五月、新しい良いしるしがあった。ＮＰＴが失効する日を迎えようとしたその時、関係国はそれを無期限に延長することに同意したのだ。そのほんの何日かあと、中国は核実験に踏み切った。その数週間あと、ジャック・シラクは、新しい大統領の仕事を始める時はっきりとこう言い切った。実験のモラトリアムを解く、まだ数発の核実験を行う。それは八回だという。

クストーはすべての国の隠された核競争への懸念を表明している。原発がとり上げられる。

核エネルギーと原爆の関係は、すでに今日、第二次世界大戦の間に知られていたように明らかである。それを懸念した科学者たちがその政府に注意を促したのは原爆と核エネルギーの共通要素すなわちウラニウムだった。学者の懸念はまさしく一つの金属の同位元素群、ウラニウム235である。それは原子を割ることが出来る唯一のウラン同位元素なのだ。

U235という同位元素は、鉱石の中では極めて稀で、天然のウラニウムの一%の一〇分の一しかない。U235の恐るべき分裂の力を引き出すには、原爆の製造者たちは同位元素の濃縮が必要であった。彼らはそれを「分離する」ことを学び、そして「高度に濃縮された」ウランを創りだすことを学んだ。U235が九〇%という巨大な比率であった。大戦の中ごろ、物理学者たちはもっと簡単な方法で作れる核分裂性の物質を見つけた。彼らはウラニウムを単に反射炉に通すだけで得られた放射能金属が、自然状態では地上に存在しなかった全く新しい同位元素を含んでいることを確認した。プルトニウムである。彼らはまた、放射性金属塊からプルトニウムの同位元素を「分離」することを習得した。こうして作られた原爆に使用可能なプルトニウムは、強度に濃縮されたウラニウムより更に核分裂性のものであった。量的にももっと少なくて済む。

そこに今日、核不拡散条約の許容する手品がある。原発で働く者がウランを原子炉に通し、原子を破壊してエネルギーを引き出すとき、彼が見るのは、それで得られた放射性物質——今は「使用済み核燃料」と呼ばれるものが、U235と共にプルトニウムを含んでいることだ。彼らはそれからこの二つの放射性の物質を分離し、原子炉に使える水準にまで濃縮する。そうすれば彼らがそれを燃料として再利用できることになる。その意味するところは、U235が世界中の民間のすべての核エネルギー施設に存在するということだ。核エネルギーが核爆弾と結びあっている、このゴルディオスの結び目（難問）は、フレデリック・ジョリオが初めて連鎖反応を実現したとき、すでに存在していた。ジョリオはこの領域での研究を、パリの研究室がドイツ軍に占領されたのちでさえ続けた。彼の言い分は、その仕事は核エネルギーの進歩の為であり、ドイツの戦争の為ではない、というものだった。彼とともに働いていた学者の言によれば、「ジョリオは原子炉がなしえないことを区別していた。彼はエネルギーを潤沢に作り出そうとしていたのであり、爆弾のためのプルトニウムは作らなかった。」

核エネルギーの市場に関係を持つ者はすべて、驚くべき執拗さで、原子力エネルギーと核兵器の拡散の関係について大衆を欺き続けている。フランスの国家に属する企業であるCOGEMA

の再処理工場の指導者たちは、意図的にフランス国民を迷わせて来た。彼らは破廉恥にも、原子炉で使うプルトニウムは原爆製造には適さないものだと言明した。彼らは、プルトニウムに対する民衆の心配は合理的な核政策を台無しにするものだ、と言ってあざ笑いさえした。日本の資源エネルギー庁の長官もまた「現在、世界に、原子炉で使えるプルトニウムを兵器に使用できるプルトニウムに転換する技術は無い」と宣言する始末だ。

(…)米国の科学アカデミーは明白に宣言した。原子炉で使用されるプルトニウムは「国家的また国際的な現実の危険を」提示している、と。

(…)核エネルギーはそうまでして必要だろうか? それはそれほど安いのか? それほど利益がありクリーンなのか? 完全な世界では、いかなる技術も、それが人間の健康と安全にもたらす利益で評価するべきであろう。そして不完全な世界——すぐ使える現金で価値が測られる所——でさえ、核の力は財政的に良い投資なのだろうか?

フランスのように核エネルギーが基本的に政府の統制下にある国の多くでは、数字は国民に隠され、結局は国民が付けを払わされることになっている。確かに核エネルギーはアメリカで少しく秘密裏に考えられたのだが、それは間もなく公共の場に引き出された。数字は手に入るものであり、納得できるものだ。核エネルギーは財政的に失敗であることが明らかになった。

ヒロシマのあと、アメリカの表現で世界中に響き渡ったものがある。「アトムズ・フォー・ピース(平和のための原子力)」だ。これは希望を抱かせた。人間は、ついにその知力をクリーンなエネルギーの無限な供給源の創造に応用したのだ、と思われた。それは最貧国に進歩をもたらし、悲惨さを繁栄に変えるはずだった。私自身も、世界のすべての人と共に、核エネルギーのもたらすものの見通しに眩惑され、(カントのいうように) あの剣がやっと犂に変えられたのか、と思ったものだ。

一九五四年、合衆国は商業的な電気を生産するだけのための最初の原子力発電所を稼働させた。アメリカのテレビ局は、ペンシルヴァニアのシッピングポートから、ドワイト・アイゼンハワー大統領が、その「放射能の魔法の杖」(中性子が使われた) を振って原子炉を起動させる合図を送る場面の同時中継を行った。原子力エネルギー委員長は、シッピングポートの原子炉は新しい時代の到来を示し、核エネルギーは「計量器の必要がないほど安い」ものになる、と予言した。この世紀の初めから電気の使用量を七年ごとに倍増させてきた、アメリカの大衆の食欲さえも満たすことが出来る無尽蔵の宝だ、というのだ。

とはいえ、その原子炉を使った会社は間もなく核による電気の限界を知るようになる。政府はシッピングポートの発電所に資金を投入していて、普通は企業を呼び込みそうなものだが、実際は納税者が損失を補っていた。納税者は、その時締結された合意書に依れば、「揺籃から墓場まで」原発の世話をせねばならなくなっていたのだ。

五〇年代から七〇年代にかけて、合衆国はほかの原子炉を造り続けた。八〇年代の半ばになると世界の四分の一以上の原子力による電力を生産することになった。だが、当初からシッピングポートの原子炉が証明したように、安い核エネルギーの約束は欺瞞でしかなかった。

何十年も前から、ノーベル賞受賞者で物理学者のヘンリー・ケンダルは、クストー・ソサエティの諮問委員会のメンバーであったが、核エネルギー生産のすべての側面を絶えず研究してきた。そのリスクと経費も。彼によれば、確かに五〇〇グラムのウラニウムの核分裂は、同じ量の石炭や石油を燃やすのに比べて一〇〇万倍のエネルギーを生み出すが、核エネルギーは飛び離れて高価なエネルギー源なのだ。まずその設備は恒常的な放射能に耐える堅固なものでなくてはならず、その建設費は天文学的な数字となる。事故のリスクの恐るべき危険さを語らなくても、である。ケンダルの計算した例では、大きな原発の作りだす長期にわたる放射能の量は、ヒロシマ型原爆が二千個爆発したのと同じ量となる。このような死の副産物を閉じ込めるだけの堅牢な原発を作るには、石炭を燃料とする発電所の四倍の費用がかかっている。新しい数基の原発を作るために、この産業は消費者に五〇％に上る電気料金の値上げを課した。

こうしたことで、アメリカのエネルギー消費は急落した。一〇〇基以上の原発の発注がキャンセルされた。

一九八五年、アメリカの金融専門雑誌『フォーブス』は、このように告げた。「アメリカの核エネルギー計画の挫折は、実業界の歴史での最も大きな経営破綻であった。記念碑的規模の大災害である。」九〇年代、合衆国で建設途次であった最後の三基の原発の建造が中止された。そこにはすでに八〇億ドルが費やされていたのだ。世界中で中止や閉鎖が広がった。それはドイツの一つの原発の写真が通信社によって流布してからだ。その建設には二億三千万マルクがかかり、一八日だけ操業したのだった。それは解体工事に入っていたが、その費用がまた二億八千万マルクかかるという。写真説明には「一ワット当たりいくら?」とあった。

(…)チェルノブイリは、事故が起こった場合、消費者、産業界、保険会社そして政府がどれだけ支払わねばならないかの、予兆を提供した。西側諸国の多大な援助にもかかわらず、ウクライナも、世界のもっとも産業化された七カ国のグループも、チェルノブイリの複合体を閉鎖するだけでも更に必要となる数十億の一部さえ、出すに至らないのだ。ましてや住民を再び住まわせること、個人的損失を補償すること、放射能で汚染された農地を処理すること、医療を確保すること、等には手が回っていない。事故の九年後、ベラルーシの科学アカデミーの放射化学研究所の所長は、この地方では甲状腺ガンを予告する炎症が大量に見られる、と公認している。……

子供たちの世代が今後払うことになる途方もない代償と、使用期限が切れた原発の解体と撤去にかかる費用の膨大さをクストーは指摘している。

アメリカで民間の電気を生産した原子炉のうち、シッピングポートが世界で最初に解体されることになった。この時はもはやドワイト・アイゼンハワーが魔法の杖を振る姿はなかった。解体に要した五年間というもの、作業員は放射能の致死量を遮る分厚い作業衣を着込み、炉を壊すためにつるはしやシャベルを操るのであった。手で放射線の出る壁をひっかくこともあった。そして放射線測定器のサイレンが鳴ると――それがたびたび鳴るのだが――避難所へと駆け込むのであった。この種の作業員を見つけるのに、企業は心理的検査をして選別するリクルートの業者に頼らねばならなかった。役員が言うには「異常者とキレる危険のある者を除外するため」である。

クストーは、この原発解体に要した途方もない困難と費用を詳述したのち、代替案として「廃炉を埋める」方式、「安全確保のストック」つまり監視人が長期にわたって常駐する方式、「聖遺物として博物館にする」方式等が議論されたことを紹介、クストー自身訪問した六基の原発での劣化が、「チェルノブイリに類する重大な事故の現場となる危険を蔵している」ことを検証している。

(…)こうした原子炉をなくすために誰が払うのか、という問いによって――特に、それはわれわれの子供たちだ、というならば――それは痛切な、情念の問題となる。いかんせん返事は激論を巻き起こすものだ。高放射能のデブリ(ゴミ)を処理するのに誰が代償を払うのか回答した者はいない。なぜならだれもまだそれをどうしたらよいのか解決法を見出していないからだ。

私は今も、一九五九年にモナコの海洋博物館で引き受けた会議での、技術者の傲慢さを鮮やかに思い出す。私の耳に残っているのは、彼らの一人の、それはフランス人だったが、熱烈な確信だ。彼は、世界がまだ廃棄物の永久的ストック方法を見つけられないからと言って、それが恐るべき脅威だとは言えない、と断言した。そして「サンテクジュペリを産んだ国は、未来に自信を持つべきだ」と。

技術者はサンテクジュペリを信じていた。私の子供たちはサンタクロースを信じていた。子供たちの希望の方が確かだった。七〇年代の終わりに技術者たちは、われわれはまだその報告書を持っているが、八〇年代の半ばには廃棄物の永久貯蔵庫が完成する、と発表している。八〇年代の半ばに、彼らはその目標を二十一世紀の初めとした。しかもその中身は半世紀も前に提案されたのと同じ方法なのだ。

放射能廃棄物の最終処理法がまだ見つかっていないことをクストーは強調している。

(…)具体的例を挙げよう。核技術者たちは何年にもわたって、アイルランドの海が放射線を呑みこみ消し去る無限の能力を持っている、と主張してきた。一九五七年、今でも西欧の核施設で起こったもので最悪と考えられている事故が、英国のウインズケールの施設で起こった。アイルランド海に面した場所だ。その結果徹底した処置がとられ、その地方のすべての家畜が殺処分され、二〇〇万トンの汚染されたミルクが海に流された。

その後、同じ場所に建てられた国有の施設は、美的な配慮で名をウインフィールドからセラフィールドに変えていたが、アイルランド海への放射性物質の不法廃棄で訴えられ続けることになった。

人はそのような行為を忘れる。しかし海は覚えている。今日アイルランド海は「世界で最も放射線量が高い海」として知られている。

科学者たちの言によれば、現在世界中が海洋を廃棄場として使うことを禁じているが、アイルランド海の放射線量は増え続けているのだ。

こうした取り返しがつかない過ちは、今日、放射性廃棄物を管理する者たちが反省するのに役立っているだろうか？　最終的解消方法が発見されるまで、どこかに仮置き場を造らなければならないこうした屑をどうしているのか？

ただ堆積するままにしている。染み出るものもそのままだ。

原発の使用済み燃料棒は、プルトニウムとU235の重大な痕跡を持っているが、それこそが恐るべき問題を引き起こしている。この燃料棒は地上に存在するもっとも強力な放射性物質である。それを埋めることはできない。廃炉のための数少ない場所にでもだ。今のところ、アメリカの核産業者は活動中の原子炉の近くの貯水タンクに保管しているが、それはほとんど満杯である。フランスでは、他の核大国と同じく、それを廃棄するのに、強い放射能を持つ廃棄物の一部を溶かしたガラスに混ぜ、パンのようにし、それをどこかに貯蔵しようとしている。どこかに、いつか場所が見つかったら、と。

（…）一九九四年、旧ソ連の指導者は、ソ連の核計画の初めから溜まった放射性廃棄物の約半分をヴォルガその他の河近くの大地に直接廃棄したと打ち明けた。
前代未聞のこの最低の原子力運営による大地の凌辱の前で解説者は息を呑んだ。三〇億キュリーの放射能廃棄物がこうして大地に注入されたのであった。チェルノブイリでの事故では五〇〇〇万キュリーが放出され、四〇年代、五〇年代にはアメリカ・ハンフォードの貯蔵場で五〇万、スリーマイル島の事故原子炉からは五万キュリーが大気中に放出された。これこそ新聞の論説委員が完全に忘れていることだ。単発的な事故ではなく、汚染が堆積していくということだ。
ロシアは放射能廃棄物を地中に埋めるというソビエト方式を踏襲すると告げた。思い出すのは自由世界に対するニキータ・フルシチョフの約束だ。「お前たちを埋めてやる。」ただ彼は何に埋めるのか言わなかった。こうして、最終的除去の方法もなく、まじめな監督の保証もなく、更にプルトニウムや濃縮ウラニウムのストックの在庫表もなく、われわれの政策決定者たちは何をしようというのだろう？

クストーはまた、プルトニウムの増殖炉と再処理工程によるスーパーフェニックスの構想に至る欧米の原子力競争が挫折してゆく過程を述べている。

雑草を引き抜いてもそのあとに根が残るように、プルトニウムの経済はその芽を伸ばして行った。

この産業を継続するという頑なさは、アジアでその最初の実をつけた。一九九四年の四月、日本の増殖炉と再処理工場の計画を後日に延期すると発表した数週間後、日本はその最初の増殖炉「もんじゅ」を稼働させた。その名は知恵の神を意味したが、この選択はあまり分別あるものとは言い難かった。なぜならそれはフランスの不幸なスーパーフェニックスをモデルとしたものだったからだ。日本はもんじゅを原型として使い、列島の色々な場所にいくつかの増殖炉を建設しようと考えていた。この国はすでに予定される増殖炉に使うのに十分なプルトニウムのストックを貯めていた。しかしながら、フランスとイギリスの再処理工場に数十億を投資していたので、日本は二〇一〇年に至るまで、毎年二艘分の分離されたプルトニウムを輸入する予定を立てていた。だが日本は、プルトニウムの食欲を満足させるにはフランスとイギリスを頼りにするだけではだめだと考えた。そこで独自の再処理工場を建設し始めたのだが、それは何十億ドルもするもので、分離により更なるプルトニウムが手に入るはずであった。最近、喜ばしい知らせがわれわれに届いた。もんじゅは遂に止められたのだ。

韓国は、日本のプルトニウムのストックが増えてゆくのを元気なく見ていたが、自分たちの増殖炉が欲しいと言い出した。中国はそれを一基完成すると表明していたが、その追求する核拡大計画はまことに壮大で、二十一世紀には世界最大の核エネルギー網を起動させる、と思われる。インドネシアのスハルト大統領も、大胆な核エネルギー開発計画を発表した。来たるべき世紀に自分の国が工業的・技術的大国となる希望を込めて。フィリピンはこの形の核エネルギーを断念していたが、最近考えを改めている。

クストーは、ロシア・フランス・イギリスのプルトニウム＝ウラニウムの再処理による新世代増殖炉計画と常軌を逸したプルトニウム生産の意欲を指摘し、いかなる国にも技術を売る市場原理の存在を述べている。

今日原子力機関の推定によれば、核燃料からすでに分離され原爆を造るのに使用できるプルトニウムは、世界中の二二カ国に貯蔵されている。いかなる国際規約も、このプルトニウムの貯蔵に関する基本的衛生管理の注意を要求していない。この種の物質を運搬する時普通に使われている方法は、一般市民を危険に陥れるものと考えられる。海路でプルトニウムを輸出する者にも軍のエスコートは要求されない。数え方——むしろ単にプルトニウムのストックを計算する試み——も簡単で、愚劣というか、単に存在しないのだ。英国では、専門家の計算では、セラフィールドの貯蔵庫で兵器に流用されうる二トン以上のプルトニウムが、説明もなく「喪失」していた。サイズウェルの各発電所では責任者が電子アーカイヴを消してしまったので、どれだけのプルトニウムを彼らの工場が造ったか、わからないと言い張った。日本の原子力の責任者は、失った七キロ半のプルトニウムを見つけ出せない、と白状した。彼らは、この量——九個の原爆を造れる量——は、おそらく燃料の製造過程で埃となって消えたのだろう、という。アメリカの専門家は、ロッキーフラッツの原発では原爆七個に相当するプルトニウムが消えたとみている。責任者の説明によると、このプルトニウムは多分「配管の中で失われた」らしい。アメリカのエネルギー省は、合衆国のプルトニウムのストックの完全な在庫表を出すのは不可能だと認めた。アメリカ政府は核弾頭さえも失くしていることが明かされた。

ところがユーモアは常に、のんきさや図々しさにある。核の密輸入に対する刑罰の上限は五年以下の収監なのだ。歴史的宣言だが、国際警察インターポールは、プルトニウムはたばこのように「健康を脅かす」ものに過ぎない、といったのだった。

多くの場合、核抑止力の論理は紛争解決に機能しなかった、とクストーは述べている。

(…)原子力エネルギーを持っているだけでも、その国がこうむる危険度は増大する。マサチューセッツ工科大学の国際安全保障・科学技術計画次長であるスティーヴン・フェターとコスタ・ティピスによれば、例えばシュツットガルト近くの一ギガワットの原子炉一基に一メガワットの爆弾を投下しただけで、ヨーロッパの大半は廃墟となる。「核兵器で原子炉の中核を爆破するのは、疑いもなくその国の広範な地域を沙漠と化す有効なやり方だ。」

もっと重要なことは、原爆は平和を保障するとも安全をもたらしたとも信じられないのに、それは原子テロを不可避のものとした、ということだ。核不拡散の専門家は、かつて原爆の製造が極秘に守られていた時代、テロリストが核の脅威ではなかった時代に郷愁を持っている。

一九七六年の講演で、核の拡散により国家警察が国際化される時代が来ることを予言、世界的ホロコーストよりは、非常に不愉快な思いで生きることを選ぶ選択を余儀なくされる、とクストーは述べている。

私が話していたその時すでに、ソ連では原子力に関わる技師たちが各地の「禁断の町」に住まわされていた。彼らは監視下に置かれており、陸上競技や音楽の大会でさえ、他の禁断の町から来る子供たちとの接触が禁じられていたのだ。また私が及びもつかなかったのは、ソ連邦の失墜の後でさえ、これらの町には周囲一〇〇キロメートルの安全確保ゾーンが継続し、これさえも究極の携帯核兵器、すなわち「核兵器開発に関する批判的情報」を開発中の三千人を守るには不十分だと考えられていたことだ。すでに世界中で、核拡散の専門家は空港に検査官の配置を求めている。八〇人の核弾道弾の専門家が、逮捕はされなかったが北朝鮮を出ることを禁じられ、空港に留め置かれたのは別の問題を引き起こした。なぜわれわれは思考の自由を禁じることがウラニウムを禁じることより易しいと信じているのか？　それが、クストー・ソサエティが太平洋のフランスの核実験場を調べに行くことを許された時の問いだった。私はカリプソに乗って、一九八七年六月二十日にムルロア環礁に着いた。われわれが採集した標本では、いまのところ放射能汚染の形跡は見つかっていない。しかし、たくさんの標本を実験の前と後の海水、プランクトン、堆積物から採ったのだが、何年間放射性同位元素は火山岩に浸透するのか、年にどれほどの速さでなのか、フランスの原子力委員会会長のジャン・テイヤック博士に聞いたのだが、何回要求しても答えは返ってこないのだ。テイヤック博士はそれでもほかの質問には答えることにしてくれた。私が「なぜこんな実験を続けるのですか?」と聞いた時の答えがそうだ。「なぜなら他の国がやるからだ。」

他の国がやるから、イランの副大統領サイド・アヤトラ・モジェラニは自らそういってイランの原爆計画を許可した。「イスラエルが核兵器を持ち続けているので、われわれムスリム国家は原爆製造に協力せねばならぬ。たとえ国連の核不拡散の努力に反しても。」

他の国がやるから、たとえアメリカとソ連のサイロが空になって行っても、英国・フランス・中国のサイロは一杯になって行く。お互いに原爆の最大保有国になろうとしている。

ジョージ・バーナード・ショーは、『シーザーとクレオパトラ』の中で、この種の狂気を巧みに描写している。この戯曲で、クレオパトラはライバルの一人を暗殺させる。民衆が彼女の宮殿に乱入した時、彼女はシーザーに助けを求める。シーザーは軽蔑して答える。「あなたの扉をたたいている人々は、自分たちが暗殺された人の復讐をすべきだと信じているのだ。あなたは彼らのかしらを殺した。だから彼らがあなたを殺すのは正しいのだ。この同じ権利のために今度は私が彼らを、自分たちの女王を殺した罪で罰するため殺さねばならなくなるではないか？ そして私も彼らの国を侵略したことで彼らの同胞に殺されるかもしれない。するとローマは殺人者たちを殺すことになるだろう。それは、ローマがその子たちとその誇りを救うために、いかに復讐するかを世界に見せつけるためだ。こうして歴史の終わりまで殺人は殺人を生み、それは常に権利と名誉と平和の名を待ってなされるのだ。最後に神々がこうした血のすべてに飽きて、それが分かる種族を造りだすまではね。」

(…)われわれの安全ということに関して、責任者たちがためらわずに発する保障はまさに傲慢そのものであり、声を失う。単なる死にゆく存在である人間が、恐るべき未知のものを二五万年間も制御できるなどといったい言えるのか？　二五万年とは放射能廃棄物が危険なまま残るとされる期間である。人間の精神史さえここまでの過去に遡れるだろうか。ホモ・サピエンスの頭脳が現在の大きさに達したのがやっと一〇万年前である。八万五千年前にはネアンデルタール人が地上を歩き回っていた。この星の全く予見できない諸々の要素が、つまり津波とか、地殻変動とか、あるいは隕石といったものが、われわれのちっぽけな原子力の墓場の保全を尊重してくれると本当に信じてよいのか？　毎年一〇万回の地震が足元の地盤を揺り動かしている。傲慢な官僚たちは、今までそれを予告できたか？　いや予見さえできたか？　合衆国では、一九九三年の地震で「耐震構造」とされた一二〇の建物がひび割れを起こしたことに、技師たちは呆然となった。日本は建築基準が世界一厳しいとされる国で、東京の建設省のある責任者は、地震が来ても我が国はあのような破損から守られていると宣言していた。「われわれの基準はもっと厳しい」

と彼は自慢した。それは大地の怒りが神戸の崩壊を起こしたちょうど一年前のことだ。五万軒の建物が倒れ、彼が間違っていたことを証明した。

核施設はもっと深刻な事態となっていることを、ソ連、中国、イラン、ブラジル等での政変を取り上げて解説、不測の事態は各地で起こりうると言う。

（…）すでに一九四六年、ルイス・マンフォードは核の貴族に対して仮借ない視線を投げかけていた。彼は書いている。「主だった気狂いは、提督とか上院議員とか科学者とか役人とか、あるいは大統領とかの肩書を欲しがる。いかなる委任もないのに狂気の者たちがイニシアティヴを取った。地球の表面を腐敗させた……。こうした狂気の者たちが彗星のしっぽをつかんで、それが子供の玩具であるかのように扱い、彼らが健全な精神を持っていると証明できると思っている。それで遊んでいる。それで実験を行う。なぜこれらの狂気の者が、やりたいことを続けるのを黙ってみているのか？　この危険のまえでなぜ無表情でいられるのか？」

「それには理由がある。われわれも同じように気が狂っているということだ」とマンフォードは書いている。

われわれはそこに留まっている必要はない。かつてアインシュタインが、「このパンドラの箱を開けてしまった」ことを悔いていると打ち明けた時、彼は対比するものを良く選んでいたのだ。

この戦争のむなしさを説く寓話では、パンドラはその壺の蓋を持ち上げ、地上のあらゆる悪を放出した。ただ一つ希望がその中に残っていた。

だから希望は残っているのだ。それを見つけなくてはならない。

（…）平和主義者で哲学者のバートランド・ラッセルは、アルバート・アインシュタインに合流し、あの有名な声明を書いたのだが、早くからこう述べている。「政治家の決定を導くべき事実は、科学書に埋もれている限り重要な価値を持たない。それがその全き姿で重要になるのは、大勢の選挙権を持つ人々に知られ、選挙の結果を左右する時だけだ。」原子力時代の夜明け以来、こうした事実は確かに科学雑誌のなかでわれわれが理解するのを待っていた。原子の力を知り、恐れていた物理学者たちは、早くから最低限の良識を要求していた。われわれは、すべての国がプルトニウムと濃縮ウランの在庫に関する情報を公にすることを要求する。こうした在庫表を世界レベルで管理する方法を見つけ実行しなければならない。われわれは、こうした恐るべき物質を監督する国際機関を造らねばならない。それにこの脅威に値する権限を付与するのだ。

（…）こうした要求のすべては、自明のことであり本質的なものであっても、それだけでは核の問題の解決には至らない。原爆と核テロリズムの脅威を払拭するにはただ一つの方法しかない。今日われわれが予見する、高くつくと同時に恐るべき確率で起こりうるものが、明日、われわれの子供たちにとって破滅的な恐怖の現実とならないようにする、唯一の方法だ。われわれはプルトニウムと濃縮ウランを禁止すべきなのだ。それが地上に存在することを禁止するのだ。核大国のない世界を作る以外に、原爆テロの無い、原子力汚染もない、原爆不在の世界は実現できない。

「Si vis pacem para bellum（もし平和を望むなら戦争に備えよ）」、ローマの諺である。人類史は常にこのローマ人の諺に従い、常に失敗した。もしわれわれが平和を望むなら、平和を準備すべきなのだ。原爆を使う政治家は世界を破壊するであろう。だが原爆を禁止する方法を見つけた指導者は世界を救うであろう。すでにアルゼンチン・ブラジル・南アフリカ・ルーマニア・台湾・韓国は、みな原爆製造の計画を放棄した。もし他の国々が放射性物質を持つ核計画を放棄するなら、確実に他の国が従うべき範を示すことになろう。なぜなら他の国がやるから、だ。

この章の見出し「シャーベットへの涙」は、本章の原文には現れないが、本書に収録したクストーの一九九二年の東京での講演に現れるシーンである。ソ連の科学アカデミー会長を昼食に招いたクストーが、この章で説かれる原爆問題に対する科学者の責任を問うた時、自国の政府の立場を伝えた会長が、その直後思わず自分のデザートのシャーベットに涙をこぼす（本書四〇頁参照）。

9　聖典と環境

大宗教の聖典はなべて、地上のあらゆるもの——水、土、野生のいのち——が神聖である、と教えている。そして人間はそれらを冒瀆することを慎み、反対にそれらを守り、はては敬うように、と。それらが不朽であることは、あまつさえ、人間共同体の全体に、信者であろうとなかろうと、このような命令法に潜む深い意味を示している。モーゼは、ヘブライの聖典の核心を書いた者として知られているが、その民に教えを説いたのは、ほぼラムセス二世がアブシンベルの神殿を建てた頃である。だいぶ前から、ヒエログリフの小さな鳥や、ファラオの神殿に刻まれた魚のことは忘れ去られていた。アリストテレスやアルキメデスやソフォクレスのような俗界の哲学者による啓示が、文明をろうそくの踊る炎のように照らした。それは宇宙に束の間の光を広げ、知への絶えざる競争に万民の興味を引き起こし、最後は放棄されていくのである。ところが聖典の方は、今も生きている。ただ単に思考を刺激するのみならず、生活にしみこんでいる。聖典は新鮮さを保ち、その力とそれが書かれた時の実践的側面を残している。

神を信じない者も、時の仮借ない試練を乗り越えた作品の力を尊重せねばならない。それらは磁力を失わず、数千年の時を経て、その力を保ってきた。その間に他の多くの傑作は埋もれてしまったのだ。おそらく真面目な人々は、聖典の知恵に心動かされても、環境に対しては預言者の戒告の力や雄弁さに動かされることはなかったかもしれない。また確かに、ユダヤ人、キリスト教徒、イスラム教徒、ヒンドゥー教徒、仏教徒、道教の徒、儒学者たち――地球人口の半分――は、自然を守るのに神の軍団を動かさなかった。その意味するところは、彼らは目を持ちながら見ず、耳を持ちながら聞いていなかった、ということだ。

(…) 皮肉なのは、二十世紀が自然に仕掛けた攻撃、つまり生物種とその基盤に対するものだが、この攻撃の最中にあって、多くの政治家が進歩の名において、国益の名において、宗教の名まで借りて、それを行っていると釈明していることだ。彼らは神を畏れる愛国者だと言って胸を張る。彼らが神を畏れるのは正しい！　なぜなら彼らは決して自分たちの聖なる書に真面目に注意を払ったことがないからだ。払っていれば、自然に危害を加える者は神の作品を冒瀆しているのだと知ったはずだ。彼らは、神の法則はただ単に人間に自然環境を守ることを命じているだけでなく、この命令に従わない者は地獄に堕ちることになるということを理解するはずだ。

聖典が自然環境について述べていることに、注釈を加えたり抽象的な解釈を求めたりすることは無用だろう。そこにあるメッセージの響きはまことに明らかである。自然は神聖である。なぜならそれは神の栄光を反映するものだからだ。なぜならそれは人間に神という存在の手に触れうる証拠を与えるものだからだ。自然の素晴らしさに背を向ける者は、神に背を向ける者だ。地球号という水中翼船のキリスト教徒の乗客に、つまり「不思議の島」の漫画を読みふける十三歳の少年にも似て天地創造の現実を前にしても無感覚でいられる者たちに、聖パウロはこのように言った。「彼らに弁明の余地はない。なぜなら彼らは神を知りながら、その栄光を称えることなく、神として称えたこともない。……賢者であると自負しながら、馬鹿者のようにふるまっている。……まことに創造は目に見えぬ神の全きを表している。」

同じくソロモンも、その知恵の書の中で嘆いて曰く、「人間は、善きものを見ながら、神の存在を知りえないでいた」。

東方の聖典もまた、人に自然環境を尊ぶことを命じている。それが神の存在のゆるぎなき証拠であるからだ。コーランでは、アッラーはイスラム教徒にこう告げる。「大地と言えば、われらはそれを広げた。そこに山を投げた。そしてあらゆる素晴らしい種の植物を芽生えさせた。神を振り返りたい僕者たちの目を開くために。」預言者マホメットは書いている。「神はあなた達に稲妻を見せる。恐れと希望の源として。神は空から雨を降らせる。それは大地が死んでいるときいのちを与えるからだ。それこそが分かるものにとっての印なのだ。」また更に、「まことに、空と地の創造の時、夜と昼の交代の時、心あるものには印があるのだ。……おお主よ。汝はこれらすべてを無駄に創られたのではない。否、汝に栄光あれ！そして地獄の苦しみからわれらを守りたまえ」。

ヒンドゥー教徒もまた、人は神を崇め、自然環境を敬うように命じている。ヒンドゥーの大宗教書『バガヴァッド・ギータ』の叙事詩においては、神は自然の中に反映するだけにとどまらない。神は大自然なのだ。「この世は我が身に憩う。真珠玉が糸に依るごとく」と福者は言う。「われは水の一滴、われは月、そして太陽の輝き、……大地のかぐわしき香りなり。……水の広がり、われは海なり、われは水に住む者のヴァルナ神なり。……われは水の怪物、大河の王子なり、われはガンガ（ガンジス河）なり。」

こうした預言者たちが明らかに自然を称揚しているとしても、かと言って人間をそれに従属させようとしているのではない。彼らは人間を自然の一部としているのだ。大地は神によって造られた。人は人として大地から生まれた。聖典は大地を神のシンボルとして聖なるものとするだけではない。大地は人間の母として聖なるものとされるのだ。

自然はいのちの源であるゆえ神聖であるという考えは、聖典だけの専有物ではない。この考えは人間の思考に宗教信仰を通して入ってきた。ギリシア人は彼らの自然の女神を「大地」と「他者」を示す語を合わせて名付けた。デメテルと。プラトンは、大地を女に例えてはいけない、なぜならむしろ女が大地に似ているのだから、と書いている。人間が存在する前から、自然は山野を大河の水で潤してきた、そして一度受胎するや、大地のはらわたから生まれた果実をもたらしたのだ、と。「万物の母、大地について私は歌おう」とホメロスはいう。「よき土地よ、神々すべてに愛され、この世のすべての者を養う大地よ……死すべき者にいのちを与えるは汝なり、彼らからそれを奪うも汝なり。」今日でもペルーのインディオは、赤子を地面に置くことでその誕生を祝う。大地の母であるパチャ・ママが赤子を優しくゆすることが出来るように、と。アメリカ・インディアンも大地を母性の力のように敬う。言い伝えによると、あるインディアンの賢者は土地を耕すことさえ拒否した。「刀を取って私の母の乳房に突き刺せというのか？　そんなことをしたら私が死んだとき、母は私を胸に乗せて休ませてくれないだろう。母の皮膚の下を穿ち、骨を取りだせというのか？　そんなことをしたら私が死んだとき、母の体の中に入りこみ、そこからまた生まれることが出来なくなるだろう」と彼は書いている。

先進社会で大聖堂の彫像に囲まれて祈る者、また寺院やモスクで祈る者は、こうした信仰を異教徒と見做して軽蔑してはならない。なぜなら彼らの予言者もまた同じ教えを説いているからだ。近代世界に、人間は大地の内臓から生まれたという考えを付与したのは聖書である。「汝は埃に過ぎず。ゆえに埃に還るべし」。この言い方は、ヘブライ語の原書では更に驚くべき意味を持っている。いま「埃」と訳された語は、厳密には「土くれ」あるいは「土」である。マホメットの言葉はイスラム教徒にとっては、科学より真理を含むとされるが、こう言っている。「そして神は汝を植物のように大地から芽生えさせた。次に汝をそこに帰すであろう。神は汝を、大地に産ませた時から、さらに汝が母の中で胎児に過ぎなかった時から、よく知っておられる。」

大地の肉から形造られた生命は、地上に現れ、海水の胎内で育まれた。そのため水もまた神聖なものとなった。預言者たちは水をいのちの揺籃として崇めている。それはわれわれの血の中に流れるいのち、枯れた枝を癒すもの、枯れた魂を買い戻す。

科学者たちは原初の海の豊かなスープが最初の細胞を生み出したという。何千年も前、エジプト人はヌーという暗い原初の海を語っている。メソポタミアでは最初の水はアプスーという名で知られていた。創世記の著者は、大地そのものが羊水の暗い淵から生まれた、と書いている。「神の霊が水の上を漂っていた。……神はのたまった。水のさなかに蒼穹あれ、……水は生き物を豊かに創るべし、地上と天空を飛ぶ鳥たちを。さらに神は大きな魚たちといのちあるすべてのもの、動きあるもの、水がそれぞれの種ごとに大量に生みだすものを創り給うた。」

近代の顕微鏡と精密測定器具が明かしたのは、われわれの血液の塩の含有量は、いのちが現れた原初の海の塩分含有率に近いということだ。ところがもう一千年以上前、マホメットは同じ科学的真理を、ただ霊感によって語っている。「人を水から造られ、その間に親近性と類似性を保たれたのは、あのお方だ。不信者には見えないのか？ ……水のおかげでわれらはすべてにいのちを与えているということを。信じようとしないのか？」

最近になって初めて、地球上の海洋の一体性が認識されるようになった。つまり水の永遠の循環がある、雨から河そして蒸発が、七つの海ではなくたった一つの海を作っているのだと。だから水のなにかの要素に加えられた害悪は、すべての水に対する害悪なのだ。ところがユダヤ教の古い文書には、ベン・シーラという書記がすでにこの世界の水の総体システムを描いているところがある。「見よ、我が水の流れは河となり、河は海となる。」ヒンドゥー教の知恵もまた現代の知識に先行している。「我が息子よ、東の川は東に流れ、西の川は西に流れる。一つの海は他の海と混じり、すべてはただ一つの同じ海となる。」預言者たちは水を、それが新生児たる地球にいのちを与えたのみか、そのいのちを育んだゆえに尊ぶのだ。海はその中に神の寛大さを抱いている。キリストはその友である漁師たちに言った。「沖に出て網を投げよ。漁をするために。」シモンは答える。「主よ、私たちは夜通しはたらきましたが、何も獲れません。それでも私はあなたの言葉だから網を投げましょう。」網を投げると、大量の魚が獲れ、網がいっぱいになった。そこで彼らはもう一つの舟に居た仲間たちに助けに来るよう合図を送った。「……ペテロはそれを見て、イエスの足元に身を投げた。……恐ろしさに震えていたのだ。」

マホメットは水を尊んでいた。神が水に与えたいのちを育む力のゆえにである。「神こそは慈悲深き雨の先駆けとして風を送りたもうもの。空の高みより清き水をわれらに送り、死せる土地を蘇らせたもうものなり。われらは水を我が被造物に、群れなす家畜や人に与え、よく考えるようあまねく分け与える。だが人間の多くはその恩を知らない。」

体とともに心の糧として、その永遠の源としての水の観念は、「火の土地」パタゴニアのインディオの部族信仰の中心に位置している。私たちはそれを実体験した。南アメリカの南端の山々の連なるこの列島を探検した時、私たちが見たのは、このもっとも原始的とされる人々においては、全くひどい日常生活の厳しい現実のなかにあって、いくつかの信仰が普遍的真理として生き残っている、ということだった。

火の土地のヤーガンという部族のことを初めて聞いたのはランプルール神父からだった。この神父は私をパリの自宅に訪ねてきて、私たちが町から昇ってくる車のクラクションがこだまする中で打ち解けて話していたとき、かつては有力でありながら地上から消え去りかけたこの部族の話を聞かせてくれた。

火の土地のインディオは一八三〇年代に世界的に有名になった。それはチャールズ・ダーウィンが、ビーグル号で行ったあの歴史的な旅の間、書きとどめていた航海日誌にこの部族の記述があったからだ。彼はその地から、グロテスクな獣人についての嫌悪に充ちた記述とともに帰ってくる。「私はこれほど惨めないじけた生き物を見たことがない。その醜い顔は白く塗りたくられ、体は全く裸だ。……彼らの赤い皮膚は垢と脂にまみれ、髪はぼさぼさである。声は耳障り、動作は粗暴でおよそ気品がない。このような人間を見ると、彼らが同じ世界に住むわれわれの同類だとは信じがたい。」ダーウィン自身、彼らを猿と比較している。

ランプルール神父は、インディオの野蛮さを、彼らに文明をもたらした西欧人の野蛮さよりも気にしていなかった。文明世界の特使たちは、梅毒やアルコール依存症の害を広めた。彼らは原住民をウズラのように撃った。最初の遠征隊を受け入れた何千人ものヤーガンのうち、今日残っているのは二四人に過ぎない。それがパリでその日ランプルール神父が私に教えてくれたことだ。忌まわしい野蛮人たちを文明化しにきた者たちは、彼らを野蛮に忌まわしい仕方で消し去ったのだった。

この神父はその生涯を、この絶滅寸前の部族が完全に消滅するのを防ぐために捧げた人である。

私がヤーガンの生存者を求めてやっとこの島々に遠征隊を組んだ時、そこにいたのは八十二歳のしわくちゃの病んだおばあさんだけであった。一つの民族の全歴史がただ一つ、このおばあさんの散り散りに薄れゆく記憶のなかにあった。

お婆さんの島の生活は、ダーウィンの憤慨したコメントの一世紀後になっても厳しかった。この部族のメンバーは、新生児を雪の中で転がすのであった。強い者を残す間引きだ。男たちが子供の世話をし、女たちが魚を採りに潜った。海はこの人々にその主食を与えていた。

海はヤーガンの人々にとって身体的だけでなく精神的な支えであった。この民は、世界は一つの大きな海であり、陸はその上を漂う小さな脆い小舟だと信じていた。この液体のコスモスの上に鯨が君臨していた。ヤーガンの人生の節目の時にリヴァイアサン(鯨)に敬意を払う儀式があった。部族は鯨がその岸に迷い込む希望があるときは、結婚や成人式さえ延期した。怪物の一つが岸に打ち上げられたときは、部族のメンバーは、鯨が本当は無力なのではなく、彼らのシャーマンが助けに来られるよう無力のふりをしていなさいと説得したのだ、と信じ込んでいた。村の男たちはそこで巨大な動物を細切れにし、その肉を宗教的儀式に用いた。すべての信者を養ったあとは、鯨は奇跡のようにその姿を取り戻し海へ還って行く、と信じ込んでいたのであった。

人類を養うほどに寛大なもの、水、先賢古聖によれば、それは清らかゆえに大きな役割を果たす。人体を犯す悪病とともに魂をむしばむ罪をも洗うほどに清らかなのだ。

水は清めるもの。手足なき者、目の見えざる者たちは風呂桶を満たした。エルサレムの民がべテスダと呼んだものだ。「天使が、ある時、このプールに舞い降りる」と使徒ヨハネはいう。「水がこうして揺れたあと、最初にそこに入った者は、いかなる病であれ癒された。」

ガンガ・マ、母なるガンジス河。大河の贖罪の女神はヒンドゥー教徒に聖なるものとされ、ベテスダが肉体を癒すように精神を癒す。ガンガは冬はシヴァの髪のなか——氷のヒマラヤ——で過ごす。春になると彼女は雪の峠を流れ落ち、海まで下る。ヒンドゥーの言い伝えでは、その春の旅の折、彼女は六万のヒンドゥーの魂を清めるために歩みを止めるという。もし死にかけの人の舌の上にその水を何滴か滴らせたら、それだけでその魂はあがなわれるのだ。ヒンドゥー教徒はこう祈る。「おお水よ！　われらの罪を洗ってくれるようあなたを呼ぶ。あなたはきっとそうしてくださるから。」

キリストその人も水への尊崇を露わにしている。洗礼者ヨハネにヨルダン川での洗礼を頼んだ時だ。イエスが水から上がった時、「彼は空が開き、神の聖霊が白鳩のように彼に舞い降りるのを見た。そして空から一つの声が降ってきた。『これは我が愛する息子、我が愛のすべてを注ぐもの』」。今日、主はなんという言葉を発せられるか、自問せざるを得ない。もし人間が自分たちの緑がかった泥を、不要となった武器の残骸を、核廃棄物を——それはキリストの洗礼とわれわれを分かつ年数の百倍も長い時間、水を汚し続けるのだ——、それらを垂れ流していることをご覧になったらどういわれるだろうか。本来は養い、清め、罪をあがなうために創られた水の中に流しているのだ。いまキリスト教の信者たちがもし神の国に行こうとするのなら、彼らをこの液体で洗わねばなるまい。

神の慈悲の源である水は、聖書を信じるならば、尊敬されねばならない。それはまた水が神の怒りの道具ともなりうるからだ。

「神は地上にすむ人々の悪意が極端であることを知り、……地上に人を造ったことを悔いた。神は心の底まで痛みを覚えられた。」

そして大洪水が起こった。

過去の長きにわたって、賢人たちは奇妙なほど同じような大洪水の物語を語っている。絶望的に背教者である人間たちの上に容赦なく襲いくる洪水の話だ。マホメットはアッラーの言葉を伝えている。「われは汝らの行いを深く憎む。かくしてわれらは彼らの上に雨を降らせた。われらが警告した者たちにとっては運命の雨だ。」

こうした記述によって、宗教の創始者たちは水の意義を不死のものとしている。アルファとオメガのように、水は初めと終わりを同時に象徴している。生命はそこから生まれ、それによって無に還る。人類を溺れさせた洪水はまた方舟を浮かべた。そこに積まれた貴重な荷物が恐るべき深淵へと沈みゆかないように。

しかしノアの方舟の神話には、もっと先があるのだ。その象徴するところが水の力を際立たせるとしても、それはまた動物のいのちの聖なる本質を告げるメッセージなのだ。主はノアに告げた。「すべての聖なる獣の雄と雌を連れてきなさい。……その種が地上に生きて残るように。」

これ以上明らかなことがあろうか？　大洪水にあたって、人類の第一の義務はいのちの多様性を維持することだったのだ。一つの種も消え去らないようにすることだったのだ。神がこの務めを地上に残ったたった一人の徳ある人に託したのは、この命令の厳粛さを際立たせるものだ。したがって一つの種の絶滅に責を負うものは神のいのちに背くものだ。

（…）ブッダは、動物のすべてを守るべくはっきりとした命を発している。「いかなる人間であれ、大中小を問わず、大人も子供も——平安のうちに暮らせ。何人も決して、いずこにあっても他者を辱めさげすんではならない。すべての生き物に限りなく心を尽くせ。母がその一人子をいつくしむように。」

孔子は、野生動物が、犠牲とされるものとは程遠く、人間との一つの結びに参与していると教えた。「もっとも高い知性を持つからと言って、人のみが一人宇宙に存在するのではない。その精神はまた鳥の精神でもあり、獣たちの、草の、そして木々の精神でもある。」

（…）まことに信じがたいことであるが、キリストの兵の一部は反対の方向にものごとを進めようと共謀している。聖書のことをなにも知らない人によるのではない。何人かの聖書の専門家によるのだ。研究者の何人かは、聖書は、信者に地球環境を尊重するよう促すのではなく、それをばらばらにすることを勧めているという。聖典が自然は神のシンボルであると教える時の侵しがたい明白さを考えれば、このような考えこそ神の冒瀆なのだ。

こうした学者たちは、聖書のいわゆる反環境主義を二つの章句を引いて証明しようとする。「産めよ、増やせよ、地に満てよ。地を従わせよ。海の魚、空の鳥、地を這うすべての生き物を治めよ。」もう一つ、「（あなたは人間に）あなたのつくり給うたものを統べる力を与えた。あなたは万物を人間の足下に置いた。まことに羊や牛、野の獣、空の鳥、海の魚、波間に泳ぐもののすべてを。」

これらの章句が、人間に自然に対する完全な権威を付与するものであることは誰も否定できない。そこに人類が大地とその資源を開発せよとの教えさえ読み取ることが出来よう。環境保護主義者によってとられた政策は完全にそれに同調する。人は大自然という「資本」の生み出す利子で生きねばならぬ。自然の資源の取り返しのつかない破壊——全口座の破産——を環境保護主義者は断罪するのだ。そして聖典も、その教育的反対論はさておき、それを断罪しているのである。聖書を別の仕方で解釈しようとする者は誤訳の罪を犯すことになる。

これらの学者の議論は地を「従わせる」という語に依っている。また動物たちを「治めよ」という語もある。だがヘブライ語の原典では、預言者たちの意図はもっと明白である。フランス語訳での“empire”という語は、ヘブライ語の“radah”の訳語として使われたのだが、ラダは牧人としての王による守護を意味するのである。預言者たちは、他のところで同じ言葉をソロモン王の高貴さと心の広さを表すのに使っている。このような仕方で自然を支配することを命じるのは、征服せよということではなく、守護せよということだ。偉大な王がその臣下を守るように。預言者による“soumettre”（治める）の語の使用に関しては、そこには接続詞が付いていることを知るべきだ。人は治め、そしてすべての生き物の繁殖を確保すべく命じられているのだ。

もちろんほかにも、聖書に反環境主義的な解釈を行う者に対しての抵抗できぬ立論はある。自然環境は神の偉大さを映すものとの聖書の幾多の章句を語らずとも、ある意味で自然は人を上回ることを明言したものがある。大洪水のあと、神が二度といのちを水で滅ぼすことはないと約束したとき、神は、人にではなく、この星にたいしてその約束の素晴らしいシンボルを送ったのだった。「われは雲の中に虹を置くべし、そは大地とのわれの契約の印なり。」敬意と謙譲の念を込めて、旧約の別の賢者は嘆願する。「あなたの天を、あなたの手になるもの、あなたの創られた月、星々を見る時、あなたがこころを痛め給う人間とは一体なんであるのか?」

(…)だが聖典はシンボリズムや寓話やまた自然に優しくとの教えだけにとどまっていない。多様な宗教の指導者たちは、はっきりと、人間の生活の質自身、人間がいかに大地を扱っているかにかかっている、と説いている。仏教徒は環境の劣化にはモラルの劣化が伴っていると教える。僧侶たちはいう。人間の本性が最悪の状態になったとき、今度は自然環境が危害を受ける。したがって平均年齢は低下する。それに仏教徒はこう述べている。自然が守られた時、それは健康なだけでなく道徳的な人間社会を生み出す。

ブレストでの私の海軍大学への入学試験では、三時間で、試験官が選んだテーマについて小論文を書かねばならなかった。そのテーマが儒教と道教であった。私はこう書いた。双方とも、人の幸福は彼らがいかに自然環境を扱うかにかかっている、と教えている。儒教は神道と同じく、人の自然との和の欠如が戦争となる、と説いている。伊勢の神宮は神道の神社の中でも最も聖なるものだが、きれいに手入れされた田圃が原生林の端まで広がる場所に建てられている。それは人間が大自然に対して抱く尊崇の念を表すものであり、それは彼らが近所の土地を耕し優しさをもって生産しようとするときも言えることだ。

道教は微妙に違った理想に基づいている。われわれは自然と並んで生きるべきではない。反対に自然と競合すべきである。私はいつも自分が道教の生まれ変わりではないかと夢想した。それは大地から立ち上る優しい匂いを嗅ぎながら木の下で憩う者のようで、その人はあるメロディーをその笛で奏で、自分の出す音と風のさざめきの類似に酔いしれるのだ。「自然に和するは道に和するなり」と老子はいう。「道に和すれば永遠なり。その一生は悪から守られるべし。」

（…）自然が振りまいた前触れが分からなかった者は、暗い運命を前にした罪びとたちだけではない。国家元首や政治家たち、そして人がどのように環境を扱うかを決める政府の計画の行政官たちは、すべて神の前で、地球の環境破壊の責任者となるのだ。われわれは彼らを、国家に対してわれわれを代表するものとして選んだ。預言者たちは彼らを、全能の主に対しわれわれを代表するように任命した。イザヤは叫ぶのだ。「気をつけよ。大地は涙している。彼女は崩れ落ちそうだ。気を失おうとしている。彼女が倒れたらもはや起き上がることはあるまい。その時、主は世界の王たちを訪れるであろう。そして王たちを集め、束ね、溝に投げ込み牢屋として閉じ込めるであろう。」

（…）

10　科学と人間性

私はいつも海の下には何があるのかをいぶかっていた。海面の下ではない。海底の砂の下のことだ。ソナーの謎めいたメッセージにその秘密が隠れていた。そのあざけるようなシグナルは底から跳ね返ってくるだけだった。ただ海底の地形の輪郭を描いているのだ。その下に埋もれた未知の地質学的な領域は、旧友ハロルド・エドガートンにとっても興味をそそるものだった。私たちは彼のことを「パパ・フラッシュ」と呼んでいた。連続写真の撮れるストロボランプを発明したからである。ドック・エドガートンと私は、何時間も深海にカメラを降ろすのだった。だがその海底の光景も、私たちの執拗な知的欲求、つまり泥に覆われた海底の神秘的な層に埋まっているものを知りたいという欲求を和らげるものではなかった。ドック・エドガートンは遂に地下の奥底を探索する方法を編み出した。彼が発明した装置はブーマーとスパーカーというもので、強力なシグナルを一五〇〇メートルの底まで送ることが出来るものだった。複雑な電子反響が底から返ってきて、この地球の海底の地殻をどのような堆積物の層が包んでいるのかを明かしてくれるのだ。私はすぐこの新機材をカリプソ号に装備した。そして電子工学の優れた専門家を雇い入れ、地中海がどのような地床に支えられているのかを見つけようと出発した。

多くの海洋がそうであるように、地中海の沿岸も海中では急斜面の断崖が「海溝の平野」まで急激に落ち込んでいる。この広い平野はたいてい舞踏会の広間のように滑らかで、平らなのだ。ニースからコルシカまでの半分を行ったところで、私たちはほとんどわからないような小さな小山をいくつか見つけた。普通の砂の堆積物に過ぎないと言われても仕方がないものだった。本当にそうなのか？　われわれは好奇心に駆られた。船を停めた。カリプソ号から、われわれはあらゆる角度からこの堆積物にシグナルを発射した。船上でモニターに映し出される映像は地球のレントゲン写真に似ていた。それが示していたのは、海底には、堆積物の下に、四方八方に何キロにもわたって、何か硬いものの水平で広大な層がある、ということだった。私たちのすぐ下で、その層がゆがみ、柱のように持ち上がっていたのだ。まるで大地の中からわれわれに突き出された指のように、その端はほとんど海底の表面に触れていた。われわれの目の前の小山を上に持ち上げるように……。そしてそれは塩のドームだったのだ！

地質学者たちは以前から、地中海はかつて内海であったと考えてきた。私たちはそれに対する具体的な証拠を見つけたのだ。私たちの発見が明かしたのは、現在のような大西洋からの水の流入が無いとき、地中海はある時期、部分的に干上がり、海水の蒸発が塩の層を残すことになった、その層はおそらく厚さ七五メートルに及ぶ、ということだ。それがゆがみを生じ、われわれが観察したドームを形作ったのだった。われわれはこの発見を急いで科学アカデミーに報告し、アカデミーはわれわれの論文を発表した。興奮冷めやらぬ中で、私の心中には嫌な現実がまとわりついていた。石油産業のボスたちはみな、塩のドームにはよく炭化水素が閉じ込められていることを知っている。われわれが見つけたドームは深海の約二六〇〇メートルの海底にあった。そこを掘るということは極めて危険を伴うことで、事故も避けがたいことだ。サンタ・バーバラの沖の比較的浅い海での掘削から漏れ出た石油は、メキシコ湾での掘削とともにかなりの被害をもたらした。こうした現象は地中海の深海では大災害を引き起こすだろう。ここの水はほとんど閉じ込められた水で、ゆっくりとしか更新されない。石油は海の植生に取り返しのつかない危害を加え、すでに汚染とツーリズムで抹殺されかけている数少ない海生動物を脅かすことだろう。

私は何をやってしまったのだろう？　発見を公表することで……。心中にはふつふつと後悔の念が湧きあがってきた。このように公開された私たちの記事の情報が利益を追求する官僚に掘削の誘惑を吹き込まないだろうか？　すべてのリスクも顧みず、環境を危機にさらして……。だが私はまた、科学的研究に参加する者として――地球市民として――自分自身で地上のすべてで未知のニュースを追い、その一つ一つの測りがたい複雑性に喜びを見出す者として、社会がそれを知る権利があるかどうかを決めるのは私ではない、と分かっていた。私は道徳が命じる唯一の選択をしたのだった。

私のささやかな科学との出会いにおいて、私に一番問題となったものは、ますます脅威となって行く科学発展に立ち向かわなくてはならない人々を悩ませてきたものだ。われわれが研究に酔いしれていた時代があった。今日、われわれはこうした発見が悪用されたことに本当の二日酔いの気分でいる。生物学は生命を研究するが、それが殺人の道具としての生物兵器による戦争に向けられるのをわれわれは見た。化学は病気を治す薬を造ったが、それはまた汚染も誘発した。物理学は新しい宇宙観に到達し、われわれの精神を解放したが、同時にわれわれを原子力兵器に導き、人類を奴隷化した。心底ではわれわれは、科学は「純粋」だと言い張ってきた学者たちを呪っている。われわれは、彼らがその魅惑的な発見を開示したことを呪っているのだ。

しかしながら、この不安定な、そしておそらくは人類が生きる最後の期間にあって、学者たちが自然の力を特定したことを呪うことは、建設的な態度ではなく、健全でもない。もはや生活の質だけが問題なのではない。今日脅かされているのは「生存の可能性」そのものなのだ。もしわれわれが生き延びたいのなら、理解すべきは、学者たちを非難攻めにしても何も前には進まない、そうではなくそのメッセンジャーを断罪すべきだ、ということだ。現在重要な決定は、学者たちが行うべき、または行うべきではない発表にあるのではなく、そうした発見がいかに使われるかにあるのだ。ところがまさしくこの決定を、われわれ庶民は諦めつつある。われわれはわれわれの運命に関わる緊急の選択を放棄し、少数の軍人あるいは産業界のエリートにそれをゆだねている。

(…)科学の意味を理解している者は少ない。殺人的な技術が科学的発見から自動的に飛び出すように見えるところから、ほとんどの人はこうした危険な技術が科学の苦い果実であるように思い、科学が悪の根源であると思い込む。しかし現在、多くのものが明らかに科学の介入で成り立っているとき、選挙権者であり納税者であるわれわれが、科学と技術を混同することがあってはならない。「純粋科学」と「応用科学」の違いである。

「純粋」な科学者は宇宙を発見する。応用科学の学者はその研究を使える製品の開発に集中する。私に海の中を見るための装置が必要となったとき、エミール・ガニャンと私は、ガスの圧縮に関するよく知られた科学原理を使って自律潜水器具アクアラングを発明した。われわれは科学を応用したのだ。アクアラングは道具に過ぎない。コンピューター、CTスキャン、ワクチン、レーダー、インターネット、ミサイル、爆弾その他の科学の応用と変わりはない。それに対し、純粋科学を表すのに一番いい標語はマイケル・ファラデーの有名な回答だろう。彼は、自分の最近見つけた電磁波について、首相がそれはなにかの役に立つのかと聞いたとき、冷たくこう言い捨てたのだ。「子供はなんの役に立つのですか？」

科学の応用に興味を抱く学者だけが「役に立つ」金の鉱脈を見つけようとする。それは高級官僚や政治家から指令をもらっているからだ。純粋な科学者は何も得ようとはしない。彼は探さない。そしてすべてを探す。科学の応用に興味を抱く者は（資源の）探索者だ。純粋な科学者は探検家だ。

クストーはこのような定義による純粋な科学者でありたいと願っていた。自分のすべての探検は

「用」ではなく、ただ知りたいという欲望、Libido sciendi によるものだった、と言う。

「理解は行動の敵だ」とニーチェは書いている。私はこの言葉に真理の牛追い棒のようなものを感じていた。この言葉が私の小さな世界にも当てはまることを知って……。今日、私は利を得ようとする潜水夫が私の自律潜水器具（スキューバ）を何に使ったかが分かる。彼らはそれを、サンゴ礁を破壊し、その破片を土産物として売ることに使っている。魚を根こそぎ獲るため海中の洞窟を壊しているのだ。魚たちが漁師の網を逃れ身を隠していた隠れ家を、である。今となると私は、この道具がもたらした善きことが悪いことに勝るのかどうか疑っている。もし私が過去に還ることが出来たなら、この道具を商業化したかどうかわからない。

社会現象を分析すると、何人かの純粋な科学者も、一見無害な発見が痛ましい経過をたどることによく動揺している。ニーチェの公式に当てはまることだ。多くの細菌学者は、彼らの発見がいつの日か政治家によって使われることを危惧していると公式に宣言している。未来学者のハーマン・カーンは、『ニューヨーク・タイムズ』への記事で、「禁じられた知のインデックス（目録）」の作成を求めた。十六世紀ヴァチカンによって発表された「禁書目録」の現代版である。他の人たちは科学の進歩を止めるため、科学研究への奨学金を廃止し、電子顕微鏡を含む研究に不可欠な設備を封鎖することを提案した。こうした絶望した人々にとって、科学を譴責することは一種の防火扉のように見えたのだ。そのように科学的発見のもたらすものを深く懸念するものは、基本的自由の一つ、学ぶことの自由を消去しようとするものだ。そして一つの不可避の事柄を考慮していない。禁止はそれ自体弾圧的で全体主義的なのだが、宇宙に対する閲覧と禁止は全く不可能なのだ。

焚書を行ったとき、灰となるのはページだけだ。アイデアではない。まさしく同じことが宇宙でも起こる。一人の人が見つけられなかったものが複数の学者の同時発見で露わになることがある。各自はそれぞれ遠く離れた国で独自に研究していたのだ。何人たりとも知識を検閲の下に置くのに成功しないであろう。何人もその存在を否定できないからだ。自然を見る目を閉じることはわれわれを真昼の夢にとらわれたように盲目とする。十七世紀の名だたる学者たちがガリレオのメガネで見ることを拒んだが、それは木星の月たちが回るのを止めなかった。また世界がついにその存在を知るのを止められなかった。

(…) 科学は精神性のなかで生まれた。大地の不思議さにこころ打たれ、人々は自然を自分たちに一番明瞭だと思われる仕方で説明し始めた。まるで神々が治める魔法の領地のように……。数千年の時が流れたが、中世からルネサンスに至るまで、科学は宇宙の光景に取りつかれた人々の領地であった。彼らは宇宙を最高の贈り物として熱愛していたのだ。修道院は科学的知識の小島であり、学者たちは人間存在のすべての成果に呼びかけた。音楽、人文学、美術、信仰——それらを理解し、より豊かにするために。

その頃は人間の本性が異なっていたというようなことはない。初めから人間は権力を濫用してきた。バビロンの神官たちは、自然現象のうち説明された最初のもの、日蝕の秘密を、信者たちを恐れさせるために使った。アルキメデスとレオナルド・ダヴィンチは二人ともその研究費を、戦争の道具を造る才能を見せびらかして獲得していた。そしてほぼ確実なのは、ガリレオが、大砲の弾丸の軌道を計算するためにもらったお金で天体の軌道を計算することを考えたらしいことだ。昔の科学の害悪と現在の科学のそれとの違いは、その成功度(結果)だけだ。もし同じ動機を持って一人の人が砲弾の軌道と核ミサイルの軌道を描くなら、そのそれぞれがもたらす結果には大きな違いが存在する。

しかしながら、年月がたつほどに、学者たちが説いていたいのちへの根元的な畏敬の念は、彼らがたびたび犯す間違いの破壊的性格のおかげで変わって行く。科学にとっての最初の大切な時——研究者たちが霊感を受ける感覚を失い始めた時——は、突然訪れたのではあるまい。例えば教会と科学の突然の離婚に関する伝説にあるように、ガリレオの異端裁判の時だ、ということは出来まい。その頃の大多数の科学者は深い信仰を持っていたのだ。ケプラーは惑星の移動のスピードをそれらの軌道と調和を関係づけることで割り出したが、自らを詩的に「神の証人」と称していた。ガリレオはどうかというと、もし修道士たちが書物としての聖書を解釈しているとしたら、彼は神の生きた聖書を解読しようとしているのだ、と言っている。

科学者は新しい神父になったが、その自然を見る目は、葬儀屋が死体を見るような目となった、とクストーは言う。

（…）新たな権威を与えられたのに感嘆の感覚を失った科学者たちは、彼らの知性が見つけることの出来る現象よりも自分自身の知力に夢中になって行く。ガリレオが全く感動することなく自分の実験方法を考えていたころ、ベーコンは「知は力なり」と宣言した。そのすぐ何年か後、デカルトはこの新しい「実用的な」科学的方法が、「われわれを自然の主人にして所有者とした」と明言した。ヘルマン・ヘルムホルツというその頃の大心理学者は、軽蔑をこめてこういっている。「もし誰かが私に人間の目を送ってきて、反射と屈折のテストの道具として使ってくれと言ったなら、私はそれを製作者に送り返しただろう。」

この生命の軽蔑を伴った傲慢な力の追求は、科学の新しい舞台装置を作り上げ、それは危険なものと分かってきた。しかし、武器生産の分野でのいくつかの介入を除けば、科学者の基本的な善意は何世紀にもわたって変わらなかった。科学者そして哲学者の多くは——ベーコン、デカルト、カントを筆頭に——科学者が新しい可能性をより良い世界の建設に使うだろうと予言した。だが大きかったのは彼らの夢だけであった。彼らの力は弱かった。前世紀に至るまで、あまりにも長い年月が——五〇年から一〇〇年が——科学的発見が現実のものになるまでにかかった。善悪を問わず、である。

残念ながら、発見と技術の間の溝が遂に埋まった——つまり科学者がその発見を素早く発明に結びつけることを習得した――まさにその時、第二次世界大戦が勃発した。人類はその宇宙的な力を、まさに各国が競ってそれを使おうとしていた時に取得したのである。世界中の軍隊が科学の二度目の記念日を記録する。軍は科学者たちの力の追求を我がものとしたのだ。それを軍事的優位という軍の要請に変えたのであった。世界はかつて見たことのない戦いに身を投じることになる。ウィンストン・チャーチルが「手品師の戦争」と揶揄した戦いである。

(…)戦時にあっては、常に軍をあてにする政府の執行部と結び、軍人は科学者から科学的発見のコントロールを奪った。アインシュタインは、ルーズベルトにその相対性理論とそれを原爆製造に応用しようとするドイツの意図について話した。だがその後は、この近代でもっとも有名な学者は、自分の発見がデュポン社の用いた方法に採りいれられ製品となることの議論にも一切参加していない。科学者たちは、原爆の使用についての決定から隔絶されていた。一方その使用を決めた指導者たちは、放射能が引き起こす遺伝子の損傷の危険についてはなにも聞かされていなかった。チャーチルも、一般市民を標的にするというトルーマンの決定に賛成したその後継者クレメント・アトリーも、また歴史が示すところでは、トルーマン自身も、核兵器が最初の爆発による死者を超える損害を後に残すということを知らなかった。その一八年前、放射能が遺伝子に及ぼす影響に対してノーベル賞が与えられている。だが反対したに違いない生物学者たちは、爆弾を建造していることを知らなかった。政治家たちは核兵器の使用を許可したのだが、彼らも部分的にしか情報をもらっていなかった。軍だけがパズルのすべてのピースを持っていたのだ。

彼らだけがすべての決定を行った。学者はその神父の役から外されていた。

軍の司令部が科学の新たな長老の役に就いた時から、彼らはどのように、われわれの科学に対する、宇宙の探索に対する、また未知なるものの探求者としての科学者自身に対する態度を変えたのか？「戦時の政治家にとっては」と、ある日I・I・ラビ（ノーベル賞）は苦々しく述べた。「マイクロ波の理論に到達した科学者は、またメーザーやレーザーに到達した科学者は、知識のあるサルに過ぎない。そのサルはヤシの木に登り、一番いいヤシの実を落とす。」つまり軍人は科学者を単なるレスキューの役に引きずり落としたのだ。軍の仕事にとって受け入れられるとみなされた学者は、もはや自らの発見の主役ではなく、その結果の主役でもない。戦時中地位が引き上げられた学者たちは、物理学者で原子爆弾の父であるロバート・オッペンハイマーの説いた価値観に同調するものだ。「技術的に魅力的な何かを見つけたら、前へ進め。それを造れ。それをどうするか論じるのは技術的に成功したあとだ。」

技術的に魅力あるものへの嗜好、これに毒された科学者たちは、もはや戦争の要請にこたえることでは満足しなかった。もっと先に行った。人類の科学が二人の生物学者にいかに捻じ曲げられたか、その二人は生物学戦争の考えを抱き、率先して戦争省にそれを知らせたのだった。ハーバードの一人の教授がどれほど科学を害したことか？　彼は「冗談に」ナパーム爆弾を造ったのだが、そのおかげでアメリカ空軍により、東京の何千という人々が一夜にして焼き殺されたのだ。

私は戦争の「要請」を知っている。第二次大戦の最中、私の国のため、愛国心に駆られて戦った。またレジスタンスに参加し、ナチズムと、またファシズムと闘った。だが苦悶のイメージが今でも記憶に残っている。私は巡洋艦デュプレクスに乗船していた。艦隊はもう二隻の巡洋艦と、それを駆逐艦と魚雷艇が援護する隊形だった。われわれはイタリアの海岸に向かった。ある夜、ジェノヴァの沖で、私は一斉射撃を聞いた。破壊のうなり声、死の音だった。その夜ジェノヴァで死んだのは軍人ではなく、海兵でもなかった。それはこの町の住民だった。妻たち、夫たち、子供たちが死んだのだ。各国ともそれまでは考えられなかった、非戦闘員たる一般市民を殺す行為を行うようになったのだ。そして私の船もそれに参加していた。私は大砲の声を聞いた。だが光景は見なかった。その夜、誰も艦橋にはいなかった。砲撃の間、私は部下たちとともに居た。砲塔で射撃を指揮していた将校が拡声器で砲弾の着地点をアナウンスした。三回目の祝砲は、彼の言うところでは的の真ん中に当たった。われわれにはわかった。そしてわれわれは皆一緒に泣いた。

レーダー、近接発火装置、ソナー、射撃の自動制御装置、それらすべては地獄の産物である。技術と科学の結合から生まれ、軍人に、夜、恐るべき正確さで、眠っている家族を皆殺しにすることを許すものだ。戦争の要請だけでそれらが出来たのだろうか？　あるいはその存在は、部分的には学者のテクノロジーへの弱さによるのではないのか？　オッペンハイマーがついに公的に、戦争中物理学者は「大罪を犯した」と述べたとき、その原爆計画に携わった学者たちは憤慨してその解釈に反対した。後悔の念を拒否した。フリーマン・ダイソンは、今日宇宙探索の理論で知られているが、戦後こういった人たちにたくさん会っている。彼は彼らが原爆製造時の古き良き時代を語るときの無邪気な喜びを見て取った。「科学者の大罪は死の兵器を考えたことではない」とダイソンは気が付く。彼らの国がヒットラーのドイツとの死闘を繰り広げていた時、原爆を造るのは道義的に正当化されるものであった。「だが彼らはそれを造るのに喜びを感じていた。馬鹿みたいに作ることを楽しんでいた。私の思うに、オッピー（オッペンハイマー）が大罪を犯したと言った時考えていたのはそれなんだ。彼は正しかった。」

軍人にとって、このような態度は科学者を理想的な人形にすることだった。もはや研究者は個人ではなく、財産であった。紛れもなくスーパー兵器であった。ヨーロッパの戦争が終わったとき、フランスやアメリカや英国やソ連の兵たちはドイツに雪崩れ込み、国家の財宝、宝石、土地その他の戦利品を奪ったか？　伝統的には勝者がそうしていたように……。全くそうではなかった。彼らは競ってドイツの科学者を探し、これらの学者を「戦利品」、そして「知的賠償」とまで呼んだのだ。アメリカはナチの科学者に市民権を与え、日本に対する彼らの協力に報いた。ほんの二カ月前には、これらのナチの学者は日本人に彼らのミサイルの工場を見学させて、アメリカを撃つのを助けようとしていたのに……。原則は目的の犠牲になっていた。最強の爆弾を執拗に追い求める中、矛盾に満ちた愛国心は変形可能なものとして忘れられた。良心を売ろうとしなかった学者は、単にわきに抛ちおかれた。ロバート・オッペンハイマーは、核兵器の準備に取り組んでいた間はずっとアメリカ軍人の寵児であった。だが彼が原爆に加えて水爆の製造にまで至る軍拡競争の加速に反対の意を表すると、軍は彼を排除した。フランスでは原子力委員会長官であったフレデリック・ジョリオ゠キュリーが原爆製造に抗議したら、直ちにラウル・ドートリーに取って代わられた。この人はその責務をこう言って果たそうとした人だ。「政府にとって最高の学者とは上司に従う技師だ。」

戦後、産業がわれわれの科学に最後の一撃を加えた。軍人の権力追求に、商業の利益追求が加わった。もちろん科学と産業の合体は必ずしも悪いことではない。産業革命の初めでも、何人かの世界的大学者は利他的な仕方で、その才能を社会全体が経済的にも何らかの利益が得られるように使った。パストゥールはその細菌に関する理論を「低温殺菌」に応用し、フランスの酢の産業を救った。彼はまた、蚕の病気の原因と処置法を発見し、養蚕業者に何億フランかを倹約させた。彼はその発見からなぜ正当な利益を引き出さなかったのかと問われた時、こう答えた。「フランスでは、学者はそんなことをしたら自らを卑しめることになる。」

（…）一九六三年、ペンタゴンは未来への前進を止めた。前進はそれがなければ不可抗力であったはずだが、それは驚くべき書類だった。それはそのタイトルの示す通りヴィジョンに欠けるものだった。「過去への帰還作戦」、無作為ながらいみじくも選ばれたものだ。この研究によれば、アメリカ軍による純粋科学研究への巨額の資金は、軍備の領域で十分な成果を生み出していないという。アメリカ議会は、この短期的視野の考え方に法の力を与え、マンスフィールドの修正案を可決した。それは直接軍事的成果に結びつかないあらゆる科学研究に軍が予算を割り当てるのを禁じるものであった。この修正案は「ジョンソン法」の名で知られているが、ヨーロッパの優れた学者のアメリカの研究室への流出を止めた。

科学に充てられるその他の資金のほとんどは産業界からのものであり、そのような資金はほぼ全部応用科学に向けられたものなので、アメリカの純粋科学は少なからず元気を失った。この時から事態は深刻化の度を増している。今日、アメリカの科学予算の大部分は兵器の研究に費やされている。連邦の科学予算の約四分の一は科学の応用に向けられている。純粋な研究、束縛の無い探索は、アメリカ政府が科学に費やす資金のうちでは小さな比率に過ぎない。

アメリカへの科学者の移住は、ほとんど反対に、合衆国の他国への移住、ただし結果の出ない移住となった。すべての国は合衆国の後を追い、(集団自殺する)タビネズミの群れのように、科学の沈滞の海に走りこむのであった。

真理は単純だ。応用科学は改良を生み出す。だがそれは技術のブレイクスルー(新領域)ではない。偉大な科学的進歩は純粋科学から生まれるのだ。「有用な」応用で有名な学者も、その成功例をみると、彼らが具体的目標を追求することを止め、精神を遊ばせていた時に起こっている。例えばペニシリンを発見したときのアレクサンダー・フレミングだ。(…)

大衆は科学が実用的であることを求めているのか? 進歩とは経済的・軍事的なもので、知的進歩は考えていないのか? われわれ大衆は純粋科学に充てられる予算の削減により知的損害を被って

いる。企業からの資金提供にはひもが付いている、とクストーは指摘する。

例えば一九七〇年のことだが、私はベシュテル社からの依頼で、カリプソ号を含む四艘の船を使って、チュニジアから地中海を横断してシシリアに至る天然ガスのパイプラインを引くべき線を調べたことがある。われわれはまずソナーを使って海底の全体の地形図を作ろうとした。それで毎日、（私の右腕である）ファルコが、小さな海中探索船ソーサーを使って深海に潜り、問題のある区域を直接調べ、海底の細部の状況を録音機に記録した。

その年の十月三十日のことである。ファルコは海中深く潜水ソーサーを操りながら、傾斜している海底をパトロールしていた。彼が水深二二五メートルに達したとき、多くの黒いものが砂から突き出ているのがソーサーのプロジェクターの光の中に浮かび上がってきた。古代の陶器だ！　彼はソーサーをその残骸の上に来るよう操作した。彼にとってそれは疑いもなく泥に埋まった船の残骸だ、と録音機に吹き込んでいる。年月が経つとともに船体の木の板は腐り、陶片と金貨や金属器具の残骸が腐敗を逃れて海底に横たわっている。その形が消えた船の形を描いている。

ところがこの敬うべき幽霊には何か変なところがあった。積み荷の描く形が今までファルコが見つけたローマの船とは違い、全長がもっと長く、幅がもっと狭いのだ。彼はソーサーをその残骸の真上に持ってきた。船の装飾品はブロンズだ！　すらりとして……船足速く……豪華な装飾。

商船ではない！　ファルコは自分がその眼下に見ているのは、きわめて古い軍艦だと理解した。フェニキア人は――聖書ではカナン人とされているが――この種の長くて幅が狭い軍艦を造っていた。だがほんの少量のアッシリアの貨幣が、それも今日ではほとんど姿を消したのだが、現代世界にこの種の船舶の姿を証ししてくれるだけだったのだ。詳細は伝えることなく……。ところが突然、ファルコは暗闇の中で威嚇するような形を見た。ベリエ（破壊角）だ！　青銅製の！　フェニキア人は、その船にこの種の恐るべき武器を載せた最初の民族としても知られていた。

この埋もれた船は、ヴァージニアの海岸沖の戦艦モニトールや大西洋の底深く沈んだタイタニックのような単なる記念碑ではなかった。この船は、一つの文明、その文化が人類の記憶から大分前から消え去ったその文明の残したメッセージであった。そのことを彼はソーサーのテープに郷愁を込めて語っている。彼は出来たらそこに留まり、パイプラインの設置図の仕事を放棄したいくらいだったという。だが彼の責務のため潜水ソーサーの機械鋏みは小さなブロンズの破片を拾い上げるにとどまり、彼はそれを後で、一日の仕事が終わってから引き揚げたのだった。

ファルコの見つけた沈没船がフェニキア人のものであれば、それはかつて地中海をその船団で徘徊した文明に属するのだ。それは一握りの彷徨える土民がいつの日かローマとなる丘の頂上に定住した二千年も前のことである。この船は地中海の東部全域を牛耳っていた文明のものだった。ソロモン王が聖書にあるイスラエル王国を治めていたころだ。もしわれわれがもう少し違った世界でのプロジェクトに従事していたのだったら――ユートピア的な傾向は認めよう。だが絶対にわれわれの仕事の世界よりは正常な世界だ——、このような素晴らしい発見があれば、パイプラインに関する作業は急遽中止され、われわれはすべてのエネルギーと探検の資源をこの文化的な宝の徹底した研究に費やすことが出来たことだろう。ところが現実の世界では、シシリアでもっとガスを燃やすことを許すパイプラインの敷設路を研究するのに必要な資金しかなかった。いったい誰が、今のところは一つの炉も灯さず、ただ失われた文明を決定的に照らし出すかもしれない発見に金を出すであろうか？

市場主義に立つ企業は特許の形で科学者の有益な発見を一般庶民から奪う。軍によってその活動を制限されるとともに、彼らの発見も秘密保護法によってその多くは隠されて行く現実をクストーは訴える。更に大統領さえもままならぬ〈組織〉が動いていることを知った体験談を披露する。

秘密主義の傾向は、生命を守る進歩を規制するだけではない。政治家、実業界、軍人はいのちを脅かす危険をも規制の対象とする。彼らは科学に「金を払う」のではない。科学を「買う」のだ。各国政府は枯葉剤、食品添加物、鉛のエキスの安全の問題を調査した。彼らは科学者を雇い、こうした企業の中に入りこませ、政府にとって一番都合のよい結果を導き出した。不都合な真実を避けるため実験の内容を明確にできないとき、複数の政府機関はこう言明した。彼らは科学を「買った」。だから彼らはその実験結果の「所有者」であり、それを公開することは拒否する、と。

彼らがわれわれの税金でそれを「買った」ことは意に介さないのである。フランスはムルロア珊礁で数回の核実験を行った。私がカリプソ号に乗ってその海域に乗り込むまで、何人もこの地下実験に接近できなかった。島に、海に、魚たちにまた現地の住民に及んだ放射能の数値、そのすべては軍の所有物だった。

アメリカ軍はヴェトナムに枯葉剤を撒いた。何年もの間、科学者はそれが誘発した損害や病気を正確に測ることが出来なかった。なぜならその散布の場所や日時の情報は国防省の「所有」するところで、明かされなかったからだ。こうした機関は事実を買うことで、国政まで買い取るのだ。彼らは選挙による国民の代表たちに、半分の真理の上に立って、あるいは真理の完全な不在の上に立って、法律を作ることを余儀なくさせる。大統領さえこの去勢状態を逃れえない。

私はあるときエリゼー宮に行き、ジョルジュ・ポンピドゥー大統領に海に関する国政について自分の意見を述べた。私は与えられた三〇分、話し続けた。彼は私の時間は過ぎたという何のサインをも出さなかった。四〇分が過ぎた時、大統領自身が口を開いた。彼は私の立論を賞賛し、私の見解を正確に補充までした。最後にポンピドゥーは私の手を握り、さよならを言った。そしてこう結論の言葉を残したのだが、それは今となっても一語一語私が繰り返すことの出来るものだった。「一つだけ忘れるな、クストー、フランス共和国大統領もこの国の強力な組織には何もできないのだよ。」彼が口にしたかったのは、フランス電力、原子力エネルギー省、そしてCNEXO（国立海洋開発センター）だと私にはもちろん分かっていた。

これらの組織とその関連産業は、国民に選ばれた大統領さえもほとんど意に介さず、明らかなメッセージを送っている。それは技術を管理する彼らに根付いている生命の軽視で、結局は人間存在さえも軽んじているということだ。(…)

一九五九年、国際原子力機関が、モナコのわれわれの海洋博物館で会議を開いたとき、その主要テーマが放射能廃棄物の問題であった。それは永久に処理する方法が何も見つからないままですでに蓄積されていた。何人かの代表は、この危険な物質をミサイルに詰めて太陽に向けて発射するとか、核廃棄物を詰め込んだ竪穴に一〇万年間の監視を置くとかの提案を行った。だがこの会議を律していた態度はなんといっても「無関心」だった。ごみのことはあとで考えよう。核エネルギーは出来るのだ。だから造ろう。フランスの代表はサンテクジュペリまで引きだした。彼はこの飛行士作家の人間の可能性に対する信念をゆがめ、傲慢にも科学はすべてに応えられると主張した。この当時、代表たちは重大なジレンマに対する解決を明日に引き延ばそうとしていることに気が付いた。アメリカ合衆国は彼らだけで世紀末までに三〇〇万キュリーの放射性廃棄物を蓄積することになる、と推定されていた。今日、われわれはその世紀末に近づいたのだが、二〇〇〇年までに合衆国だけで八〇億キュリーの廃棄物に溢れることになりそうだ。サンテクジュペリの熱心な崇拝者は三千倍も間違っていたということだ。それでもわれわれは核エネルギーを造り続けている。そして未だその廃棄物を蓄えるいかなる方法も見つけていない。やっていることがめちゃくちゃなのだ。

（…）疾走する技術の馬具に身を封じられ、われわれは科学の手綱を無責任な指導者たちに渡してしまった。彼らは過去の失敗を全く意に介していない。今日の市民も尊重していない。生命の将来ということについて敬意を払わず、一切考えようともしない。日々の利益を蓄えるためには小切手を切るが、それはわれわれの子孫たちが何世紀も後に払わねばならないものなのだ。彼らが撒いた農薬、汚染、化学廃棄物、そこから漏れ出る有毒物質、確実な相互破壊が待っている。インドのボパール、イタリアのセヴェソ、合衆国のスリーマイル島、ソ連のチェルノブイリ――これらの悲惨な過ちにもかかわらず、科学の優等生たちはわれわれに厳しい真実を隠してきた。彼らは、いとも簡単に、われわれおよびわれわれの子供たちが生きるか死ぬかを決定する。たとえ彼らが世界を灰に変えることがなくても――彼らが未来を残してくれても――、その未来がどんなものになるのかのリスクを負うことになる。彼らが手にしているのは人類二百万年の成長の成果だ。それは学習の、発見の、シンフォニーの、美術の、彫刻の、そして哲学の年月だ。すべての希望、涙、そして人間が世代を超えて決意してきたもの、それを担った過去の巨人たちを見れば、それは彼らの子孫たちがいつの日かまた人間の最大の尊厳と公明正大さを取り戻すことを夢見てのものだった。人類史において、これほど多くのものを害する権力は誰にも付与されていない。

（…）有名な『二つの文化』の中で、C・P・スノーは、科学者と人文学者の双方から怒りを買った。それは彼がこれらの学者たちが二つの陣営に分かれていることを非難したときである。彼らは理解していなかった。今日の決定的な誤りは、人文学者と科学者が二つの文化に属するかのように生きていることではなく、彼らが、その二つの文化がただ一つの地球の上で共存しなくてはならないことを認めようとしないことなのだ。もしこの星の上で安全に生きようとするならば、認めるべきは、われわれは自然から身を守るのに科学者が必要だということ、そしてまたわれわれ自身から身を守るのに人文学者が必要だということだ。

（…）モナコ大公アルベール一世は、偉大な海の男だった。先見性を持った海洋学者であり、純粋科学の寛大な守護者であって、二十世紀初頭にモナコの海洋博物館を創設した。私はこの人を、古文書を紐解くうちに、今は宮殿の倉庫に収められたその文通の記録を読むうちに、生前から知っていたかのような気になった。その言動を知った今、私は何よりもその哲学のゆえにこの人を評価している。アルベール一世は、科学は迷信の闇を消し去り、地上に平和をもたらせる、と信じていた。その時代の絶えざる要請にもかかわらず、彼はパリで講演することを引き受けた。この旅行を自分の日程に潜り込ませ、夕方モナコをオートバイで出発し、パリに明け方に着いた。朝早く彼は労働者に話しかけた。それは彼の新しい科学的発見の夢を伝えるものだったが、人間の分裂は人為的であり、その結合こそ真実だ、ということを示すものだった。

アルベール一世の最も親しい友がプロイセンのカイザー・ヴィルヘルムであった。アルベール一世はその友情を大切にしていたので、自分の海洋博物館を一般公開する開館式に招待している。四年後ヴィルヘルムはフランスに宣戦布告し、第一次世界大戦が勃発した。終戦後ほどなく、ドイツがまだ不安定な平和の中に身を置いたばかりの時、アルベール一世は亡くなった。

私はいつも、彼は悲嘆のあまり死んだと確信している。しかしまた私は、アルベール大公の希望は裏切られたのではなく、ただもっと後に実現するのだ、と信じている。アルベール一世は正しかったと思う。ただ彼が間違ったのは、科学が一世代、つまり彼の世代で世界を救いうる、と考えたことだろう。今日、時は熟している。残された時間はあまり無い。絶望的な大義をデスパラードス〔南米の武闘派。スペイン語で「絶望した者たち」〕が勝利させるのを皆が見た。われわれは自然（Nature）を征服するにあたって科学を使うことに成功した。ならば今度は人間の本性（Nature humaine）を征服するために科学が使えるに違いない。

11 時限爆弾

一九七六年から七七年、カリプソ号のチームは、伝説的なギリシアの水域を調査した。エーゲ海のキュティラ島沖、五〇メートルの海底で、私たちはベルガモの財宝の最後の遺品を発見し、それをアテネの博物館に収めた。発見した貴重な品々の中には素晴らしい小さなブロンズの像と、同じところから出たもう一つのブロンズ像の腕があった。当時この有名な博物館の館長であったヤルーリス博士は、われわれの発見物を調べ、ひととき姿を消した。明らかに彼は展示していない物品の貯蔵庫に何かを探しに行っていた。そして帰ってきた。その腕には一つのブロンズ像を抱いていたが、それはわれわれが引き上げたものと同じサイズだった。そして、なんと、驚きだったことか！「私たちの」腕の破片はその傷ついた像にぴったりと合ったのだ。喜びの大歓声が上がった。

だがわれわれの頭にあったのは、全く別の謎を解くことだった。アトランティスはどこにあったのだろう？　その跡を見つけられるだろうか？　ヤルーリスは懐疑的だった。「プラトンだけが、アトランティスのことを記述した古代の唯一の歴史家であり哲学者なんです」と彼は言った。「おそらくプラトンはこの失われた天国を創作したのでしょう。彼の理想社会についての考察に対応していますから。」そしてヤルーリスはこう付け加えた。「ただ、プラトンの夢はエジプトの言い伝えに基づいているのです。それは代々言い伝えられてきたものですが、三千年前噴火した火山島のことを語っているのです。この伝説はアメリカの海軍研究所のブルース・ヘーゼンによる深海での標本採取によって裏付けられました。アトランティスとは『テーラ・テフラ』、今日ではサントリーニと呼ばれる島のことです。」

その数日後、カリプソ号はサントリーニ島のカルデラ湾に投錨した。古代の伝説の大噴火によって開けられた大きな湾である。パパタナポプロス教授が、ここに発達した文化があったことを証明する考古学的発見物の間を案内してくれた。街路、店、銀行、富豪の住居、そして素晴らしいフレスコ画のすべてが、一瞬にして火山灰の厚い層の下に埋められたのであった。

惨事が予見できないこの種の時限爆弾は、自然の中にはたくさんある。われわれはすでにこれに似た出来事を知った。一八八三年インドネシアで起こったクラカトア火山の爆発がそうだ。今日の科学はこうした自然の爆弾の詳しいリストを作った。六千年前に恐竜を絶滅させたもの、その後四回も大洋の珊瑚を破壊したもの、地球に降る大きな遊星の数々、その一つは最近のシベリアのマンモスの消滅の原因かもしれない。

今でも太陽系の惑星たちは、彗星や特別サイズの流れ星が当たるかもしれない標的となっている。われわれのこれほど進んだかに見える科学技術も、今のところ、そうした爆発を数週間前にしか予見できず、いわんやこの宇宙から来る弾丸の方向を変えたり破壊することはできない。われわれを滅ぼすかも知れないものなのに……。

自然の時限爆弾のすべては、伝統的に予見不可能と見做されてきた。それがなぜ今もエトナ山の山腹の高所に家を建て続けるのか、の答えだ。逆説だが、地震学者は地震や火山噴火の前兆を見つけることが出来るのだが、人間の造る地獄の機械に対しては、われわれはそれに耳を貸さず、また見ようとしないのだ。

この小著で取り上げ、また時に研究もしたことは、暴力・汚染・環境破壊であった。資源の浪費や富の公平な分配の欠如であった。私的な会話ではあったが、ＩＭＦの事務局長は私にワシントンへ来て、われわれが環境にたいしておこなっている危険なポーカーゲームの起源について報告して欲しいと頼んだ。私は一年間、人間共同体を脅かすすべての重大な危険について検索した。「自然の」時限爆弾は「自然災害」と見做されねばならない。それは予知できず、実情として避けえない。だが人が造り出す時限爆弾に関しては同じことは言えないのだ。

私にとって自明なのは、われわれは環境に対して犯した害悪に責任があるのだが、それは熟慮の末行われたことではない、ということだ。しかし、産業化の最初の世紀には――一九五〇年までのことだが――エコロジーと人口の問題は、社会学・宗教・民俗学、そして文化のライバル意識の領域での相互作用の要素に左右される、ということに気が付いた人は少なかった、特に指導者に少なかったということだ。

いまわれわれが生きている世界は、連帯の意識が全くないままに発達した。化石燃料は安いエネルギーの多大な資源であった。石炭を採掘し出した英国は、すぐに世界で一番強い国となった。石油が石炭に取って代わると、合衆国が英国に替わって最強国になった。かなり近い将来、太陽（あるいは風）からのエネルギーで熱帯の国々の影響が強まることは想像に難くない。

このようなエネルギーのおかげで西欧諸国が享受しているような楽な生活が実現したのであり、それがなかったらあり得なかった。化石燃料は何百万年もかかってゆっくりできてきたものだが、それが二、三世紀で大食漢に食い尽くされようとしている。大きな胃袋の食欲ある者が宴に参画した。他の者は外に置かれ、黙っておこぼれを頂くほかはなかった。ごく少数の選ばれた者の、耳をつんざく歓声を聴きながら……。

クストーは国連組織の発表による貧富の格差、不平等を述べ、更に対人地雷、化学兵器の使用とその隠蔽、そして海洋への不法投棄の問題に触れる。想定外の事故もこの問題を深刻にしていると言う。すべての問題の根元には人口問題がある、と彼は言う。

単なる概念の間違いも世代に影響を及ぼす。開発途上国への「科学技術の移転」という寛大な概念の失敗は、発案者をがっかりさせた。途上国の最も才能ある学生たちは合衆国や欧州の最高学府に学びに来た。だが彼らは西欧に留まる。そこで給料もいい良い仕事を見つけたからだ。彼らは自分の国に帰らなかった。

もう一つの失敗はもっと深刻な結果を招いた。国連によるコペンハーゲン・サミットは、最貧国に「社会的発展」を加速させるべく考えられたものだったが、それはわれわれの見るところ、リオでの美しい演説の数々に具体的な意味を与える最後のチャンスだった。私がそこで愕然としたのは、住民の最低需要を助ける善意の提言がことごとく否決、あるいは変形されたことだ。

コペンハーゲンの失敗のひどい付けが、地球人口の半数以上の将来に重くのしかかることとなろう。栄養不良はおそらくわれわれの時代のもっとも油断できない危険な時限爆弾なのだ。

（…）かって見たことがないほど危険な時限爆弾は、今日人口が指数関数的に増加していることだ。そして、人為的なあらゆる爆弾の根元には、この制御しがたい人口増加が存在するのだ。それが空気や水の汚染の、気候温暖化の、水不足の、貧困の、生物多様性の悲惨な減少の、砂漠化と森林伐採の、責任者なのだ。人口の増加により、これらの言葉の一つ一つが更に恐るべきものとなってくる。世界人口の傾向はこの表を更に暗くするだけだ。豊かな共同体は人口が増減しない水準を保っているが、貧困国では人口が爆発しているのだ！　懸念させる統計には事欠かず、その数の多さがむしろ重要さを隠している。

私は一九一〇年に生まれた。当時世界人口は一五億に上っていた。八六年後（私の現在の齢だが）、その人口は六五億である。四倍以上になっているのだ！　家族計画が豊かな国でしか成功しなかったことから、西欧の指導者の何人かはこう言明した。「彼らの人口増加を制御するには、第三世界はわれわれのやったことをやればいい。経済発展することだ。」人類に課せられた中でももっとも複雑なこの問題を扱うときのこのような子供じみた態度は、間もなくノルウェーの首相の創作になる表現、「受け入れ可能な発展（Acceptable Development）」によってますます力を得ることになる。観念連合により幻想を与えるこの言葉は、やがてリオ会議の存在理由にまでなる。そしてそれ以来最貧国の間には、受け入れ可能な発展のおかげで間もなく誰もがアメリカ市民のように生活するようになる、との考えが広がって行った。

一九六〇年のこと、私の友人でもあるアメリカの遺伝学者ノーマン・ボーローグは基本的穀物、小麦・米・トウモロコシの収穫量を三倍にすることに成功した。彼の行った「緑の革命」は、インド・パキスタン・中国で何百万の人間を飢えから救った。その功で彼には一九七〇年、ノーベル平和賞が与えられた。その授賞式の日、オスロで行った演説で、ボーローグは世界の指導者らに語りかけ、こう分からせようとした。人口爆発に終止符を打つ方法を見つけるのに、われわれに残された時間はたったの三〇年だ、と。

「この警告に耳を貸さなかったのみならず……」と、彼は昨年私に打ち明けてくれた。「彼らは決して人口爆発について議論しようとしなかったのだ。問題にもしていない。はや二五年が過ぎ去り、もう五年しか残っていないことになる。」この悲観的な言明は、まことに高名な学者のものなのだ。

ボーローグは「沈黙の法」という弊害を語った。それはすべての主要な政治家に見られ、またリオ会議での議論で観察されたものだ。「野放しの人口増加」を主要問題として取り上げた政治家を聞いたことがない、と白状せねばならぬ。その反対に、リオでは多くの代表たちは私にこう言った。「問題は人口ではないよ。問題は資源獲得において国の貧富による格差があることで、それが全く不平等だということだ。」

もちろん資源獲得に関して富める国と貧しい国の間には絶対の不平等がある。だが明らかなのは、この二つの問題——人口爆発と貧困との闘い——は重大だが分かち難い、ということだ。それは同じ彫像の表裏の違いなのだ。

過去六三年というもの、私は世界を探検し観察し続けてきた。私はいろいろな国で全くひどい社会的不平等を見てきた。また女性の置かれた社会的地位が低いことも見てきた。これらの女性こそ本当は犠牲となってはならず、人口政策の先導者となるべきなのだ。

先進国は貧困国から原材料を非常に安く買って自分たちの工場に供給する。そしてその同じ貧困国にその原材料で作った製品を高く売りつける。これが金持ちは更に富を増し、貧しい共同体はますます貧しくなり続けることの説明だ。一九九一年の時点で「持てる者」と「持たざる者」の間の貿易収支は二〇〇〇億ドルに上った。それが貧者から富裕者に渡った額だ。

それにこうしたすべての不平等は、人口の指数関数的増加によって更に悪化する。そしてこの人口爆発は地球環境の重要問題のすべてを悪化させている。浪費、生物多様性の不在、気候変動、オゾン層の消滅、教育の劣化、大気と水の汚染等である。

今日の人口の増加はあまりにも早く、この爆発を制御する、ないし減速させるいかなる方法も見つけることが出来ない。ここに私自身の家族の事例を示そう。

私はフランスの南西部の農民の出である。私の曾々祖父母には二四人の子供がいた。曾祖父母には一二人の子がおり、私の母には五人の兄弟姉妹がいた。だが母は二人の子供しか授からなかった。その一人が今この行を書いている私だ。二四人から二人へというこの多産性の凋落には、私の国が富んできたことと私の家の社会的階級の要素が絡んでいる。だがこの凋落は四世代、一世紀かけて起こったことだ。成長と多産性の間の競争は、人口がほとんど落ち着いた時期に始まっている。それは何よりも医学の進歩を反映したものだ。今日事態は大きく変わっている。アフリカの人口は二一年ごとに倍増する。世界人口は三五年ごとに倍増するのだ。

分からないのはこういうことだ。予想されるように人間の数が一一〇億に達したとき、この人口はこう分かれる。ほぼ二〇億足らずの裕福な者はますます富を増やす。九〇億人はカーストの外にあり、飢餓にさいなまれ希望が無い。貧困の中には自由がない。選択の自由も、権利を行使する自由も、責任感を持とうとする自由もない。その結果を予想するのは難しくない。嫉妬と飢餓は怒りを招く。そして暴力、次いで生存のための戦い、想像を絶する大量虐殺が起こる。

そうだとして、われわれに何ができるのだろう？ 出産制限は希望者のみの行為であるし、すべての強制的方法は避けねばならない。富める国は必要な犠牲を払おうとはしない。どうしたらいいのか？

自発的なゆっくりとした家族計画のプログラムを加えるのか。それを教育に加え、社会改革につなげる、高くつくプロセスだ。……また宗教的反対があるが、それは文化的障害よりは越えやすい。

一九八九年、私は人口増加傾向の鈍化のための政策を総合的に研究するよう頼まれた。私は猛勉強した。それは確かだ。私の考え付いた唯一の政策はユートピア的だった。だが世界銀行の副頭取、イスマイル・セラジェルディンと、ユネスコ事務局長、フェデリコ・マイヨールに勇気づけられた。こう言ったのだ。「今日のユートピアは明日の現実となる。」

(…)私は長い生涯の間に、呪われた共同体の二つの例を見ることになった。ハイチとイースター島だ。

ハイチは現代にあって、もっともあきれ果てたエコロジーの悲劇を経験している。イースター島も同じ制御なき開発を経験している。それは千年の害悪のあと一つの文化の崩壊となり、島としての物理的消滅となった。「自生的集団自殺」である。

ハイチは恐ろしく人口過剰である。七五〇〇万人の住民が狭い痩せた領土に住んでいる。一家族に六人の子供が居るが、年齢十一歳の父親に出会うことも稀ではない。幼児死亡率は高く、就学率も芳しくない。無知、迷信、それに情けない政治の実態による貧困がある。ハイチ人はしかし綺麗で誇り高く、頭もよく、陽気で働き者なのだ。しかし彼らは、その狭い大陸棚の海洋資源を採りつくした。彼らは注意もせずに国土の三分の二の森を伐採した。そのため、熱帯の雨が耕作可能な土を流してしまった。岩だらけの地面がむき出しになり、もう数世紀にわたって農業は不可能となっている。

彼らは貧しい食事を作るため、いまも樹を伐り炭を作っている。「島は骨を見せた」と彼らも認める。「木が無くなったらどうするのですか?」と私たちは聞いた。「もう世界のおわりだよ。そう、世界の終わりだ!」と彼らは答えた。その間にもハイチの人口は増え続ける。その男の子供たちが年取った親の面倒を見てくれることを期待して。女たちはこういう。「何人子供を作るかは私の決めることではないのよ。」

政権の交代もハイチの悲劇の解決には結びつかないだろう。この国は何年も貧窮を抜け出せないだろう。あるいは永久にかもしれない。というのも環境破壊がたぶん取り返しがつかないところまで進んでいるからだ。ハイチでは時限爆弾の装置はすでにスイッチが入れられ、それが分析できる。イースター島の爆弾は三五〇年前爆発した。その跡には文化遺産の悲しい堆積が残っている。

岩画の語るところでは、西暦七世紀、二艘の大きなアウトリガーの船が一つの熱帯の島に上陸した。それは無人島で植物が生い茂っていた。南アメリカの海岸からほぼ三千マイルのところだ。男女と子供を合わせた二百人のポリネシア人が、鶏も連れて、この素敵なイースター島の浜辺に上陸した。彼らは部族間の戦争によってマルケサス諸島から追い出されてきたのだった。ここに定住してから八世紀の間、彼らは土地を耕し、子を産み増えて行った。比類ない文明を作り上げた。その社会は三つの階級に分かれていた。農民、彫刻家、そして神官である。その人口はとんでもない比率で増えて行った。やがて食料資源が不足しだし、人口七万人になったとき、飢饉が起こった。血塗られた反乱、そして社会的無秩序がその社会の完全崩壊を招来した。オランダの航海者たちが十七世紀にイースター島に上陸したとき、それは裸の岩山に過ぎず、完全に木が切られ、何百人かの人食い人種が生き延びるために仲間同士で殺し合っていたのだった。イースター島の緑の繁茂は、あまりにも多すぎる消費者の数に殺されたのであった。そこに残ったのはただ高慢な石像の解読不可能な銘板のみ、人類への厳しい警告だ。もし人類が人口を厳正に管理しなければこの地球という島に何が起こるかを知らせるものだ。

クストーは避妊を認めぬ等の宗教的理由が人口増加の原因ではないことを統計的に示したのち、一番出生率に関係するのは女性の就学率であることを突き止めた。

出生率が高すぎる国ではすべて、女性が差別の犠牲となっている。女性の非識字率は男性より三分の一高い。

——南イエメン：女性の非識字率　九五％、出生率　三・五％
——タイ国　　：女性の非識字率　一五％、出生率　一・三％

ほぼ同じ比率が出生率と国民総生産に対する社会保障の比率、退職者の保障プランの間に見られる。残念ながら過去一〇年間、開発途上国ではGNPのうち厚生、社会福祉、教育に充てられる出費の平均値が約二〇%減っている。軍事費は増えているのに、だ。今日、これらの国では、軍隊が厚生や学校に充てられる額の一〇四%の額を使っている。先進国では同じ出費比率は五五%である。

われわれの概算では、女性の社会的地位の向上と老人の適正な安全を保障するためのプランに要する費用は、地球上の軍事予算の総体の三分の一程度だ。負債と赤字財政、武力紛争の世界では、夢物語と思えるかもしれない。世界の人々は不安のうちに新たな光を待っている……。しかし秒読みは始まっており、来るべき世代は、彼らの最後のチャンスを故意に逃したことで、われわれを許してはくれまい。

12 新しいエコロジー

海底探索への思いに駆られた疲れを知らぬ三人組、フィリップ・タイエ、フレデリック・デュマそれに私は、第二次世界大戦に続く年月、潜水を止めなかった。だがすでに一九五〇年以来分かってきたことがある。それはほんの数年前発見した素晴らしい世界がすでに傷み始めている、ということだ。例えば、小さな底引き網の漁船が不注意にも浅い海底のポシドニアの牧場、つまりすべての海の生物が卵を産みにくる藻の緑の海の苗床だが、それを浚ってしまった。遠くからはダイナマイトを使った漁の音が聞こえ、海を利用する新たな侵入者が近いことを告げていた。また工場のダンプカーが海洋環境へのこの攻撃に加わり、海に化学廃棄物、また放射性廃棄物をぶちまけるのであった。

このような環境破壊がわれわれをどう変えたのか？　それは、その後四五年にわたってわれわれが環境保護のキャンペーンを行うように後押ししたのだ。四五年間、潜り、研究し、出版し、ラジオやテレビジョンで訴えた。その結果私の父は退職後、新聞の切り抜きの大きなアルバムを一五冊も作ることになった。

人間は愛するものを守ろうとすると分かっていたので、私は自分の見た不思議の世界をフィルムに収め、テレビ用のシリーズを作った。『海の世界』と『クストー・チームの海底のオデュッセイア』である。年月が経つほどに、私は人々の態度が変わって行くのを見て、報われるのを感じた。われわれはその四五年の作業を、まだ誰も「環境」という語の意味するものを知らないときに始めたのだった。この年月の末には、何千という人々がわれわれと同じ懸念を分かち合う諸団体に参加し始めていた。

なぜ、魚やクジラや鳥や花や蝶々を守るのか？　何よりもまず、われわれは地球の住民なのだという認識を持たねばならない。水生生物の体系と多様な文化を生きる人間存在の間の相互関係を研究するというアイデアは、科学の新領域を開き、われわれはそれを「エコ社会学《ソシオロジー》」と名付けた。エコソシオロジーを例証するため、またそのための研究費を捻出するため、われわれのチームは一九八五年から新しいテレビ番組を始めた。『世界新発見』シリーズである。

しかし、成果は一進一退だった。環境保護主義者の多くのメンバーが政治権力の人魚の呼び掛けに身を任せ、それがだんだん増えて行った。彼らは最後には議員たちの（羽をむしり取る）「ヒバリの網」につかまり溺れていくのだ。善意の環境保護主義者も自分たちが選んだプロジェクトに四苦八苦していた。周りの変わりゆく世界から大した認知を得ることなしに……。

私は同僚たちの厳しい仕事のことを思うにつけ、挫折の思いにとらわれるようになった。タイエ、デュマ、海洋博物館での私の助手ジャン・アリナ、我が友アルベール・ファルコ、彼は私の潜水の仲間で、水中では私の目、私の耳だった。また私の息子たちのことも考えた。この財団に属する全員のことも。――こう思えてきた。私たちに出来たのは舞台の緞帳を作ることだけだったのではないのか？　その後ろの舞台では大きな不吉なドラマが悲劇となって続いている。無知がある。無頓着がある。不当な搾取がある。それらが未来の上に嘲笑するような顔をのぞかせている。私にはどうしても、この世界が、予見できない、しかしそれ以上に避けがたい大災害に立ち向かっている、という予感を拭い去れなかった。

ところが、自律潜水器具アクアラングでの私の最初の潜水の五〇周年が近づいてきた時、二つの大切な出来事が私の暗い考えを揺るがし、思いがけず一条の希望の光をもたらすことになった。まず一九八九年、私は哲学者で医者のジャン・アンビュルジェの知己を得た。そして一九九二年、私はリオの環境・開発サミットに参加した。ジャン・アンビュルジェの厳密な方法論と、因習に縛られないことを示したリオ・サミットの参加者の精神は、私に過去を評価する新しい道、未来を語る新しい態度、地球という惑星を考える新しい方法を示唆するものだった。つまり、「新しいエコロジー」だ。

ジャン・アンビュルジェのような様々な顔を持つ人を定義するのはたやすいことではない。世界的に有名な外科医、科学アカデミー会長、アカデミー・フランセーズ会員、哲学者、作家、尊敬される知識人。私が初めてアンビュルジェに会ったのは、私自身がアカデミー・フランセーズ会員に選出されるその前に、慣習通り彼を表敬訪問したときだった。すぐに私は彼に魅了された。

そのすぐあと、アンビュルジェは『ル・モンド』紙に一つの論説を発表するが、それは正義と道徳の起源について大胆な考え方を提言したものだった。この論説は、ほとんど絶滅途上にある一つの生物種、すなわち人間に、未来を可能にする大胆な忠告で溢れていた。私は彼の本を読み、彼と議論した。私たちの関係は重要なものだったが、短い間だった。アンビュルジェは一九九二年、心臓手術を受けたのち死んだ。彼はいつまでも私にとって新しい素晴らしい哲学の父であり続けるだろう。私はその忠実な弟子となると決めた。

リオ・サミットをどう描写すればいいのだろう？　活気に満ちたキャラバン・サライ、または沸騰するバザールとでも言おうか。モーリス・ストロングによって国連のために組織されたものだが、この人は一九七二年ストックホルムで行われた最初の国連環境会議の父である。一九九二年のリオ・サミットは刺激的であり、また腹立たしいものだった。そこには失望と希望の双方の理由があった。

クストーは、一〇〇人以上の国家元首が集ったリオ・サミットの明暗、すなわち膨大な書類と議論、民間団体の熱狂を記述している。

私のチームは何十年も、環境保護の必要性に大衆の意識を目覚めさせようと努めてきた。しかし産業界の指導者や政治家たちには、この問題が存在することさえも納得させることが出来なかった。二週間足らずで——多少真面目な仕方で——リオはこうした未信者を回心させた。だが現代の悪の根元的原因を浮き彫りにするには至らなかった。すなわち人口過剰である。

リオは、政治的指導者たちに、初めてわれわれの世界の現実を垣間見せることになった。そこには五五億の住民がひしめいているが、そのうち三〇億人は貧困の中にある。その中でも一〇億人は生存のための基本的必需品にも事欠いている。飲料水、衛生、基礎教育だ。サミットでの大統領たちの約束も、悲惨さ、飢餓、熱帯病の著しい蔓延、増大する暴力を押しとどめるには足りないものだった。

リオ・サミットのおかげで、世界中で人々は、富める者がますます富み、貧しい者がますます貧しくなること、持てる者と持たざる者の間の格差が広がり続けていることを許していいと考えることを止めた。そのために方策を立てることが必要なのだ。この簡単なメッセージがリオほど明白に表現されたことはない。

だが、いかなる方策を取るべきか、という問題があり、それが未来についてリオが提案したヴィジョンに私が賛成できない点だ。リオは貧困に対する戦いを宣言した。しかし各国の代表たちは、あの重い行動計画「アジェンダ21」を書いた者たちだが、彼らはそれを払拭するのにただ一つの療法しか提案していない。彼らが言うところの「持続可能な発展」だ。だがどのような発展なのか？　大衆を惹き付けたのは経済的発展だが、経済発展と持続は言葉の矛盾なのだ。地球はその資源に対するこれ以上の攻撃を「持ちこたえ」得ない。ところが「アジェンダ21」の文章はまさに貧困国向けなのだ。富裕国と同じようにやれ、と言っている！　この執筆者たちは、富裕国はすでにこの星の資源を搾取し過ぎており、もし地球上に予想される六〇億、七〇億、一〇〇億の人間がその例に従ったら――もし誰もがこれまでの西欧の消費者のように地球の資源を浪費する権利がある、と言ったなら――、われわれの資源は枯渇し、この星には何もなくなるだろうと言う。

ジャン・アンビュルジェと私は、この矛盾を議論した。経済成長の加速――それは貧しい者の生活の質を向上させるという口実の下になされる――と、未来の生活の質を一切顧みないで行われる自然世界の簒奪、その二つの間の闘いについてだ。この星に山積することになる何十億の人間の一人ひとりに、彼が当然有すべきもの、すべての人はまともな生き方をし、敬意を持って扱われる、という基本的権利をどうやって与えることが出来るのだろう？　私はアンビュルジェに、世界中で見た大量の賤民のことを話した。私と目が合った者たちのことを……。男も女も一握りの飯を乞いもとめていた。だが、一様にこう表明していたのだ。「われわれは存在するだけでは満足しない！　……われわれは人間なのだ！」

驚いたことに、アンビュルジェはこう答えた。「われわれはこの種に属することを誇りとすべきだ。それは自然の根本的法則にチャレンジした唯一の種なのだ。」

「自然の根本的法則にチャレンジしたですって!?　そうおっしゃったのですか？」呆然として私は問い返した。私はもう五〇年にわたって、人々に自然の根本的法則を尊重するよう説得し、闘ってきたのだ。私は間違っていたのか？　人間存在はパラドックスの産物だったのか？　他の動物はこの法則のおかげで発展してきたのに、それを逃れた唯一の動物だというのか？　アンビュルジェが言おうとしているのは、人間が自然と「離婚」したということなのか？　ただ単にそのような行為を犯しただけでなく、なんとそれを行ったことを誇りにすべきというのか？

アンビュルジェはその命題を、彼の最近の著作で見事に解説している。彼が強調するのはホモ・サピエンスがごく最近現れたことだ。約一五〇億年前に生まれた宇宙の中で、われわれの住まいである宇宙船地球号は、ほぼ五〇億年にしかならない。われわれの惑星の歴史は、溶けた岩が火山から噴き出て、水蒸気や炭酸ガスやその他のガスを噴き出した時に始まった。原初の大気が冷えるにつれ、大洪水が起こった。雨は原初の海洋とさまざまな要素を作ったが、そこから増殖できる分子が出てきた。星たちの質料からなり、大気と大洋に育まれた生命がついに姿を現した。ほぼ三〇億年前のことである。「適者生存の法則」が信じがたいほどの生物種を生み出した。サンゴ、ヒトデ、魚、両棲動物、爬虫類。生命は地上に移ってきた。爬虫類は恐竜と鳥になった。小さな哺乳類が巨大恐竜の間を駆け回っていたが、のちに猫、犬、オオカミ、トラ、サルになって行く。だが生命が三〇億年前に現れたとしても、最初の進歩した類人猿の出現は、今までに発見された古代の遺物の示すところでは、たったの三百万年前でしかない。人間存在とは、新入生なのだ。その存在の歴史も生命が地上に君臨した時間の最後の一千分の一でしかないのだ。

この人間という遅参者にとっての大きな賭けは、単に生き延びることだった。デズモンド・モリスがわれわれの先駆けに与えた描写は容赦ない、しかし完全なものだ。それはまさしく「裸のサル」だった。攻撃の武器も防御の武器も持たない、つまり牙も爪も甲羅もないのだ。恐ろしい敵に速さでも敵わなかった。そのデザインそのものも、それは進化の犠牲者の一つであるべきものであり、人類はおそらくこの悲しい運命をかろうじて逃れたのだ。

人間は前に立ちふさがった圧倒的な障害に打ち勝った。彼らは稲妻を捕獲し野営の焚火とした。最初の道具を削りだした。彼らは弓矢のような武器を創りだした。逆説的創造物としてホモ・サピエンスは、今や動物のいのちの頂点に君臨する。蛸が軟体動物に君臨し、蘭が花の世界に君臨するように。その地位が確認されるや、彼らは過去に取り掛かった。自然が課した身体的ハンディキャップに立ち向った。人類という種は仮借なきジャングルの法則に反抗したのである。

犠牲者であったホモ・サピエンスは、自然から与えられた不安定を拒否した。彼は病気と早死にを拒否した。自然淘汰の仮借ない法則に従おうとしなかった。この選択は、数知れない他の生物種の中にあって、まさに奇跡的な仕方で人口を均衡に保つことを要求されるものであるにもかかわらず、である。人間がこの自然との契約の破棄、既存の規則に対する例外措置に成功したのはごく最近のことである。

アンビュルジェの頭にひらめいた学説に依れば、こうして人類の道徳のコードが生まれたのである。自然の法則の外に身を置き、人間はそれ自身の法を発布した。人間は各自のいのちが聖なるものであることを認めた。一方自然界では、群れから離された個体は絶えずその種の生存のための犠牲になっている。また、地上のいのちは常にさまざまな生物間の機会の不均等の周りを回っているのに、人間は地球に新しい観念を持ち込んだ。「正義」の観念だ。それも皆に、である。「人間と共に、初めて聖霊が息吹いた。根本的な生物学的法則に対する反逆の聖霊だ」とアンビュルジェは書いている。「この反逆こそが人間の運命の本質なのだ。それは人間の条件の名誉である。それがわれわれの生きざまに意味を与えている。明らかに深刻なリスクを取らずに、生き方の規範を放棄することはできない。」人間たちは彼らの新しい革新的な道をゆっくりとしか理解しなかった。それは自然の乱暴な法則に替わるもので、平等・友愛・正義の理念であったが、それは新たな義務も伴っていた。

われわれの不安な試みの成功、われわれの大胆な道徳的態度は、「前代未聞の大冒険」へのすべての人の参加を必要としている。またわれわれは早急に人口爆発に対する解決法を見出さねばならぬ。これは貧困層の更なる貧困化に直結している。それが出来なければ、恨みは広がり、憎しみを生み出すだろう。考えられる限りでのもっとも恐ろしい大量虐殺が避けられないものとなる。数億人のいのちを奪うのだ。

アンビュルジェははっきりと、行動の欠如、また不用意な決定が、われわれの黄金時代に至るべき英雄的な冒険を台無しにするだろう、と感知していた。そのような幸いな結末は——たとえ遠い未来にしても——、ひとえにわれわれが世界の人々に、彼らの運命は彼らの手の中にあると、彼らは単に官僚たちによってそこここに動かされるバラストであることに満足せず、前に向かって挑戦する「主役」にならねばならないのだと、説得することが出来て初めて可能なのだ。そのような目覚めは情報の独立とよりよき教育を必要とする。

われわれはまだ人類の自然との離婚が、もはや後へ引けないものだと気が付いていない。遠い昔、われわれは戻るべき橋を落としてしまった。だから野生の生活への回帰は不可能なのだ。その意味するところはこうだ。今日の人間は無から出発して、生物学的な面で受け入れられると同時に、その道徳的目標を実現する行為を創造するという、圧倒的に重い責任を負っているということだ。ジャングルの法則を自らに拒んだとき、われわれは約束したのだ。われわれを取り巻く植物や動物の王国がこの同じジャングルの法則を変わらず享受していくことを。それなくば、彼らは存続できないのだ。

この新しい二重の義務を扱うに当たって、まず道徳性を成文化することがなされた。人間は約二百年前、目覚ましい一歩を踏み出した。彼らは人権宣言を起草したのだ。このテキストにより、人類という種は、三〇億年来すべての生物を成功裏に律してきた法則に対して挑んだ素晴らしい戦いにおける、最初の勝利を収めた。

自然に対するこの新しい権利を施行するため、自然に対して新しい義務を果たさなくてはならなくなった。民主主義の名の下に、われわれの種は、尊厳をもってそのいくつかの義務を果たした。人間は奴隷制度を廃止した。赤十字を創立し、敵にすら「人道的な」扱いを保障した。ニュールンベルグの裁判で戦犯を断罪した。南アフリカの人種差別に抗議した。だがその進歩は一つ一つの小競り合いというべきもので、地球規模ではなかった。またそれが引きずる結果を意識したものではなかった。

野生の生物が自然の法則に従う必要性を尊重する義務に関してだが、人間はそこでも立派な第一歩を記した。この一世紀というもの、環境への意識を涵養することによって。

（…）だが進歩すべきことはまだある。大衆はいまだに短期的な利益の方ばかり懸念している。例えば新しいダムは電気を作られれば成功とされるが、たとえそれが地下水脈の水位を下げ、不可欠な湿地を干上がらせてしまっても、成功なのだ。ここで最近の企画の数々を考えるが、まじめに提案され、まじめに議論されたものだ。例えば北極から氷山を南方に引っ張ってきて、世界的淡水不足の緩和に資するとか、チェルノブイリの災害の後でさえ、ツンドラの凍った脆い土地の上に原発を作るとかいうものだ。宇宙をゴミで満たす小さなデブリは、ミサイルのように飛んでいる。それと同時にわれわれは原子炉を軌道に乗せようとしている……。全体として言わざるを得ない。ほとんどの政治家、高級官僚および産業カルテルは、彼らの決定がもたらす長期的、超長期的な結末を少しも気にかけていないのだ。

このような発展から、人類の自然からの離婚を続けるやり方の二つの欠陥が見えてくる。まず道徳と環境の避けえない拮抗という点で、全体的な計画を立てえなかったこと。それから人権を宣言するとの固い決心にもかかわらず、来るべき世代の権利を考えることが出来なかったことがある。

目前に立ちふさがる挑戦に、地球的視野から、未来への見通しの中で、取り掛かる。ここにこそ「新しいエコロジー」が到達せんとしている目標があるのだ。新しいエコロジストは、未来に開かれたプランを描かねばならない。それは人間の道徳律を、自然の法則を補填するものとし、それと両立させるものでなければならない。

新しいエコロジストは、もはや川を浄化したりアザラシの赤ちゃんを養子にするだけでは満足しない。数年前、私のチームは「エコテクニー」と名付けた方法を創りだした。それは相互作用の研究だ。つまりどのように人間の多様な文化が水に作用しているか、どのように水は人間の多様な文化に作用しているか、を研究するのだ。このように地球を相互依存する驚異的な成分の総体としてみる方法は、環境の必要とするものを扱うのに普遍的道具となろう。

新しいエコロジストは、環境とはわれわれの生きている枠、われわれが生活を演じている舞台だけを意味するものであるという、時代遅れの考えを捨てねばならない。環境とは、同時にわれわれの行いであり、われわれの習慣、われわれの伝統、われわれの言葉である。厳密には、われわれはもはや一度に一つだけの問題に関わっていることはできない。われわれは、より良い生き方に、自然資源の万民への公正な分配にわれわれを導く道が、大変錯綜したものだと知るだろう。われわれの行動は、頭痛を和らげるのにアスピリンを飲むように、汚染の症候を治すというだけにはとどまらないだろう。われわれはすべての災害の原因そのものに光を当てるようにしよう。新しいエコロジストは医者のように行動せねばならない。すなわち貧困化とか地球温暖化といった主要な問題は、もっと根元的な悪の徴候なのだと認識する。新しいエコロジストは、それぞれの病気を診断し、治すように努めねばならない。可能なすべての治療法を用いて。人間だけが持つすべての能力を使って。それは道徳的価値、自由経済、生物学、熱力学、またわれわれを取り巻いている世界だけでなく、われわれの内なる世界を考慮することだ。遺伝子医学の倫理の場合がそうだ。

ジャングルの法則を拒否して以来、われわれが常に耳を貸すべきは、自然がわれわれに投げかけているいくつかの警告だ。例えば生物多様性は健康な環境にとって欠かせない前提だが、本当はそれは保てるものだ。生物多様性とは種の多様性を意味する。それは生き物の共同体の多様性と一つの種における遺伝子の多様性の両方であり、それが適応の能力を保障するのだ。一つの生物の消滅を許すことは、もともとのエコシステムにおけるその役割を学ぶことを不可能とする。

アンビュルジェの新しいエコロジーの視点から見れば、リオ会議の「(持続)可能な開発」は、近視眼的で重要な問題を何ら解決しない、とクストーは言う。

アンビュルジェの論文を支持するのは、それがもう一つの道を示していたからだ。新しいエコロジストは生活の質を向上し、自然資源の万民への正しい分配を可能にするものだからだ。しかも友愛と平等という変わったコードも守られている。

新しいエコロジーの周辺からのヴィジョン――あらゆる形の地上の生命体の間の相互作用を見抜く能力――、それは生物種を消滅させないことに貢献できる。

生物多様性――地上に生きる共同体の多彩なこと、そこに栄える種の多様性、特に一種類の生物の遺伝子能力の多様性――、そうしたすべてが一つのエコシステムが環境の変化に適応することを可能にしているのだ。一つのエコシステムを構成する種の数が多ければ多いほど、このシステムは挑戦に強力に対処することが出来る。同様にその遺伝子のプールが広ければ広いほど、その一つの種は強い。

多様性と逆境の関係が決定的なことが明らかになった。合衆国、ブラジル、ソ連は、効率を上げようとしながら、長らくこの第一原理を知らなかった。彼らは野心的なプロジェクトを立ち上げたが、それは単作農業による農業開発だった。するとそれは害虫に襲われ、開発は危機に瀕した。農家の収穫すべき土地は荒れ果てたものになった。

生物多様性の定理はエコシステムに妥当するだけではない。それはまた観念に、人間の文化にも妥当する。人間の文明は、生き延びるためには、エコシステムのように多様性を必要とする。違った食物や料理、コミュニケーションの、考え方の、感じ方の、違ったあり方、絵画・彫刻・演劇・映画にみる物語や映像の多様性が大切なのだ。新しいエコロジーにとって、文化の多様性を守ることは自然の多様性を守るのと同様に不可欠である。いろいろな表現方法を有することは、一つの文明のいのちにとって、人間のいのちに酸素が必要なのと同様に不可欠である。たとえ悲劇的であっても詩的な類推を使えば、一つのエコシステムの生物種と同様に、一番単純な文化は、昔から各民族を駆りたててきた覇権競争の結末を最初に被ることになった。何百という慎ましい文化、あるいはもっと強い文明でさえ、シュメールによって、エジプト、モンゴル、ギリシア、ローマ、その他の超大国によって潰されて行った。そしてこれらの征服はおよそわれわれの文化遺産を貧困化させた。

世界の海を廻るうちに、私は多くの文化の破綻を目撃した。それぞれの悲劇には歴史があるとしても——いくつかの災難は金銭欲や紛争で起こっているし、その他は間違った善意で起こっているが——、すべては同じモデルで展開している。すなわち異なった文化の二つの民族間に紛争が起こり、一方が一方的にその優位性を主張するということだ。

私の船カリプソが一九七二年、「火の土地」パタゴニアに着いたとき、私はこの地方のウナというインディオと交流しようとした。それは数年前ランプルール神父が語ってくれた民族だ。ところがそこにはたった一人のウナしか残っていないことが分かった。それは八十二歳の老女だった。他のすべての人は狩りの獲物のように銃で殺されていたのだ！　どんな理由なのか？　それはダーウィンが、ウナは人間より動物に近い、と書いていたからだ……。

私たちはスマトラの西側のニアス島のラグンディ湾に投錨した。私たちはそこの住民ニアス族は文化遺産を失っていることを見出した。もはやインドネシアの国民としか描写できない。ニアス民族の祖先は石の記念碑を建て、それは彼らがこの地に来たことを永続的に証言するものだった。ところが一世紀前、キリスト教の伝道師たちがニアスの長を改宗させ、この昔からの文化財のほとんどを破壊したのである。この場違いな者たちは、世紀を超えた戦争があった場合より、更に迅速に、また完全に、ニアス族の生活様式を破壊した。今日生き残ったニアスの人々は祖先からの遺産をなにも覚えていない。

チリでは、一九七三年、私たちは生き残った三七人のカワシュカール人の伝統的な一弦琴の音楽を研究した。その一五年後、残っていたのはたった一人のカワシュカールだった。この民族には鉱山開発のような強制労働が課せられ、原住民である彼らはそれになじまなかったのだ。

ブラジルの熱帯林では、ヤノマミ族が長年迫害され虐殺されてきた。それはこの部族が伝統的に住んできた土地に見つかった金を横取りしようとした者たちによってなされた。

現代における文化の根絶の多くの例が示しているのは、列強が征服した国を略奪することを止めた時、植民地化が始まっていることだ。そして文化の消失は止んでいない。古いことわざの言うように、植民地化とは銃を金に換えることだった。

今日では、こうも言えよう。地球の文化的支配を追求した者たちは──金の力で──銃をメディアに取り換えた、と。

新しいエコロジーだけが、文化に対する市場原理のますます激しくなって行く攻撃に、待ったをかけることが出来る。われわれの経済に対する熱狂を止めるためにも、人間の自然との離婚というアンビュルジェの学説の基礎を緊急に理解せねばならない。

われわれの遺伝子ではなく、われわれの精神から、自然の法則に対する人類の拒否が生まれたのだ。それはわれわれの「選択」であった。本能的な飛躍（エラン）ではないのだ。それが自然淘汰をモラルの法則に取り換えたのだ。この道徳の法が人間の遺伝子に書き込まれるには何世代もかかるだろう。それまでは、自然の法則に従う本能は、われわれのＤＮＡの複雑な構造の中にコード化して存在し続ける。

われわれはいまだに、この森の遺伝子の声を昇華できていない。ごく最近それは、われわれの経済の機能の仕方に再び姿を現した。自然淘汰の法則はジャングルでは原始人を犠牲にしたものだが、現代人を市場経済の犠牲とした。

運命のいたずらだが、最初の人類は正義と道徳性を尊重して彼らの経済生活を築いた。それは自然との離婚を名誉としてのことだった。当初、貨幣は文明の利器であった。それは様々な形を取った。貝殻、コイン、クーポン、紙幣、小切手、クレジットカード等だ。それは交換を容易にし、進歩と呼ばれる発展を加速した。

戦中戦後のクーポン生活をユーモアも交えて語ったのち、クストーは貨幣さえも本来の機能を失い、市場はヴァーチャルな現実に突入すると言う。

西側の自由経済は魅惑的に見えたが、やがて暴力的な市場経済に変貌する。それが現在、世界を支配している。もっと正しくは、市場経済はその diktа（強制命令）を課さない限り支配しない。いかなる国よりも、いかなる指導者よりも大きな影響力を有するミスター・マーケット——彼は肩書も顔も持たない。だがその力は侵略的、その権威は地球的である。実際アーサー・シュレジンガーが言ったように、それは現在を「国家権力を会計課に移す傾向を持つ、さもしい時代」に変形してしまったのだ。

（…）ミスター・マーケットが、人類の道徳律を守るそぶりも見せずに、躍起になってジャングルの法則を適用しようとするところ、その親衛隊とも考えられるものを鼓舞する者、それは競争相手だ。競争によって商人たちはそのもっとも野蛮な姿を見せる。

最近、すべての国にその冷たい指の支配を広げるため、ミスター・マーケットは国境も大陸も超えた大技を決めた。それはＧＡＴＴウルグアイ・ラウンドという有名な会議で最も成功を収め、恐るべき姿を現した。各国は自国の創作者や生産者がマーケットの場で食われてしまうことを防ごうと、もっともな抗議を弱々しく表明した。だがほとんどの政府はミスター・マーケットの前に降参し、あの誠に聖なる国家主権を引き合いに出すこともなかった。それは国際協力の歴史では各国政府の邪魔者となり、しばしば無視された観念だ。

すなわち市場原理が世界的に格差を広げ、環境も破壊することをクストーは検証している。

湾岸戦争ののち、国際的な武器の商売が増加したが、私の心を打ったのは、変化を約束する言葉だった。チェコの大統領、ヴァツラフ・ハヴェルだ。世界中から尊敬された自由の旗手だ。彼は書いている。「私は相容れないものを和解させようとするナイーヴな夢想家だという評判をいただいている。政治とモラルの二つだ。だが、本当の政治は、この名に値する唯一の政治は、私が行って良いと考えるただ一つのものだが、それは人民のための政治だ。来たるべき世代に役立つ政治だ。それは倫理に基づいている。それは万人の万人に対する責任を意味する。」

私の見るところでは、ハヴェルは不可能を可能にすることに成功した。彼は政治の理想を定義したのだ。彼は新しいエコロジーのプリズムで見るように政治を描いた。

残念ながら、プラハの事件にミスター・マーケットが介入した。私はプラハに行き、ハヴェル大統領と会談した。私は聞いた、「政治の倫理的至上命令についてあのような強い言葉を書いたそのすぐあと、なぜ、あなたはスコダの工場で武器の生産を再開したのですか？」

ハヴェルの悲嘆は明らかだったが、その決定を正当化しようとした。失業問題と経済的圧力だ。ミスター・マーケットはこの大天使ガブリエルさえ攻略することに成功したのだ。

軍事費ばかりが膨れ上がり、途上国への援助は国連の要求するＧＮＰの〇・七％も出さない国が多いとクストーは指摘している。

「われわれはもはや存在しない敵に対して武装を続けている。そして今日われわれを脅かしているものに対しては無防備のままだ」と、ユネスコ事務局長、フェデリコ・マイヨールは注意を喚起している。「国家予算には国防と軍事費が計上されている。だが途上国に対する援助は微々たるものだ。その結果は、貧困、人口過剰、大量移民、不寛容、暴力だ。われわれは共に進むかどうかなのだ。そうせねばカオスも破壊も避けえないだろう。」

そこには大衆が真実から隔離されている現実がある。学者は真実を伝える義務を負っている、とクストーは言う。

アリストテレスもニュートンもまたデカルトさえも、今日の学者よりはその時代の人間たちに近かった。教会が国家と一体になっていた時代だ。人々は環境を神の創造物として崇拝していた。これらの学者は――自然の学生として――人間の価値を良く知りうる立場にあった。人類を自然から離婚させたものに対しても……。彼らの子孫を措いて、人間の道徳性を自然の要請に融合させる決意を告げうる者はあるまい。

最後になるが、世界中の人々は、彼らこそが未来の鍵を握っているのだと自覚せねばならない。その鍵は彼らの選択にある。彼らの要請にある。彼らの積極的参加にある。選ばなければ、行動しなくては、目標は達成できない。もしわれわれが人間バラストのように、この人生を、近眼とエゴイズムに導かれ躓き歩む官僚や政治家に引きずられたまま生きることを止めなければ、それは決して達成できない。

もちろん幾多の困難と危険がわれわれを待ち受けている。前を見れば、これらの地雷が、避けえない運命のように、立ち向わねばならない挑戦のように、われわれの道の上で爆発寸前の状態にあるのが分かる。だが時代を超えて、人間は大災害の直前で立ち止まる不思議な能力を示してきた。コスモスの中で、ただ一つ人類だけがこの貴重な、稀な、あるいはユニークな才能を有しているのだ。調査し、解決し、成功できる知性だ。われわれは単に交差路にいるのではない。そうではなく、素晴らしい冒険の出発点にいるのだ。たとえそれが比類なく危険な冒険であっても……。本当を言うと、われわれは過去に例を見ない最大の冒険に乗り出そうとしているのだ。

13　共同体に対する危機

クストーは、大量の有害化学物質を積んだパナマ船籍の沈没船に対し、一人のイタリアの判事が告発するまで誰も責任を取らなかった例を挙げ、住民に安心を与えるような政府や自治体の表明には多分に大企業への配慮が見られ、真実が隠される傾向がある、と指摘している。過去におけるDDTやダイオキシンの扱いが語られる。経済か、健康か二者択一が求められるとき、住民の多くは「どちらも」とこたえること。損害がすべて数字化されることにも激しい抵抗を見せている。

（…）思い出すたびに怒りが蘇るのは、ある会合で一人の「危機の評価者」が、カリフォルニアのサンタ・バーバラ沖での石油タンカー沈没が住民に及ぼした損失について挙げた数字だ。環境に与えた損害に話が及んだ時、彼はついでのようにこういったのだ。「原則的に、死んだ鳥は一羽一ドルと換算できます。」

この言葉を聞いて私は遂に爆発した。

「原則的ですって！　よくもあなたは一羽の鳥の存在をお金に換えるようなことが言えますね？　一つのいのちなのに。」

「でも何らかの数字が必要でしょう！」

「私の孫だったらいくらになるというのですか？」私は怒鳴った。

本当をいうと、私は危機の評価専門家がもうすでにその数字を見つけていることを知っていた。社会的地位によって妥当とされる「血の値段」を設定する国に憤慨している人は多い。皮肉なことだが、物故者の経済状況に対応していのちの金銭的価値を決め、価値づけできないものを価値づけしてやまないのがいわゆる先進国なのだ。それは予想される収入の喪失によって計算される。それゆえ、ホワイトハウスはある日こう発表した。アスベストによる病はその犠牲者に約四〇年間それにさらされて生きることを許すものゆえ、危機の評価専門家は、アスベストを基にした製品に関する法律を発布する際、その分を「割り引いて」人間の価値を決めねばならない、と。一人の人間のいのちに与えられた値段はこうして、一〇〇万ドルから一一〇〇ドルの間ということになった。

（…）人間の価値よりも市場の価値の方が選択に力があるようだ。ほとんど日毎に見聞する事例が、あのケチ男の話を思い出させる。銃を突きつける強盗にこう説明した男だ。「いのちは奪ってもいい。だがお金は必要なんだ！」

何千人もの犠牲者を出した、ボパールの化学工場の事故の二週間後、合衆国は国連が提示した協定にサインすることを拒否した——それはただ危険品目の一覧表を作ることだったにもかかわらず、である。その理由はこうだ。この処置は「一定の企業の製品の輸出と販売が不公平な差別の対象になる恐れがある」と。

イタリア、フランス、英国はすべて酸性雨の危険性について合意していた。この黒い雨は収穫を減らし、降雨により小川の中に有害な重金属を流し、アルプスの何百何千という村に雪崩の恐れをもたらした。萎えた木々が雪に持ちこたえられないからだ。それにもかかわらずこれらの国は、ヨーロッパでの車の排気ガスの量を制限するよう提案された日程を先延ばしした。その理由とは、必要な触媒マフラーが安い車の値段を引き上げ、車の販売が落ちるから、というものだった。

核エネルギーの分析においても、人のいのちに値段をつけるという馬鹿げた考えが、予想したように、もっと馬鹿げた結論に達した。もし「極度の災害」が同じ工場を三年ごとに襲うとすれば、その引き起こす死亡者の数は「許容範囲」である。だが「経済的影響」は「完全に許容範囲を超える」というのだ。数字は技師たちにもっと厳密な安全の規制を要求させることになった。だがそれはいのちを守るためではなく、投資を守るためであった。

費用と利益を計るために危機の評価専門家が使うバランスを不均衡なものにするのは、もう一つの矛盾点である。費用を負担させられる人たちは、利を得る人たちではない。リスクを担う人たちは、そこから利益を引き出す人たちではない。

（…）

環境保護のある責任者は、勇気をもって、自分の事務所がリスクの分析において大きなハンディキャップを負っている、と宣言した。分析が麻痺させる、と。責任者たちがその伝統的な仕事の遅さに秘密趣味を付け加える時、市民たちには自分を守るという固有の権利が否定されるのみならず、市民としての権利そのものを否定されることになる。すなわち知る権利である。言うことのできない理由によるとは限らない。しばしば秘密は、単なる政治的な都合によって作られる。大衆は専門家の言うことを確かめ得ない。彼らの報告は秘密にされているからだ。

こうした麻痺、分析、検閲のフラストレーションを起こす実例で、これを超えるものは無い、と言っていい例は、知る限りもっとも有害な物質、すなわちダイオキシンの研究および使用に関する一連の事件だ。

一九六五年、アメリカでダイオキシンの有害性が指摘されて以来の各国における数々の事件を列挙したのち、クストーはこう言う。

ダイオキシンのスキャンダルは、各国政府が過去に示した傲慢さの唯一のちっぽけな証拠ではない。政府は絶えず不安を払拭するような言葉を発してきた。事実を知る前でさえ、危険は存在しないと、教皇のウルビ・エト・オルビ（ローマの内外に）の演説のごとく告げてきたのだ。時というものが、常にこうした断定的な予言には何も根拠がなかったことを示してきた。

・ミサイル専門のアメリカの技師たちは、彼らのスペースシャトルは一〇〇万回に一度、〈故障〉

を起こすかもしれない、と発表していた。しかしチャレンジャーはシャトルの二五回目の発射で爆発した。九万九九七五回早すぎたことになる。

・チェルノブイリの爆発の六週間後、英国駐在ソ連大使は、その地方で百姓たちは活動を再開した、チェルノブイリによるソ連農業に対する損害の重大さは「誇張されていた」と発表した。一九九六年、事故の一〇年後のこと、チェルノブイリの北一一〇キロメートルに位置するベラルーシのゴメル地方はもっとも汚染された地域だが、その土地はそれまでに吸収したほとんどすべての放射能をそのまま残していたのである。かつてこの地方でもっとも豊かな土地だったのが、二一の農業地域うち二〇がもはや何も生み出さないものとなったのだ。哀れな農家は、自分の庭での作物さえ食べられないのだ。この農業収穫についてのソ連の予告は間違いの唯一の例外ではない。

・米国スリーマイル島の原発事故のあと、ソ連当局は、そのような事故は共産主義国には起こりえない、と述べていた。原発の安全に対する無関心は資本主義に特有なものであり、「ソ連の安全性のノルマは、放射線が施設内から漏れ出る危険を綺麗に払拭している」。この宣言は、チェルノブイリがソ連邦だけでも七五〇〇万人を被曝させた、その七年と三週間前になされたものなのだ。ある専門家によれば、この事故がソ連邦を崩壊させ、冷戦に終止符を打つのに貢献した、ということだ。

しかし世界の政策決定者たちは、過去の過ちを忘れ、絶えず未来へのゆるぎない約束を振りかざし、粛々と歩みを進めている。伝説によれば、昔のシラクサの独裁者であったデニスは、自分の部下たちに、自分の王国では誰も安全な者はいないということをわからせようと決意した。彼は抜き身の剣を馬のたてがみ一本に結わえつけ、それをデモクレスの頭の上に吊した。われわれの危機管理者たちは、今日、一連のデモクレスの剣を作っている。

・一九八六年にソ連とアメリカによって宇宙空間に打ち上げられたと思われる四三基の核エンジンのうち、一〇分の一は破損し、その放射能物質をまき散らした。それでもアメリカの指導者は大衆に、スペースシャトルを更なる発射に使うのに危険はない、と胸を張って主張し続けた。シャトルによって発射しようとした最初の放射能アンサンブル、双発の熱核反応発電機は、あの失敗したチャレンジャーに乗って運ばれるはずであった。事故の後、当局は、たとえエンジンがチャレンジャーに乗せられていたとしても、それは「きっと」破壊に耐えただろう、と断言した。この宣言はそれに先立って行われた実験と明白に矛盾している。実物大のその模型は単に爆発しただけではなく、粉々になった破片を一二五×三三〇キロメートルの広さにまき散らしていたのだ。

・宇宙の軌道に乗った原子力エンジンというデモクレスの剣に、高級官僚たちが馬の目隠しよろしく区別しようとしている別の脅威を加えるがいい。彼らの衛星計画は宇宙空間を数十万の小さなデブリで覆い尽くした。それを行ったのはアメリカ合衆国、旧ソ連、英国、欧州宇宙機構、フランス、西ドイツ、インド、日本、そして中国である。こうした破片は——宇宙に三百年間留まっているかもしれないものだが——、地球の周りの軌道をマッハ二〇以上のスピード、つまりコンコルドの一〇倍のスピードで飛んでいる。この速さで飛ぶビー玉くらいの金属片と衝突すれば、衛星は破壊される。そして破損した衛星が今度は破壊の連鎖を引き起こす可能性がある。政治家たちは果たして軌道に乗って廻っている彼らの核エンジン、そしてデブリという榴散弾が、お互いに衝突の危険をはらんでいると分かっているのだろうか？　この問いに、責任者たちは、その問題はほとんど研究したことがない、と認めてくれた。

・人間たちが無頓着に大気と水を汚染し、大地と森を荒廃させ、化学製品の濫用によって太陽光線から大地を守るオゾン層を減少させたこの十数年が過ぎて、環境保護主義者たちがわれわれに警告を発している。ほぼ明らかなのは、われわれが今や地球に許された失敗の余地を超えつつある、ということだ。自然資源の搾取をもはや再生不可能な限界まで推し進めている。その結果はどうなるか？　ワールドウォッチ研究所は、こう言っている。地球は気候変動を迎え、植物・動物の種の大量絶滅が起こる。地球は更に、長期的にみて、生活の質の低下をもたらす。その低下は「政府や個人の適応能力を超える」ものとなろう、と。

（…）危機に対するこうした意見は奇妙な展開を見せた。危険そのものの危険度を恐れるよりも、人々はそれを押し付ける政府に対抗することを怖がるようになった。「文句好き」は、進歩の公式の路線を阻害するものとして非難される。実際は彼らが望んでいることこそが、つまり技術分野で更に安全性を高めることが、本当の進歩であるのに、だ。この価値の衰退を明白に示すものとしては、ある万博の入り口に掲げられたパネルほど雄弁な証拠はなかった。その万博は「進歩の世紀」をテーマにしたものだったが、こう書いてあった。

科学は発見する。
技術は実行する。
人間は順応する。

これが、われわれが買おうとしている「進歩」なのだろうか？　人々が晒される危険性と一緒に？　服従と諦めが、われわれが自らと子供たちのいのちを託すべき目標なのだろうか？

私の一生を顧みれば、他の人々と協働する時、危険を冒すに値すると決めることの難しさを体験が容赦なく教えてくれている。私にそれが分かったのは、ボランティアとしてやってきたジャン・ピエール・セルヴァンティがあまり深く潜りすぎて死んだあとだった。それはわれわれが、南仏沖の地中海でギリシアの沈没船を探していて見失った錨を見つけるためで、彼はあまりにも長く潜りすぎたのだった。不安と後悔と悲しみの後、私たちはこの海域を四爪アンカーで浚い、八〇メートル以上の深さのところで錨の鎖を引っかけた。

その前日、この危険な潜水がセルヴァンティの生命を奪っていた。今度は誰が潜ってこの錨を重いロープに固定し、ウインチで引き上げられるようにするのか？　晩秋のこのころ、この深さに潜ることは激しい海流と闘うこと、またこの深さではすぐ血液を満たす窒素と闘うことを意味した。窒素は「深みの酔い」で判断を狂わせる。私は、自分がチームの真のリーダーだったなら、ただ一つの答えしかないと知っていた。私自身が行くほかはない、と。

私は冷たい水に入り、海底まで降りて行った。そこで愕然として気がついたが、私は錨の反対の端に着いていて、錨は一〇〇メートルも先にあったのだ。私はかろうじて鎖をたどり、もうすでに疲れてきた足を後に引きずりながら、窒素の充ちたぼんやりした脳で意識を保とうとした。私は平常心を保ち、できるだけエネルギーを消費しないよう決意していた。錨のところにやっと着いて、自分のロープをそれに繋ぎ、水面に浮上する前、寒さの中で停まり、いくつかの減圧装置の中でしびれていた。

水面に浮上した時、分かったのは、私の付けたロープの結び目はほどけていて、部下たちがそのロープを風に揺れるほどけたリボンのように引き上げている姿だった。錨は水底に残っていた。私は気まずい沈黙のなかで甲板に上った。部下たちは目を合わせるのを避けていた。私は彼らに告げた。三時間ほど休んで身体から窒素を抜き、また潜水する、と。

三時間後、まだ寒さで憔悴していたが、私は身を凍らせるきつい再潜水に挑戦した。海底に達するのに潮流と闘い、注意深く錨の周りに自分のロープを結びつけ、水面に浮上して、部下たちがウインチを起動しているのを確認した。私には、この憎らしい金属片は、今私が遭遇した危険に値するものではない、と分かっていた。

だが私がそれをしたのは錨のためではなかったのだ。錨は象徴だった。私は部下たちに示さねばならなかったのだ。私がその最終目標に大きな価値を与えているとしても、私が最大の価値を与えるのは彼らのいのちなのだ、と。私が証明せねばならなかったことは、もし私がまた誰かに危険を冒させることがあるとすれば、それは自らその行為を行い、障害を特定してからだ、ということだった。その時初めて私はこう言えるだろう。「私についてこい」と。

(…)もちろん今日、すべての政府、すべての閣僚が犯罪的な腐敗にまみれている、といい張る者は、過激派かロマン作家くらいしかいないだろう。本当はわれわれが腐敗させたのは理想なのだ。われわれはもはや代表者たちに代表されていない。もはや代表者を商人たちの間に探しには行かない。今日われわれを代表する者たちは国民の全体からは出ていない。彼らは職業的政治家グループの出なのだ。それにこれらの政治家たちは選挙民の圧倒的支持を得なくてもいい。選挙は過半数ぎりぎりで争われる。しばしば勝者は五一%の票を得、敗者は四九%である。われわれの民主主義とは交代する独裁制と言ってよい。異なった政党によって説かれる政策は、よく区別できない。時には交換可能なものだ。主導する政策とは、隠れた君主のものなのだ。だれもそのことを言わないが、現実のもの、無名にして全能なもの、「ミスター・マーケット」だ。彼はその権限を人民の意志からではなく、経済的要請から受けている。

（…）各国政府がわれわれに押し付けようとしている現代の「進歩主義」のイメージは、私のチームが撮影したインディオの部族の運命を想起させる。一九六八年のことだが、私たちは潜水道具をアンデス山脈の高度四千メートルまでごとごとと昇って行く登山電車に積み込んだ。私たちはチチカカ湖とインカの遺跡を探索するつもりだった。広い水面を進むうちに、小さなインディオの部落に出会った。ウルスという昔からの原住民の末裔だった。その部族は生存者がすでに二百人となっており、他では見られない逃避的な生き方をしていた。ウルスはこの湖の底に生えるパピルスの茎トルトラを束ねて作った筏の上に村を建てていたのだ。ウルスは水の上で生活していたが、同時に水を恐れて生きていた。水に落ちた者はすぐに死ぬと信じていた。

彼らはその祖先たちによって決められた生活をしていた。パピルスの小舟とパピルスの浮島の間に閉じこもっていたのだ。その筏の修理の仕方だが、底の方の葦が腐ってくると新しい葦を上に敷くというものだった。食べ物として、鶏の代わりに鵜を飼っていた。トルトラの乾いた茎を燃やした火の上で料理をする。その火から火花が飛び散れば、パピルスの浮島はたちどころに燃え上がる。ウルスは小舟に逃げる。そこで火が消えるのを待つ。そしてまた新しい茎を積み、新しい筏を、新しい浮島を、新しい村を作る。世代を越えて炎に挑んできたのだ。だが誰も古人の課した掟に挑む者は居ない。この炎の試練は決して勝利に導かなかった。それよりあり得ることはそれが部族を絶滅に導くことだった。

14　地球的意識

目の眩むような太陽が海から昇る。およそすべての水夫のように、私は人生の一番良い時を、遠くの水平線を見つめて過ごした。それは空と海を分かつもののようだった。この単純な組み合わせに凝縮されて世界はあらわになる。私たちを忍耐と、そして不死を知るべく誘う。カモメと軍艦鳥は、この日毎のシンボルにいのちを与える。それは海の生物のすべてに言えることだ。たとえそれが輝く鏡の下に潜んでいようと。

私はテオドール・シュベンクの著書を開く。『カオスの自然学』だ。著者は雄弁に、質料が自発的にすべての生物の複雑な臓器の形をとるように創られていたことを説明している。つまり、生命はいかに複雑なものであれ、結局は、「組織された水」でしかないのだ。だが、それだけでいいのか？　もし世界創造があったのなら、それは宇宙のことだ——スティーヴン・ホーキングが必死になってその歴史を紐解こうとした時間も含めて——。宇宙全体が、あなたや私も一緒に、組織された無でしかないのだ。

「ちょっと手伝ってちょうだい！」とフランシーヌは私たちの息子のピエール・イヴに言った。

それは美味しいお菓子のために卵白を泡立たせるためだったが、お菓子とはつまるところ組織された小麦粉に過ぎないのだ。だが誰によって組織されているのか？　お菓子に関してはフランシーヌだ。もし種の進化のことを考えれば、自然淘汰による、ということになる。……だがこれまで、無からの組織づくりの元となったメカニズムを理解し、その時間を特定し、記述するどころか、それに気づいた者さえ誰もいない。「もし科学がこの問題に取り組むことが出来るなら、われわれすべては、哲学者も科学者も単に死すべき身のものも、『なぜ宇宙が存在するのか？』というこの問題を議論できるようになるだろう」という内容のことをホーキングは書いている。もしその答えを見つけたなら、それは人間の理性の究極の勝利であろう。なぜなら、その時われわれは遂に神の御心を知るであろうから。

彼ほど権威はなくてもよく知られている著者、フランク・トリプラーは、物理数学の教授であるが、彼がもの静かに告げているのは、相対性理論が量子工学と結ばれる時、最終的解決がもたらされる、ということだ。

太陽はやがて私の島の西側に沈む。もう一つの荘厳な光景が「組織された無」を忘れさせ、謙虚に神の恩寵に返してくれる。フランシーヌのお菓子を賞味する。私の長い激動の生涯には、歴史について、成長について、そして人類の世界的意識について熟慮する機会もあった。

一九六〇年代の初め、秋の頃だった。アフリカの血塗られた太陽が地平線の彼方に消えたあと、カリプソ号に乗っていたチームの数名は、夜間作業の準備をしていた。カーボヴェルデ諸島の切り込みの激しい危険な海岸で船を動かすことは難しかった。だが今は繋ぎ綱で留められて危険は去り、揺れるその船体の優雅な輪郭は、月光に浮かび上がり、白く輝いていた。私にはいつものように新しい活力と興奮が湧き起こり、夜の潜水に備えた。重い道具をつけたわれわれの何人かは不器用な動きで船縁を乗り越えた。そして仲間たちと共に私は、一人また一人、熱帯大西洋の漆黒の闇の中に闖入して行った。

水面下では、海水が訪問者の重い荷物を軽減してくれる。われわれの動きは静謐の中にあり、力を入れずともいい。私は静かにフィンを動かし沈んで行った。と、足元に光が湧き出た。夜の海の幻想的な世界でも、謎を前にしての科学者としての興奮があった。その謎は私が友人のハロルド・エドガートンと何年も研究したものだ。海洋の微生物が生体発光するのだ。こういうことだ。脅かされると彼らは銀色の光を放つ。まるで海中の蛍だ。彼らの輝く明かりは、夜の海でことさら美しい。私は更に数歩海底の方に進んだ。そしてそれを見るために振り返った。私の後ろで星の帯がほぐれていく。手で小さな輪を描くと、ミニチュアの銀河が現れた。しばらくして腕を勝手に動かし、大きな声で笑いそうになるのを抑えたのだが、それほどその結果は素晴らしいものだった。私の周りで、海から何千何万という光が湧きあがり、輝ききらめくのであった。私はコスモスを創りだしていたのだ。

その後、艦橋に上って、私はアフリカの黒ずんだ青の広大な空を眺めながら、海中の銀河を想い出していた。影と光が入り交り、星影はあまりも多く、誇り高き人間の知能をもってしても数えることはできないのだ。夜の空は、夜の海の双子の兄弟だった。

星たちの無限の広がりの中で、一つの星が私を夢から覚ましてくれた。それはたった一つ離れて、空を移動していた。私には分かった。それは流れ星ではなく。彗星でもなかった。太陽の残骸とは反対に、この光は宇宙を突き進むのではなく、ゆっくりと、暗い空をバックにして優しく滑って行く。その輝きは他の星たちをかき分けて一筋の道となり、やがて視界から消えた。その時やっと、私はその奇妙な星が人工衛星だと気が付いた。初めて見たものだ。なんと完璧なのだろう、宇宙を満たす統一性は！と私はつぶやいた。人間は宇宙空間の闇の中に、星のように光る輪を描くことが出来るのだ。ちょうど私が海の暗闇の中で描いたように。

クストーはここで宇宙開発の歴史を綴り、ケネディがそれを「新しい海」と言ったように、人類に新しい視野を開いたことを指摘したのち、こう語る。

地球の歴史を通じて、何百万という人間が祖国のために死んでいった。彼らの国境、彼らの共同体、彼らの帝国、公国、その部族を守るためだった。だが宇宙飛行士によって撮られた地球の写真には、国境は存在しない。たった一つの祖国とは地球なのだ。ソ連人もアメリカ人もフランス人もイタリア人もエジプト人もインド人も見えないのだ。実際、人間という種の力は、他のいかなる動物の力に比べても、多くも少なくもない。この星にいのちが存在することのただ一つの印は、地球を取り巻く大きな青い渦巻き、水だ。——水はすべての生き物に等しく必要だ。生き物全体の共同体に必要なのである。

こうして宇宙的に見て、必要な知識の素晴らしい総体が、人間の国境を遠くに押しやり、人間をその正しい位置に置きなおすのだ。このような解説を聞いたことがある。「（宇宙飛行士である）彼が宇宙空間を進んでいた時、人間はかつてないほどちっぽけに見えた。またかつてないほど大切に見えた。」宇宙旅行により、われわれ他の人間は、われわれが宇宙の唯一の現象ではないことを学んだ。われわれは宇宙の一つの様相を形造っているに過ぎないのだと。ガガーリンとその他の宇宙飛行士は、外に向かう新しい道を開いてくれたのだ。彼らが与えてくれたのは、人類が数千年間たどってきたエゴイズムと内向性というこの常道に替わる解決法、すなわち、もう一つの道程だった。宇宙旅行によってわれわれに注入されたのは、「地球意識」である。

（…）約三〇億年をかけて、すべての生物の環境に対する感受性は、われわれが意識と呼ぶものに到達した。われわれの誇りは、今日、この意識をもって宇宙の多くの部分を理解し抱きかかえることが出来ることだ。だがわれわれは、真剣にその起源や歴史やその未来を学ぼうとはしていない。進化の大変困難な過程で、各生物の意識はその領域を広げていったが、常に因果という根本的な関係性に閉じ込められていた。言いなおせば、「縦の思考法」の虜であった。

最初の人類の到来はこのルートを覆した。実際、新しくやってきたもの、人類は、新しい能力を備えていた。エドワード・デ・ボーノのいう「横の思考法」だ。これにより人類は、ある種の類似点しか結びつけるもののない出来事を結びつけることが出来た。絶対的だった因果律は崩れ去った。因果律は重要だが、原始的な道具の役目に引き下げられた。それは限りない想像力、創造、発明の世界に場所を譲ったのだ。縦の思考は、われわれに生き残り改善することを可能にした。アメーバの様に……。横の思考は文化や技術の爆発を引き起こした。モーツァルト、ガガーリン、ホーキング、ビル・ゲイツはその象徴である。

（…）宇宙開発は月面に降り立つという野心的な夢で始まった。それが火星に、やがて太陽系全体に生活を広げようというものになった。人類の三分の一が飢餓状態にあることを考えれば、この計画は信じがたい贅沢だった。世界で最も豊かな国々の一五％の人々が恥ずべき貧困にあえぎ、人類の八〇％が適切な医療を受けられない現状を見ればそうだ。だが、宇宙開発はもっともすばらしい贈り物に値するものだった。それはわれわれの地球の宇宙から見た姿を持ってきてくれたのだ。

　われわれの地球は約四〇億年間存在している。ゆえにわれわれには、数知れない将来世代のために生物多様性を救う責任があるのだ。太陽系で地球に替わるものはない。われわれがもしわれわれ自身の成長から生き延びねばならないのなら、水に、エネルギーに、土に意識を注がねばならないことは明らかである。アポロが撮った素晴らしい写真は、人間存在に捧げられた最も豪華なシンボルなのだ。

　われわれの意識は地球的となり、「地球人」という国籍を考えることが出来るようになった。

われわれのいさかい、われわれの紛争の重要度は減少し、新しい「乗組員」の単なる反乱として扱うことが出来るようになろう。それは、まだできてはいないが、やがて「チーム」となるであろう。人類がこれまでに知った災難の数々は、いのちの意味するもの、われわれの宇宙における居場所、新しく考えねばならぬ、そして子供たちに伝えねばならぬ道徳に対する自覚へと、われわれを導いてくれるのだ。

15　幸福とは

人は万物の尺度である
プロタゴラス

なぜヨーロッパや北米のウナギは皆、遠いサルガッソー海まで旅をして卵を産むのか？　なぜ鮭は急流を遡り淡水の産卵場までたどり着こうとするのか？　なぜ健全な精神の男が大洋を手漕ぎボートで横断しようとするのか？

現在われわれが直面している課題のほとんどは、人間に由来している。人口過剰、資源の濫用、環境破壊だ。われわれの決意は、このような問題を克服することだ——たとえその根源がわれわれ自身にあっても。この問い、この戦いこそが——成果とか勝利ではなく——幸福と呼ばれるものをもたらすのだ。われわれには挑戦が必要だ。もしそれがなかったら、世界は目標の無いものになろう。それは単に熱力学の第二法則に従い、ゆっくりと停止するだろう。

幸福は主観的で、個人的で、抽象的だと言われる。本当だろうか？　宇宙のことを知れば知るほど、われわれはコスモスの中に更に遠くまで飛び込んでいく可能性を問いかける。また生き物の基本的要素の中に飛び込みたい、と思う。われわれという小さな存在は大した意味を持たない。だがわれわれは、世界の生きた共同体の中でわれわれの活動を広げることに喜びを見出す。私には忘れられない個人的な経験がある。フランスの海軍大学の私の同僚、ジョリーの家でのことだ。そこには七、八人の子供がいた。ジョリーはバイオリンを弾いた。彼の奥さんはピアノだ。子供たちは皆音楽に秀で、バイオリン、フルート、トランペット、太鼓を演奏した。この家族は全員が集まるたびに、音楽を演奏することに喜びを見出し、幸福に輝いていた。私は、われわれ皆が一つの役を演じているのだ、という想いに駆られる――「世界のシンフォニー」の中で。

私はまた、幸福に達するのに全く違った生き方があることも思い出す。私のパリの住居の建物には隣人が居た。彼は独身でひっそりと暮らしていた。遠い親戚を除けば、だれも彼に話しかける機会がなかった。彼は近所で話題の男となった。人は彼のことを「ミシェルおじさん」と呼んでいた。彼が歌うか口笛を吹くのは聞いたことがあっても、どんな活動が彼をそんなに嬉しそうにしているのか、誰も思いつかなかった。それから彼は死んだ。びっくりだった。ミシェルおじさんは彫刻家で、かなり才能のある人だったのだ。彼のアパルトマンは胸像やレリーフで溢れており、その彫刻の量があまりにも多いので、そのほとんどは乱雑に積み重なり、埃をかぶっていた。明らかに彼はこうした人物像を造るのが好きだったが、それを売る気はなく、彼にふさわしい名声を博すことにも興味がなかった。彫像が形を取ったその瞬間、ミシェルの目にはそれは興味のないものとなり、脇にしまわれていたのだ。

クストーはイルカと人の生活を比較したとき、人間の方が格差や困難に直面していると述べている。

自分の運命をぼやいている者でさえ、いのちはお金に代えられない贈り物だということを示している。幸福を夢見ることだけで……。幸福という言葉自体は、万人に受け入れられる意味をまだ持っていない。この混迷はおそらく利益の葛藤に起源をもつものだろう。幸福は最低の欠乏生活をおくる者には手の届かないものゆえ、商人根性の人間は、裕福であるほど幸福なのだという答えを引き出した。この論理的不条理が消費社会の根元にあった。本当は、物質的な成功への関心が薄れるほど、物事に縛られず、感受性は豊かになるのだ。統計が雄弁に物語っているが、犯罪や自殺は貧しい国より富める国の方が多いのだ。大切なのは生活の飾りの増加ではなく、物質的・精神的の両面で人生のもたらす贈り物をどれだけ深く感謝して受け取れるかだ。末期的症状の病気に苦しみ愚痴ばかり口にする者でさえ、もう一度太陽の輝きを見たいと、最後までいのちにしがみつく。

私の父はある日、英国で一一〇歳のお婆さんの誕生日に招かれた時のことを話してくれた。彼女はリキュールのグラスをすすり、小さなシガーを吸っていた。一人のジャーナリストがその齢をお祝いし、その驚くべき健康さを褒めた。そしてこう聞いた。「マダム、もしもう一度あなたの人生を繰り返せるとしたら、何をなさいますか?」答えはまことに簡単なものだった。「同じことをするわ、でももっとたびたびね。」

喜びの民主化は可能である、とクストーは言う。

（…）この人生という素晴らしい贈り物を享受するには三つの方法がある。人は一つの石を眺める。火山から生まれた硬いざらざらした石だ。するともう一つの石がある。水から生まれた柔らかい薄い石だ。火から生まれたにせよ、水から生まれたにせよ、石は今から一万年ないし一万二千年前、最初の哲学の起源となった。自然の無慈悲な法則に対する反抗だ。それは人類の、病気や死に対する悲壮な戦いだった。時は「石の哲学」を育んだ。

石は永遠の象徴であり、われわれに祖先たちの小屋よりも確かな避難所の建造を可能にしてくれた。石はわれわれに、神にふさわしい殿堂を造ろうという野心を植え付けた。われわれ自身がその似姿である神のために、である。

だが、腐食により岩も埃となる。寺院は廃墟と化す。石もまたわれわれの骨のように脆いものと分かった。建造物は、いかに誇り高くあれ、永遠性のカリカチュアに過ぎないのではないか？ ……われわれの驕り、われわれの傲慢さの……？

二つ目は、「薔薇の哲学」だ。そのシンボルの見事さに眩惑され、薔薇の信徒は至高の時の法悦を謳う。彼らは安全の単調さと悲しさに対して、その高揚の時を謳うのだ。彼らによれば、石と暮らすとは、まるで汗を流して自分の墓を掘っているに等しい。薔薇と暮らすのは、たとえ短くても涅槃に至ることだ。それは感動、情熱、雄々しさ、そして詩に対する代償として死を受け入れることだ。薔薇は味よりも香りだ。石はパンテオンだ。薔薇はマザー・テレサだ。

だがしかし、薔薇は、伝統のように、生まれた場所で花開く。われわれの内なるものへ、もっと遠くへ、というやみがたい渇きは、第三の哲学を生み出した。それは「風の哲学」だ。風の中で、われわれは平和への希求を知る。自分たちの暴力の爆発を知る。自分たちの静寂と変化の必要性を知る。われわれは地球を駆ける息吹でありたいと夢見る。山の香りを嗅ぎたいと夢見る。滝の涼しさを、雪の気まぐれを味わいたいと夢見る。空の近さを畏れ、海を渡る突風を恐れる。鳥の巣に吹くそよ風のメロディーに身を震わせる。風は、岩よりも鋭く、石よりも強い。カテドラルや自然の驚異よりも永遠に近い文化的な宝ものを心に抱かせる。

随筆家や哲学者は、幸福を扱うことを避けた。それを扱った数少ない者たちは、それは幻想に近く、追いかけてごらんと誘い、捕まえたと思った瞬間姿を消す、いたずら好きの森の妖精のように描いている。サミュエル・ジョンソンは、こう皮肉を込めて書いている。「われわれは昔から幸福は見つけられないと信じてきた。誰もが他人はそれを持っていると信じている。自分もそれを持ちたいとの希望を捨てないために。」つまるところ、われわれの多くは、悲しくも僧院に籠った学者たちの結論を受け入れたのだ。幸福は、もしそれに値するなら、彼岸で与えられるだろう。この世ではない、と。

慈善行為も本当の利他愛ではなくむしろ品のいいエゴイズムであること、有名人になる夢はキメラを追うに等しい、等、数々の近代的幸福学の試みとその欠陥を挙げたのち、クストーは他者の幸福と自己が密接にむすばれることに気が付く。東洋の考えがクローズアップされる。

（…）幸福に至ろうとするこうした不器用な努力を絶望の歴史と考えてはならない。まばゆい真理が存在する。われわれの誤りを吟味することによってしか得られない大切な知恵の教えがある。内向性とエゴイズムは空虚な喜びしかわれわれに与えてくれない。自己自身の妄想は決して幸福には至らない。ところが反対に、人はそこにたやすく到達するのだ。楽々と、喜びの中で。それは他者に自分を開くことだ。われわれが自分の魂を豊かにするのは、他者の魂を豊かにするよう努める時だ。社会の中で人工の富を集め、それを尊び自分のものにしようとするのではなく、宇宙の自然の富を尊ぶのだ。

もう一つ、われわれが騙されてはいけないのは、われわれ自身成長するという考えは年賀状にふさわしい鎮静剤に過ぎない、と声高に信じ込ませようとする者たちだ。自己成長の方法はあくまでも正しく、その重要さは計り知れないのと同時に、実は容易に定義できるものなのだ。

成長の方法の分類としてクストーが挙げるのは、五つである。

- 知識による成長
- 愛による成長
- 分かち合いによる成長
- 創造による成長

を挙げたのち、最後に〈累代成長〉の考えに至る。「世代を超えての成長」である。先祖たちの後で生き、子孫たちの前に生きるわれわれは、この素晴らしい世界のかりそめの管理者なのだ。また私たちは自分の両親が、自分の祖父母が誰であったかを知ることによって成長することが出来る。それが、ある意味で、東洋の多くの国で行われている祖先崇拝の意味するところなのだ。この信仰は住民がそのアイデンティティを理解するのに役立っている。おじいさんがどんな人だったのか、わずかでもそれを知ることは、的外れの好奇心ではない。それはわれわれが誰なのかを良く知るための手段であり、生殖の流れの中の一つのリレーのバトンとしての自分を知ることなのだ。

われわれの子孫たちについてはまだ存在しないものゆえ学ぶすべはない。しかしわれわれは彼らに残すべき遺産を見守る大切な義務を負っている。われわれのエゴイズムやわれわれの欲望が、来るべき世代から基本的な選択権を剝奪してはならない。

自己成長のこうしたすべての方法には一つの共通点がある。自らの人格を成長させる者たちは、単に孤立した存在ではなく、参加者であり、役者なのだ。彼らは自らの想像力、精神力、知力を使い、宇宙に、そして人類のすべてに合一するための方法を見つけようとする。彼らは人類という大海の中で孤立した細胞だとは考えない。彼らの目には、人類は一つの細胞のように機能している、と写っている。

私は、何日も海を見つめて過ごした。波のうねりが鎮まれば、水面は数知れない穏やかな、ほとんど白い泡も立たない小波に覆われる。何時間も、私はその波の一つに注意を注ぎ、私の目はその波をそれが消え去るまで追うのだった。まず言えるのは、それは蟻やミツバチのように、皆同じだ、ということだ。だが、よく観察すると、波たちはそれぞれ個性を持っている。前から見ても横から見ても、波は一つとしてほかと同じものはない。波たちはこの世にうまれ、その運命によって多少大きくもなる。この状態を人は、もし彼らが波であったら、「社会的成功」と呼ぶのだ。

この大きさは、まずは宿命のようにそれぞれ異なる。そして最後には、すべての波は無に帰する。砂浜に砕ける派手な仕方だろうと、名もなく外洋の中に消え去るのだろうと……。この世界を変えた波たち、たとえば、少しだけ崖の侵食に参加したとか、船の沈没に関わったとか、また砂浜で遊ぶ子供を絶望させたとか、こうした選ばれた波たちも、所詮は何の思い出も残すことはない。波たちは、時に返し波に混ざり、この儚い合体が見事な花飾りを創りだす。

ああ、消え去る恋人たちよ。お前たちの力を合わせ、素晴らしい花飾りを生み出しておくれ！　この輝かしくも荘厳な短い光景を非難されると恐れるのか？　笑いとばせ。投げあげよ、空高く、千万の陽光にきらめく真珠を。太陽のかけらはその数だけの涙となり、降りそそぐことを誇りとするだろう。詩人たちは、お前たちの合体のさざめく音を、風がつくり出す前に感知する。お前たちの愛の爆発のただ一つの野心はそこに在ること、それは明日のために、自分がいたという驕りを捨てることだ。

われわれには良くわかる。われわれの連帯の花綱は、宇宙全体を包み込んだ大いなるいのちの流れに参画する。人類の寄せ波引き波は砂浜に砕け、防波堤を造るようわれわれに促す。その陰に未来が建造されるように、と。

第III部　未来世代の権利と文化の多様性

未来世代への責任と、文化の多様性

服部英二

多様性は人間のアイデンティティの本質

二〇〇一年十一月、国連教育科学文化機関（UNESCO）は、その第三一回総会において一つの重要な宣言を満場一致で採択した。これが「文化の多様性に関する世界宣言」で、多くの代表が「世界人権宣言に次ぐ重要性をもつ」と評価したものである。本書にはこの和訳のみを収録するが、二十一世紀を導くものとなるべきこの宣言の意義、並びにこの宣言と、同じくユネスコによる一九九七年の「未来世代に対する現存世代の責任宣言」の成立には、本書の「はじめに」でもふれたが、実はクストーと東京というトポスが関わっていることを解説したい[1]。

当時の松浦晃一郎ユネスコ事務局長は、この総会の冒頭演説で、今後のユネスコにおける五つの最優先事業を明示している。すなわち、

教育分野――万人のための教育
科学分野――水資源と生態系
〃　――科学とテクノロジーの倫理
文化分野――文化の多様性・多元性、及び文化間の対話
情報分野――万人の情報へのアクセス

である。そして、このすべてが本書に紹介したクストーの考えにも関係しているのである。われわれはこのユネスコ総会そのものが一つの基本テーマをもっていたことに注意したい。すなわち「多様性の中の共生」である。

松浦氏は述べる。「……多様性は、分離ではなく包含の要因である。多様性を理解し、尊び、活かすこと、それは同時に共に生きる願望となる……」、そして更に「文化の多様性は人間のアイデンティティを形成するもの」すなわち「人の人たる所以である」というのだ。かくして「多様性はわれわれのアイデンティティの本質(実体)そのものである」という結論に至るのである。

文明の衝突

このユネスコ総会の直前の九月十一日、世界を震撼させた同時多発テロは、直ちにサミュエル・ハンチントンの「文明の衝突」を想起させるものであった。実はこの宣言はこれと無関係ではな

い。九・一一事件とではなくハンチントンの思想と、である。

国連は二〇〇一年を「文明間の対話国際年」と指定していた。一九九八年十一月、国連第五三回総会がイランのハタミ大統領の提唱したこの国際年決議を満場一致で採択したのにはその理由がある。提案者がイランであるということから当初多少のためらいを示していた西欧諸国も、最終的には賛同にまわったのは、この「文明間の対話国際年」の主旨がユネスコ主導による二〇〇〇年の「平和の文化国際年」の精神をより深化させるものであること、そしてそれが九六年に出版されメディアによって大々的に喧伝されたサミュエル・ハンチントンの書『文明の衝突と世界秩序の再構築（Clash of Civilizations and the Remaking of World Order）』（邦訳『文明の衝突』）に対抗するものである、との認識によるものであった。

世界を宗教を基盤にした八つの文明圏に分け、イデオロギーの戦争が終わったこの世界で未来型の戦争は異なった文明間に起こる、とするハーバード大学戦略研究所長の見解は、それがメディアにより人々の頭にあたかも常識のように浸透して行った時、現実となりうるものであった。情報は、それが巨大化する時、事実を伝えるのではなく、事実を作り出すことが出来るのだ。

ユネスコは一九八八年から五年計画で、筆者の起案した「シルクロード総合調査」を実施したが、そのキーワードが「文明間の対話」であった。従ってこのプロジェクトの正式名は Integral Study of the Silk Roads, Roads of Dialogue である。(2) このキーワードがこれに参加していたイランから国連の場に提唱されたのであった。

「文化の多様性」の重要さの認識も「世界遺産」の認識の高まりと共にシルクロードの実地調査によるところが大きい。そしてユネスコによる「文化の多様性に関する世界宣言」は、まさしくこの「文明間の対話」の年に行われたのであった。

文化の多様性の概念の進展

この概念の進展は、ユネスコの歴史において、六つの段階に分けて見ることができよう。

（一）一九四五年ロンドンで採択されたユネスコ憲章に見られるもの

そこで謳われた国家主権の保持に「それぞれの教育制度、それぞれの文化の完全性、豊かな多様性を確保する」とある。民間の有識者から成る執行委員会のメンバー選出に文化的多様性と地理的配分が考慮された。この段階で既に多様性は人類の紛争ではなく豊かさの源泉であるとの認識が見られる。

（二）一九四七年〜

初代事務局長ジュリアン・ハクスレーは一九四七年の事務局長報告の中で「人類の経験の差異が紛争の種となりうる」と指摘、画一化と無理解の中間に「多様性の中の統一性（Unity in the Diversity）」を提唱した(3)。この報告書には「普遍的文化」、「文明全史」の語も見られる。「文明（Civilizations）」の語は単数ではなく複数で用いられている。

ハクスレーは「文化は多様にして内発的（endogenous）な進展を可能」としたが、「科学は単一性を求める」[4]とした。Unity と Difference をどう調和させるかが問題となった。一九五三年からのユネスコの一連の出版物にはこの主題が見られる。

（三）一九六〇〜七〇年代

アフリカ等の旧植民地が続々と独立した年代である。それはまたユネスコが当初の「知的協力」の軸に「開発援助」の軸、すなわち東西の軸に南北の軸を加えた時代でもあった。

ここでアイデンティティの問題がクローズアップされる。一九六六年、創立二〇周年を迎えたユネスコ総会で「国際協力の原則」が採択され、万人が自らの文化のみならず如何なる民族の文化も享受できることの大切さが説かれ、「人類の共有遺産」の概念が浮上する。

一九六〇年代初頭からユネスコが行ったエジプト、ヌビア地方のアブシンベル神殿の救済はこの新理念の具現化であり、「一国の遺産」から「人類すべての遺産」へと文化財についての認識を革命的に変えたのであった。アスワン・ハイ・ダムの建設によって水没する運命にあったラムセス二世の巨大岩窟神殿を寸分違わず六〇メートル上方に移築、更にフィラエ島のイシス神殿をそのまま別の島に移築したこの一大国際協力事業が、それに続く文化財救済事業《Save our Common Heritage》[5]の起源となり、また七二年の「世界遺産条約」を準備したのである。

六七年から七八年にかけては「文化と開発」の問題が扱われた。明治維新後の日本の教育、特に「和魂洋才」というガイドラインも注目をあびた。文化の独自性を保ちながら産業的発展を遂げたこの国は多くの研究の対象となり、世界的に多数の出版物が刊行された。この頃「内発的発展」がキーワードとなると同時に「地域文化」(Regional Culture)(6)という概念も浮上する。カリブ海地域では文化多元主義、混血文化の考え方が押し出され、クレオール文学の発生のもととなった。

七八年、コロンビアのボゴタでの会議では「文化は民族の《所産》ないし《手段》ではなく、その民族の本質そのものである」ことが確認された。文化とはこの場合「価値の総体」として捉えられている。

(四)一九八二年〜

八二年メキシコ・シティで開かれた文化に関する世界会議MONDIACULTでは、メキシコ宣言が採択されたが、文化が普遍(基本的人権等)と特殊(信仰、生活様式等)を同時に内包することが指摘され、「世界公民」という概念が出現する。これは国際的愛国心と訳しうるもので、自己の文化に根ざしながら人類に属するものとしてのもっと大きな義務を負う、との認識である。

(五)一九九〇年〜

八八年に正規事業として発足した「シルクロード・対話の道総合調査」の最中に、湾岸戦争が勃発する。この緊迫した情勢にあって、当時のフェデリコ・マイヨール事務局長は「戦争の文化」に対する「平和の文化(Culture of Peace)」を提唱する。

それは他でもなく「戦争は人の心の中に生まれるものであるから、人の心の中にこそ平和の砦を築かねばならぬ」というユネスコ憲章前文の精神に立ち返ることであった。「文化間の対話」

はユネスコの主要テーマの一つとなり、自らの文化を育て、他者の文化も受容する共生の道が探られた。

(六) 一九九六年〜

多民族、多文化、多宗教社会に紛争が続発する。ボスニア・ヘルツェゴビナ等では昨日まで一緒に遊んでいた子供達が今日からは引き離される、といった事態まで起きた。違い(différence)への恐怖、他者(Autre)の拒否がこの時代の特徴となる。前述のハンチントンの著作が発表されたのもこの時期である。その中で、マイヨールに任命された「文化と発展世界委員会」議長、前国連総長ペレス・デクエヤルは「我が創造的多様性」を発表した。

二〇〇一年の世界宣言

ユネスコがこの宣言に至るには、今述べたように、この文化を扱う唯一の国連専門機関の誕生以来の五五年を越す背景がある。しかし文化の多様性が重要なテーマの一つであるというに止まらず、人類にとって最重要の生存要因であることを打ち出した点において、この宣言は画期的なものであると言わなくてはならない。

それはこの宣言の中核をなす第一条にまず見てとられる。そこには、「生物における種の多様性が、自然にとって不可欠であるのと同様に、文化の多様性は、人間の交流・革新・創造の源として、人類にとって不可欠である」との表現がある。これは明らかにジャック=イヴ・クストーの証言に基づいたものである。海洋学者として出発しながら全地球的な環境学者となったクストーは、一九九五年東京の国連大学で開かれたユネスコ五〇周年記念シンポジウム「科学と文化の対話――ともに歩む共通の道」に基調講演者として招かれ、次のような言葉を残した。

「生物の種の数の多い所では生態系（ecosystem）は強い。それに対し（南極のように）種の数の少ない所では生態系は脆い。このことは、そのまま文化にも当てはまる。(7)」

人類の存続と繁栄にとって文化の多様性が不可欠であることを、科学者の立場からこれ程端的に言い切った人はいない。この重要な証言は本宣言の基調を形造ると共に、進行するグローバリゼーション、一つの超大国の文化すなわち「価値の体系」が他のすべてを圧してゆく地球の現状すなわちglobalizationへのするどい警告となっている。ＩＴ革命は「地球的な村」を約束するのか？それは文化の強制的同質化とならないか？　その危惧は深い。

宣言の第六条は「すべての人が文化的多様性を享受するために」としながら、その背後に、デジタルの世界に手の届かない第三世界への配慮がうかがえる。

更に第七条――「創造性の源泉としての文化遺産」の項では、創造が文化伝統の上に成り立つものであること、それが開花するのは他文化との出会いによること、が明記された。伝統と出会いの両者の大切さを鮮明に描いている。

価値の画一化への警告

この宣言の起草委員会は二〇〇〇年九月に作業を開始し、文明間の対話の年、二〇〇一年秋の総会前に作業を終えた。その時点で九・一一事件は予測できなかったにせよ、この宣言は明らかに一つの価値の世界支配としてのグローバリゼーションに対する国際社会の答えなのだ。

ユネスコは秀れた世界世論の形成の場である。三・一一後、一国主義を押し進めてきたアメリカがユネスコへの復帰を決めたのも、国際世論の形成の場というこの国際機関の性格に着目してのことであろう。人類史は文化の交流、出会いによる創造の歴史であり、文明とは「虹の大河」であることを、ユネスコの創立者の一人として、米国の指導者はこころに銘じて欲しい。

この宣言に政治的拘束力を持たせようとしたのはフランスとカナダであった。米国の猛反対にもかかわらず「文化の多様性に関する国際条約」（正確には「文化的表現の多様性を保護し促進する条約」）は、二〇〇五年秋のユネスコ総会において圧倒的多数（反対はアメリカ・イスラエルのみ）で採択された。特に第三世界は熱狂的であった。英国も日本もこの時ばかりはアメリカに同調せず、賛成票を投じている。すなわちこの時、国際社会は「魂の領域には市場原理を認めず」という重要な意思決定を行ったのである。(8)

東京というトポス

この宣言と条約に先立ち、ユネスコは一九九七年、もう一つの重要な宣言、「未来世代に対する現存世代の責任宣言」を総会で採択している。それは将来この世に生を受けるものたちは、汚染していない美しい地球を享受する権利を持つ、つまりわれわれはこの地球を未来世代から信託されているのだ、という考えの表明である。そしてこの二つの宣言の成立には、実は、東京というトポスすなわち場があったことはもっと知られてよいかも知れない。

それが本著に取り上げた一九九五年の東京シンポジウムである。これはパリのユネスコ本部に在職していた筆者が、ユネスコ本来の世界規模の知的協力事業として一九八六年から三年ごとに行ってきた「科学と文化の対話」シンポジウム・シリーズの総決算とも言うべきものであり、ユネスコ創立五〇周年、国連大学創立二〇周年の記念事業でもあった。そのために来日したユネスコ事務局長フェデリコ・マイヨールに是非二人きりで会いたいというクストーのために、筆者は朝食会を設けたことは前述したが、これがユネスコを事務局とする「未来世代のための国際委員会」の設立につながったのであった。これはじつはその九月、フランスが強行した駆け込み核実験への断固とした反対の意思を表すべく、シラク大統領が盟友クストーのために創った「未来世代のための国内評議会」議長の職を、国家から委嘱された他の役職と共に辞したばかりのクストーのとった切羽詰まった策であったが、この予期せぬ事件が一九九七年のユネスコによる「未来世代に対する現存世代の責任宣言」となるのである。予期せぬ事態がより良い結果を生んだ一つの例である。

東京すなわち日本の首都という和のトポスがそれに一役買っていた、と私は信じている。

注

(1) 英・仏文による「宣言」の全文は注(7)出典文献を参照のこと。
(2) このプロジェクトを立案した筆者による命名。
(3) これは多民族国家インドネシアの標語となる。
(4) この文言は冷戦下のプロパガンダを意識している。
(5) この事業を促進するに当って筆者が作った標語。
(6) 国連用語では regional とはヨーロッパ、東南アジア、アフリカのような数十カ国の文化的、地理的共同体の活動を指す。一国の一地方ではない。また international とは世界の諸地域が参加している場合に用い、一地域内や二カ国間交流等には用いない。
(7) クストーの証言全文はＵＮＥＳＣＯの報告書 Science and Culture: Common Path for the Future, 1996。和文は本書第Ⅰ部所収の「文化と環境」。
(8) この条約に対する筆者の解説は『毎日新聞』一九九七年六月三十日夕刊「主張・解説」欄、および『文明は虹の大河』(麗澤大学出版会、二〇〇九年)に収録。

未来世代の権利のための請願

（署名）ジャック＝イヴ・クストー
ジャン＝ミシェル・クストー

人口過剰と人間の過剰な経済活動はわれわれの子孫たちにとって深刻な脅威となっている。万人に自由と平等を宣言した人権宣言は二百年前に書かれたが、いまやこの素晴らしい文言も充分ではない。

われわれは、すべての人々が、汚染されていない、いのちが花咲く地球を継承できるよう、未来世代の権利が公式に宣言されることを、厳粛に要求する。

第一条　未来世代は、汚染されず害されていない地球を継承する権利を有する。すなわちそこに人類の歴史、文化、そして社会的結びつきを見出し、すべての世代また個人が人類という一つの家族の一員であると実感する場としての地球である。

第二条　各世代は、地球の場所と遺産を共有するものとして、未来世代から信託を受けており、不可逆的かつ修復不可能な損害を地上の生命に及ぼすことにより、人間の自由と尊厳を損なうことを事前に防ぐ義務を有する。

第三条　それゆえ、各世代の至高の責任とは、地球上の生命、自然のバランス、人類の発展を脅かす工業技術の乱発や変革に、絶えず慎重な注意の目を光らせて評価を下し、この未来世代の権利を守ることである。

第四条　これらの権利を保障するためには、それが現在の便宜主義や都合の犠牲にならないよう、教育、研究、法制化を含むあらゆる適切な手段が取られるべきである。

第五条　従って、政府、民間組織、そして個人に至るまで、このような諸原則を実現するためには、われわれが今その永続的権利を打ち立てようとしている未来世代が、あたかも目前に現存しているかのように、想像力を駆使して当たることが要請される。

未来世代に対する現存世代の責任宣言

ユネスコ第二九回総会　一九九七年十一月十二日

国連教育科学文化機関（UNESCO）の総会は、一九九七年十月二十一日から十一月十二日までパリにおいて第二九期の会合を開き、

国連憲章で正式に述べられたように「戦争の惨害から将来の世代を救い」、世界人権宣言や国際法の関連する諸文書に正式に記された諸価値と諸原則を保護するための、諸人民の意思を尊重し、

一九六六年十二月十六日にともに採択された、経済的、社会的及び文化的権利に関する国際規約と、市民的及び政治的権利に関する国際規約、及び一九八九年十一月二十日に採択された、子どもの権利に関する条約の規定を考慮し、

次の千年間に重大な挑戦に直面する未来世代の運命に配慮して、

歴史上のこの地点で、人類のまさしく存在とその環境が脅かされていることを認識し、
未来世代の必要と利益の保護のために不可欠な基礎を構成する人権と民主主義の理想を十全に尊重することを強調し、
新しい、公正な、地球規模での協力関係と世代間の連帯を確立することと、人類の永続のための世代間の連帯を促進することとの、必要性を主張し、
現在の世代の未来世代に対する責任は、既に、一九七二年十一月十六日にユネスコ総会で採択された、世界の文化遺産及び自然遺産の保護に関する条約や、一九九二年六月五日にリオデジャネイロで採択された、気候変動に関する国際連合枠組条約と生物の多様性に関する条約、一九九二年六月十四日に環境と開発に関する国連会議で採択された、環境と開発に関するリオデジャネイロ宣言、一九九三年六月二十五日に世界人権会議で採択されたウィーン宣言・行動計画、及び、一九九〇年以来採択された、現在及び未来の世代のための地球の気候の保護に関わる国連総会の諸決議といった、様々な文書で言及されてきたことを想起し、
国際的共同の増進を通して現存の世界の諸問題の解決に向けて取り組むことと、未来世代の必要と利益は過去の負担により危険にさらされるものではないということを保証するような諸条件を創出すること、及び未来世代によりよい世界を手渡すことを決意して、
現在の世代は未来世代に対するその責任を十全に認識することを保証するように努めるこ

とを決議して、
未来世代の必要と利益を、特に教育を通して、保護する任務は、その憲章が「人類の知的及び精神的連帯」の上に築かれる「正義・自由・平和」の理念を正式に記している、ユネスコの倫理的な使命に基礎づけられていることを認識し、
未来世代の運命は今日執り行われる諸決定や諸行動にかなりの程度負っているということと、貧困や技術的・物質的な未発展、失業、排除、差別、及び環境破壊を含む現代の諸問題は、現在と未来の双方の世代の利益のうちに解決されなければならないということを心にとどめて、
広範な、未来志向的な視野を伴った現在の世代のための行動指針を規定する、倫理的義務が存在することを確認した。
現在の世代の未来世代への責任に関する宣言は、
本日、一九九七年十一月十二日に、厳かに宣言される。

第一条　未来世代の必要と利益
現在の世代は、現在及び未来世代の必要と利益が十全に保護されることを保証する責任をもつ。

第二条　選択の自由

人権と基本的自由に対する関心を伴いつつ、現在の世代と同様、未来世代が、政治的、経済的、社会的制度についての完全な選択の自由を享受し、文化的地域的多様性を保てることを保証するために、あらゆる努力をすることが重要である。

第三条　人類の持続および永続性

現在の世代は、人間の尊厳を当然のごとく重視して、人類の持続および永続性を保証するように努めるべきである。それゆえ、いかなる方法においても、人間性と人間生命の姿が侵食されてはならない。

第四条　地球上の生命の保持

現在の世代は、未来世代に対し、人間の活動によりいかなる時にも不可逆的な被害を受けることのない地球を引き継ぐ責任をもつ。地球を限られた時間だけ受け継いでいるそれぞれの世代は、天然資源を合理的に利用することに注意を払い、生態系の有毒な変容により生命が損なわれないこと、およびあらゆる分野の科学的・技術的な進歩が地球の生命に被害を与えないことを保証すべきである。

第五条　環境の保護

1．未来世代が地球の生態系の資源から利益を得ることを保証するために、現在の世代は持続可能な発展のために努力し、生活の状態、とりわけ環境の質と保全の保持に努めるべきである。

2. 現在の世代は、健康と存在自体を危険にするかもしれない環境破壊に未来世代がさらされないことを保証すべきである。

3. 現在の世代は、未来世代のために、人間生活の維持およびその発展に必要な天然資源を保持すべきである。

4. 現在の世代は、大規模な事業が未来世代に与える可能性のある影響について、それらが実施される以前から考慮すべきである。

第六条　ヒトゲノムと生命的多様性

個人の尊厳と人権の尊重に密接に関連するヒトゲノムは保護されねばならず、生命的多様性は守られねばならない。科学的・技術的進歩は、いかなる方法においても、人類および他の種の保存を弱めたり傷つけたりすべきではない。

第七条　文化の多様性と文化遺産

人権と基本的自由に配慮しつつ、現在の世代は人類の文化の多様性を維持するよう留意すべきである。現在の世代は、有形および無形の文化的遺産を認定し、保護し、また、この共通の遺産を未来世代に伝える責任をもつ。

第八条　人類の共通の文化遺産

現在の世代は、国際法に規定されているように、取り返しのつかない損傷を与えない仕方であれば、人類の共通の文化遺産を利用することができる。

第九条　平和

1．現在の世代は、現在の世代と未来世代の双方が国際法と人権及び基本的自由を尊重し、平和で安全のうちに共生することを保証すべきである。

2．現在の世代は、未来世代に対して戦争の惨禍をもたらさないようにすべきである。戦争を終わらせるために、永久に、彼らは未来世代がヒューマニズムの原理に反するすべての形態の交戦と武器の使用と同様に、武力闘争の有害な影響にさらされないようにすべきである。

第一〇条　開発と教育

1．現在の世代は、個人的にも集団的にも、未来世代の、公平で、持続可能な、かつ普遍的な社会経済的発展の状態を、とりわけ、貧困を克服するために利用可能な資源の公正で慎重な利用を通じて、保証すべきである。

2．教育は個人と社会の発展のための重要な方法である。それは、平和、正義、理解、寛容および現在と未来世代の利益の平等を育成するよう用いられるべきである。

第一一条　差別の廃止

現在の世代は、未来世代のために、あらゆる形態の差別を導き、永続させる効果をもつ、あらゆる行為あるいは制度をなくすべきである。

第一二条　履行

1．各国、国際連合、他の政府間および非政府の諸組織、個人および公私の諸団体は、とりわけこの宣言にうたわれた理念に関する訓練および宣伝を、とりわけ教育を通じて、促進する十全な責任を引き受けるべきであり、それらの完全な承認と効果的な運用を、あらゆる適切な手段によって奨励すべきである。

2．倫理的使命感に鑑み、ユネスコはこの宣言をできる限り広範に広め、そこに述べられている理念についての人々の認識を向上させるために、その権限の範囲内において必要なあらゆる手立てを企画することを要請されている。

文化の多様性に関する世界宣言

ユネスコ第三一回総会　二〇〇一年十一月二日

ユネスコ総会は、

世界人権宣言の中で、また一九六六年の二つの国際協定（市民的・政治的権利に関する協定、及び経済的・社会的・文化的権利に関する協定）等、世界的に承認された他の法的文書の中で宣言されている「人権と基本的自由」の完全実施を心に誓い、

ユネスコ憲章の前文が「文化の広い普及、及び正義・自由・平和のための人間教育は、人間の尊厳に欠くことのできないものであり、且つすべての国が相互に扶助し合い、相互に関心を持ちつつ果たさなければならない神聖な義務である」と言明していることを想起し、

更に憲章第一条が「言葉、映像等による思想の自由な交流を促進するために必要な国際協定」の作成勧告をユネスコの目的のひとつに挙げていることを想起し、

ユネスコによって制定された国際法規[1]に記載されている文化の多様性及び文化的権利の行使に関する規定条項を参照し、

文化とは社会或いは社会集団の精神的・物質的・知的・感情的特性の組み合わせであり、芸術・文学に加えて生活様式・共生の仕方・価値体系・伝統・信念が含まれる[2]と認識するべきことを再確認し、

文化は独自性・社会的結束について、また知識を基盤とした経済の発展について、今日的論議の核心であることに留意し、

相互の信頼と理解を根底にして、文化の多様性・寛容・対話・協力を重んじることが世界の平和と安全を保証する最善策の一つであると言明し、

文化の多様性の認識、人類は一体であるという自覚、及び異文化間の交流の進展を基盤としたより強い連帯を熱望し、

新しい情報技術と伝達技術の急速な発展によってもたらされるグローバル化の進展は、文化の多様性に対する挑戦であるとしても、異文化間、異文明間に新たな対話条件を築くものでもあることを考慮し、

国連の組織の中でユネスコに委ねられた「稔りの多い文化の多様性の維持促進を図る」という特別な任務を自覚し、

次のような諸原則を公布し、この宣言を採択する。

（1）特に、フィレンツェ協定（一九五〇年）及びナイロビ補足事項（一九七六年）、世界著作権協定（一九五二年）、国際文化協力に関する原則宣言（一九六六年）、文化財所有権不法輸入、輸出及び譲渡の禁止と防止策に関する協定（一九七〇年）、世界自然・文化遺産保護協定（一九七二年）、人種及び人種差別に関するユネスコ宣言（一九七八年）芸術家の地位に関する勧告（一九八〇年）、伝統文化及び大衆文化保護に関する勧告（一九八九年）。

（2）この定義は文化政策に関する世界大会（MONDIACULT、メキシコシティ、一九八二年）、文化と開発に関する世界委員会（「人類の創造的多様性」一九九五年）、及び開発のための文化政策に関する国際会議（ストックホルム、一九九八年）の結論にそったものである。

独自性、多様性、多元主義

第一条　文化の多様性――人類共通の遺産

文化は時間・空間を越えて多様な形を取るものであるが、その多様性は人類を構成している集団や社会のそれぞれの特性が、多様な独特の形をとっていることに表れている。生物における種の多様性が、自然にとって不可欠であるのと同様に、文化の多様性は、その交流・革新・創造性の源として、人類にとって不可欠なものである。こうした観点から、文化の多様性は人類共通の遺産であり、現在および未来の世代のために、その意義が認識され、明確にされなければならない。

第二条　文化の多様性から文化多元主義へ

ますます多様化するわれわれの社会において、多元的（人種的・宗教的に）で、多様性に富み、活力ある文化的独自性を持ち、且つ共生しようとする気持ちのある人々や集団の間に、協調関係を確保することが必要である。全ての市民が疎外されることなく、また参加出来ることを目指す政策こそ、社会の結束を強め、市民社会の活力を高め、平和をもたらすものである。このように文化多元主義は、文化の多様性という現実に政策表現を加味したものである。文化の多元的主義は民主主義から切り離せないものであり、文化交流に寄与し、社会維持に必要な創造力の発展に資するものである。

第三条　発展の一要素としての文化の多様性

文化の多様性はあらゆる人の選択肢の幅を広げるものであり、それは単に経済成長という観点からだけではなく、より豊かな知的、感情的、道徳的、精神的生活を達成するための役割を担うものとして、発展の一つの根源をなすものである。

文化の多様性と人権

第四条　文化の多様性を保証する人権

文化の多様性の擁護は人間の尊厳尊重と切り離せない倫理的必須課題である。それは人権と基本的自由の擁護、特に少数民族に属する人々の権利や先住民族の権利擁護の確約を意味する。何人であろうと、文化の多様性を理由に国際法で保証された人権を侵害し、またその範囲を制限してはならない。

第五条　文化的権利——文化の多様性を可能にする環境

文化的権利は人権の中で枢要な位置を占め、普遍的、かつ不可分で、相互依存の関係にある。創造的多様性がその成果を発揮するためには、「世界人権宣言二七条」及び「経済・社会・文化的権利に関する国際規約一三条・一五条」で規定されている文化的権利が十分に守られる必要がある。従って、全ての人々は自らの選んだ言語、特に母語を通じてその考えを述べ、自らの作品を創作・発表する権利を有する。また全ての人々は、自らの文化的独自性を十分に尊重した質の高い教育・訓練を受ける権利を有する。更に全ての人々は、人権と基本的自由を尊重する限り、自ら選ぶ文化的生活を営み、自らの文化的慣習を守る権利を有する。

第六条　万人に文化的多様性への道を開くこと

言葉や映像等による思想の自由な交流を保証すると同時に、全ての文化が自らを表現し、それを広く伝えることが出来るよう配慮すべきである。表現の自由があること、マスメディアの多元的共存が可能なこと、多様な言語が使用可能なこと、芸術ならびに科学技術知識（デジタル方式を含めて）が誰でも自由に入手できること、全ての文化が表現と普及の手段を所有できること、こうした事が保証されるならば、文化の多様性が保たれるのである。

文化の多様性と創造性

第七条　創造の源泉としての文化遺産

すべて創造は文化的伝統という根の上に育つものであるが、しかし、他文化との接触によってその花が開くものでもある。それゆえに、あらゆる形の遺産が保存され、その価値が高められ、人間の経験と意欲の記録として未来世代に継承されなければならない。それによって初めて、多様な創造性が育ち、また異文化間の真摯な対話が促進されるのである。

第八条　文化資産と文化事業――ユニークな商品

創造と革新への期待を大きく膨らませる現代の経済・技術の変化に相対する時、特に注意を払わなくてはならない点は、創造的な作品供給が多様性に富んでいなければならないこと、著作家・芸術家の権利に対し正当な認識を持たなければならないこと、また文化資産及び文化事業は、独自性・価値・意味の発信源として特殊なものであり、単なる商品或いは消費財として扱われてはならないということである。

第九条　創造性の触媒としての文化政策

文化政策は、思想や作品の自由な流通を保証すると共に、様々な文化資産の創造・普及が出来る条件を創出しなければならないが、それはその地域や世界レベルで活動の手段を持つ文化産業を通じて行われるものである。それゆえ各国はそれぞれの国際的責任に十分配慮しつつ、文化政策を決定し、運営上の援助、或いは適切な法規作成など、その国に適する手段でその政策を実施するのである。

文化の多様性と世界の連帯

第一〇条　創造力及び伝播力の世界的強化

世界的にみて、文化資産・文化事業の流通・交流が不均衡である現在、全ての国、特に開発途上国・転換期にある国々が、国内的に或いは国際的に、発展性と競争力のある文化産業を生み出すことが出来るよう国際的な協力と連帯を強める必要がある。

第一一条　公共部門・民間部門・市民社会の協力関係構築

市場の力のみでは人類の持続的発展のかぎである文化の多様性の維持・促進を保証する

ことは出来ない。この観点から民間部門や市民社会と連携した公的政策の重要性が再認識されなければならない。

第一二条　ユネスコの役割

ユネスコはその権限と機能によって以下の責任を有するものである。

(a) この宣言に述べられた諸原則と各種政府間機関で作成された開発戦略との一体化を図ること。

(b) 各国・国際機関・国際的民間団体・市民社会・民間部門が、共に文化の多様性擁護の立場から、その概念・目標・政策などを作成する場合の情報照会の場所として、また公開討論の場所としての役割を果たすこと。

(c) ユネスコの能力範囲内で、この宣言に関係ある分野の基準設定、認識向上、能力開発といった活動を推進すること。

(d) この宣言に大要が添付されている行動計画の実施を促進すること。

おわりに

服部英二

生類《しょうるい》の世界を生きた人

私がこの本を出すに至ったのは、藤原良雄さんの一言によるものだった。

「クストーはもっと知られなければならない。特にその『未来世代の権利』という考え方だ。」

そのため私は、かつて親しく接したこの二十世紀の巨人の思い出と記録を集めた。それは易しいことではなかった。これほどのカリスマ性を持った人が亡くなった時、それは幾多の君主や国家元首にも当てはまるが、大きな穴があいた心情にとらわれ、記録をたどることはむなしく感じられるのだ。

しかし私が敬愛してやまなかった鶴見和子さんが、その死を前にして最後まで取り上げた人こそクストーであったことを思うと、日本ではその偉大さの一面しか知られていなかったこの人の生きた姿を書きとどめるのは私の使命かも知れない、と思うようになった。

本著に訳出、収録したクストーの日本での二つの重要な講演に加え、彼が生前出版を目論みながら果たせなかった、その遺言とも言うべき文章を抄訳したのはそのためである。そこには、有名な『沈黙の世界』でも扱われていない彼の哲学、人類と自然に対する深い思いが描かれている。その最後の部分では、西欧という堅牢な文明の中に生まれたこの人が、東洋の思想に惹かれて行くのみか、さらにそれを越えて、いのちの単一性に、自己とはいのちという悠久の大海の波の一つ、死してその大海に戻るものにすぎぬ、という究極の悟りにまで至っていることに気が付く。そして自然と共生していたいわゆる先住民たちが、無情な近代西欧列強の前で消し去られてゆく姿が涙をもって描かれている。いうなれば「いのちの文明」とも言うべきものが、巨大な科学技術をもった「力の文明」に破壊されていくのだ。いわゆる進歩の思想と経済至上主義に導かれた近代文明を、クストーはミスター・マーケットという表現で痛烈に批判している。

多様性、それはクストーが身を挺して守ろうとしたものであった。「生態系にとって多様性こそがいのちである。そしてその法則は文化にも当てはまる。」この証言が本書に収録したユネスコによる二つの重要な世界宣言となった。そして彼の類い稀な行動力が、南極の地下資源開発の五〇年間の凍結となった。この人が示したのは自然の一部としての人の道、生きとし生けるものに寄り添って生きる姿だ。西欧人であっても彼は人と他の生き物の間に線を引くことを拒んだ。

石牟礼道子さんのいう人類ならぬ「生類《しょうるい》」のすべてが彼の世界であった。脱原発の必要性もはっきりと説かれている。チェルノブイリ（のちのフクシマ）だけではない。数々のあまり人口に上らない事故が報告されている。また、放射線の発見からマンハッタン計画すなわち原爆開発に至る過程を詳述することにより、この大量破壊と平和利用という一見相反した二つが本来切り離せないことを浮き彫りにしている。フランスの「偉大さ」を求めるドゴール将軍と二人きりでエレベーターで向き合った時の描写は、その緊迫感を彷彿させる。

クストーが生涯をかけて追求したものは、宇宙の神秘にも等しいいのちの神秘であった。彼はこの地球環境を守るためにその一生を捧げた。今なら「地球倫理」と呼ばれるものを追求してきた。

世界が惜しんだクストーの死

一九九七年六月二十七日、クストーの死を知った『朝日新聞』は「天声人語」に次のように書いている。『『クストー船長は沈黙の世界に戻った』。……シラク大統領と親交を結んでいた。けれども、核実験再開に際し、だれよりも先に激しく批判した。『原爆を爆発させることは国を保護することにはならない』と。訃報に、大統領も考え方の違いを超え、最大級のことばでたたえた。『偉大なフランス人というだけでなく、世界市民だった。夢と挑戦に満ちた、信念と実行の人でもあった』。人気投票で、俳優や歌手を抜き、何度もトップになった。『海からの使者』と呼ばれた。沈黙の世界の訴えを、たしかな耳で聴き、力強く代弁して、去った。」

『毎日新聞』は「余禄」欄に次のように書いている。「……『未来に責任を持とうとする人は見当たらない。政府は目先のことにとらわれ、企業は四半期ごとの結果ばかりに目を奪われ、未来に責任を負うべき国連は勧告をするだけで、効果的な決定を下すことはできないでいる。若い世代の想像力に期待する以外にない』とクストー氏は言っている。次の世代に希望を託して、クストー氏は沈黙の世界に旅だった。」

日本でさえこのように取り上げられたこの地球環境学者の死は、本国のフランス、クストー・ソサエティの本部があるアメリカ等では更に大きく扱われた。

クストー逝去の翌日、一九九七年六月二十六日の世界の記事より主な見出しと主要な文のみを抜粋してみよう。

『ル・モンド』紙（二頁の全面記事の大要）

クストー、大洋の司令官

「ジャック＝イヴ・クストーは六月二十五日、八十八歳を前に死去した。この疲れを知らぬ探検者は〈カリプソ号〉に乗り込み、四〇年以上海洋を廻った。科学者からは反論もあったが、その著作、特にカンヌ映画祭でパルム・ドールの『沈黙の世界』を含むその数々の映画は、彼を世界的に有名にした」

「ダイバーは、泳がないとき、上下の水の間で大天使のようにとどまる」

「科学者たちとの混沌たる関係――クストー艦長は長期滞在型潜水の実験を始めていた。しかし彼の名声を高めたのは殊にその映像によってである。その独創性と美しさにあった。それが海洋研究に役立った」

「パリ・ノートルダム大聖堂でコマンダン・クストーへのオマージュ。海洋探検のパイオニアの六月二十五日の逝去は世界中に多くの反響を引き起こした。彼の二番目の妻フランシーヌと彼の息子ジャン＝ミシェルは、それぞれの立場でクストーの事業の追求を決意」

「多くの国家元首がクストー司令官にオマージュを捧げた。シラク大統領は、この〝夢と挑戦の人〟への感嘆と感謝の念を表明。リオネル・ジョスパン首相は、地球はそのもっとも認知された守護者を失った、と語った。賛美の念は科学者側では多少のニュアンスを帯びる。しかしその多くは彼らの科学への奉職がクストーの映画と著作にあったことを認めている。彼が絶大な人気を博したアメリカ合衆国では、テレビのすべてのチャンネルが長時間の放映。環境問題に情熱を注ぐアル・ゴア副大統領は、『彼はあらゆる意味で巨人であった。私の親しい友であった』と述べた」

『フィガロ』紙（全三頁のオマージュ）

「常に海を愛した人、ジャック゠イヴ・クストー――世界中で最も有名なフランス人、クストーはその著作で、また『沈黙の世界』のような映画で海洋の神秘を万人に開くのに貢献した」

「エコロジストの先駆け、ずば抜けた運命を担ったこのアカデミー会員は、昨夜パリで息を引き取った」

「科学の冒険者――この、赤いボンネットの男が自分の殿堂から出なかったとしても、彼は数多くの研究者に進歩をもたらした」

「ジャック゠イヴ・クストーはパリの自宅で八十七歳にして亡くなった。この有名な海洋研究者は、二月から脳膜炎により入院していたが、病状が悪化したため一〇日ほど前、医師団は近親者に彼を自宅に戻すことを許した。月曜日一〇時にパリのノートルダム大聖堂にて荘厳ミサが執り行われる」

「世界中から賛美の声　カリプソの艦長の思い出を語る――首相**リオネル・ジョスパン**　クストー艦長はフランスの海洋学の創立者であり先駆者であった。大衆に水中の自然の豊かさを知らしめてやまず、最後までその最大の教育者であった。地球はその防衛者の最大の一人を失った。アメリカ大統領**ビル・クリントン**　彼は地球上の大海の重要性とその美しさをわれわれに示した。ヒラリーと私は世界の数千万の人々と共に、この卓越した精神、この炯眼の人を失ったことを悲しむ」

「ジャン=ミシェル・クストー談――父の事業を継承したい。彼はノーベル平和賞に値した。父は私に闘うことを教えた」

「コマンダン・クストーの遺言の書、『人、蛸そして蘭』が七月一日ロベール・ラフォン社から出版される。彼はそこで特に彼が〈現代の殺人的狂気〉と呼ぶものを断罪する。それは動植物の乱獲である」

「未来世代の権利――八〇年代の最も重要な成果は、国連にまで出かけて行った南極の救済への決定的な貢献である。彼の行動なくしては、一九九〇年の〝南極大陸を地上の科学的保護地〟とし、そのいかなる変形も五〇年間凍結する決議はおそらく無かったであろう。一九九〇年以来クストーは未来世代の権利のために戦った」

『インターナショナル・ヘラルド・トリビューン』紙（全二頁）

「探検家ジャック・クストー、死す。海洋学の普及者は発明家であり、映画製作者であった」

「クストー――有名な海中の探検家、八十七歳で死去」

ロイター通信

クストー〝沈黙の世界〟に入る

「シラク大統領は、彼を〝魅惑者〟と形容、南極氷床からサンゴ礁に至る世界を世界に知らしめた人としてその死を悼んだ」

「その妻フランシーヌは声を震わせ、クストーが愛した〝地球へ〟と題するポール・エリュアールの詩を読み上げた。――地上のすべて泳ぐものよ、すべて飛ぶものよ、我が冠は魚を要す、われは雲に語るに鳥を要す――」

AFP通信（一頁）

コマンダン・ジャック＝イヴ・クストー、海洋学の異論無き指導者

「エコロジーの熱烈な守護者であった彼は、フランス共和国大統領直属で一九九三年に作られた未来世代の権利委員会で、環境と人口過剰の問題に取り組んできた。しかしジャック・

シラク大統領による原爆実験再開に抗議、一九九五年九月四日、その職を辞した」

ユネスコプレス

公式プレスリリースで、ジャック＝イヴ・クストーの死に際しての事務局長の痛恨の意を表明。フェデリコ・マイヨール事務局長は「ジャック＝イヴ・クストーは、この地球の生態系の平衡のために海洋が果たす重要な役割にまだ少しの人しか気が付いていなかったとき、だれにも増してわれわれに彼の愛した海を教えてくれた。その先駆的科学研究とその普及の才能は、地球環境を脅かす危険性の要因の理解に言い知れぬ貢献をもたらした」と表明。

事務局長は更に、ユネスコの大いなる友の知的貢献が、一九九八年にユネスコが準備している国際海洋年に、不在となることを惜しむ、と述べた。

「クストーは、一九九四年に発足した、エコロジー・経済・社会科学・文化・技術を横断的に結ぶ教育プログラム、ユネスコ・クストー・エコテクニーの機動力であり、ヨーロッパおよびアジアの諸大学・研究所にすでにその五つのユネスコ講座が開かれているが、アフリカ・ラテンアメリカにも同様に準備中である。

ジャック＝イヴ・クストーは「未来世代の権利に関する世界宣言」のための大規模な請願

運動を起こし、世界中で五百万以上の署名を集めた。彼はユネスコと緊密に協力、「未来世代の救済のための宣言」を準備してきた。それはこの十一月、次回の総会に提出され、採決されるであろう。」

行動が生み出した思索

フクシマから発信された「花は咲く」というメロディーが美しいのは、そこに「いつか生まれるきみに」という心情が込められているからだ。それは「いまだ存在しないものには権利がない」という近代的人間存在論の対極に位置するものだ。

ヨーロッパ人でありながら、いのちが個々のものではなく、密接に結び合った大きな一つの流れであり繋がりであるとの認識に至ったのは、おそらくクストーが初めてではないか。このいのちの繋がりの認識から初めて「未来世代の権利」という概念が生まれるのだ。それはクストーのあくなき実地調査、自然との触れ合いによる、いのちの実体把握であった。

文明史の見地からもこういうことが出来る。地球の表面の七〇%は海である。しかしおよそ従来書かれてきた文明史は絶えず陸上史観であった。その文明史を海からの視点で見直したのはF・ブローデルであったが、この天才にしても海中までは見ていない。その海中のいのちの世界を初めて万人に知らしめたのがクストーである。しかも彼は海の生態系が陸上の生態系と密接に繋がっていることを検証し、河を、そして森を調査の対象としていく。いたるところで森と川の大切さを説いている。彼の後半生の調査を見ると、海だけではなく、全地球が扱われているのだ。海から出発した彼は、生命の営みのすべてを検証しようとしたかに思われる。

ブローデルは大戦中、ドイツの収容所にあってあの膨大な『地中海』を書き上げ、海から見た世界システムの変容を世に告げた。これに触発され、日本では川勝平太氏が梅棹忠夫氏の「文明の生態史観」を「海洋史観」に改めた。クストーの業績はこれとは違っている。彼の扱ったのは人と自然との対話、生物の中で突出した人類という存在が母なる地球と、そして他のすべてのいのちと共生できるか、という問題であった。彼の学問はフィールドワーク、すなわち実学である。自らスキューバを開発して海に潜り、この地球の「沈黙の世界」、すなわち地球の七〇％の未知の世界を万人に開いたのみならず、全自然を取り巻く「大いなるいのちの循環」に気が付くに至る。「森・里・海の連環」というこの循環の中にいのちの尊さを実感し、CNNの配信する映像を通じてそれを世界の人々に訴えた。彼は探検家であると同時に教育者であった。

クストーは行動の人であった。その決断は早かった。地球環境にとって問題がある場所には必ずクストーの姿があった、核実験の行われたムルロア環礁、地下資源の開発が取りざたされた南極大陸、温暖化で沈みゆく島々、破壊される珊瑚礁、乱伐されるアマゾン河流域の熱帯雨林等々である。中でも核問題に関しての彼の態度にはゆるぎないものがあった。核実験を再開した盟友シラク大統領を激しく公然と批判した。そのためシラク氏が彼の意を汲んで作った「未来世代の権利のための国家評議会」議長の役職さえも辞したことは本書の「はじめに」で紹介したとおりである。これは東京を舞台として、結果的にはユネスコによる「未来世代の権利のための国際評議会」の創立と「未来世代に対する現存世代の責任宣言」に結びつくのだが、それをまだ知りえない時点で、大統領が彼のために創った役職を辞するというその勇気と決断は、容易なものではなかったはずだ。一九九五年の東京シンポジウムで大江健三郎氏はこう述べている。

ムルロア環礁のフランスの核実験が、これまでなされてきた実験においてすでに太平洋全体の汚染をもたらしている。さらに大きい地球環境の破壊に導く可能性もあることを、私たちに確実に示していられる方は、あの海の底の美しいフィルムで私たちに希望をあたえてくださった、ジャック・イヴ・クストー艦長であります。

（『日本の「私」からの手紙』岩波新書、一九九五年の国連大学におけるユネスコ・シンポジウムでの発言）

鶴見和子さんは、二〇〇四年十一月、京都で行った最終講演「斃れてのち元《はじ》まる――いのち耀くとき」の中で、一九九五年の国連大学におけるユネスコ創立五〇周年記念シンポジウム「科学と文化の対話」に触れ、基調講演者ジャック゠イヴ・クストーの演説を聴いて心から感動した、と告白している。生物多様性が減少していること、その現象が文化にも言える、多様性こそいのちなのに、巨大な力によって少数民族の文化が滅ぼされていく。そのような事実をクストーは自然の中で、また陸上でつぶさに検証し、その活動が「生物多様性が自然界に必要なように、人類の存続のためには文化の多様性が不可欠である」という、二〇〇一年のユネスコによる世界宣言に結びつき、更にクストーが地球サミットで力説した「未来世代の権利宣言」が、一九九七年その死の年の秋、国連教育科学文化機関の総会で採択された、と述べた。彼女はこう続けている。

「〈子どもの権利宣言〉はもうすでに通っているのですけれども……子どもというものはもうすでに生まれているでしょう。未来世代というのは、これから生まれてくる子どもたちのために、地球を生きやすい場所として保つことが、現代世代であるわれわれの責任である。そういうことが国連機関で採択されたのです。クストーと熊楠、この二人とも、学者だけじゃない。学者であると同時に実践家であったことが非常に大事だと思います。」

おわりに、一九九五年、ユネスコ五〇周年シンポジウムのため来日したクストーを評した、『朝日新聞』「ひと」欄の文章を取り上げておきたい。「……仏海軍時代そのままに、今でも『コマンダン』(艦長) と呼ばれる。記録と映像『沈黙の世界』から四十二年。視線は、次世代が享受すべき健全な環境に向く。地球レベルの『コマンダン』である。」

本著の出版は、藤原良雄さんの激励に加え、刈屋琢さんの努力に負うところが大きい。この場で感謝の念を表したい。

ジャック＝イヴ・クストー　略年譜（1910-1997）

一九一〇年六月十一日、フランス西南部ジロンド県のサンタンドレ・ドゥ・キュブザックに生まれる。

一九三〇年、フランス海軍アカデミーに入学、一九三二年、戦艦ジャンヌ・ダルク乗組員、一九三三から三五年、巡洋艦プリモーゲに乗船、極東勤務。一九三五年後半よりフランス海軍上海基地司令官。その後海軍飛行士の訓練を受けるが、事故によりこの道を断念。砲術学校に転向。同時に自由時間を使って潜水実験を始める。一九三六年よりさまざまな呼吸装置の試作実験を開始。

一九四三年、ドイツの占領下にあったフランスで、技師エミール・ガニャンと共に今のスキューバダイビングの基となる海中自由遊泳装置を発明、「アクアラング」と名づけられたこの装置が、人類に未知の海中探索の可能性を開いた。

第二次世界大戦中、レジスタンス運動に参加、大戦終了と同時にフィリップ・ダイエ司令官と共に実験潜水部隊をトゥーロン・セート・リヨン湾の各所に設立、軍艦アンジェニユール・エリール・モニエ号の艦長となる。

一九五〇年、廃船となったアメリカの掃海艇「カリプソ」号を入手、海洋調査船に改造した。これが広く知られるキャプテン・クストーの海洋探索冒険譚の始まりとなる。同時にカリプソの運用のため、海洋研究開発の非営利団体、フランス海洋調査団（ＣＯＦ）を発足させた。

一九五一年、アンドレ・ラバンと共に、テレビ放送用の初めての水中カメラを完成。その一年後には、水中で使用する様々な装置を開発するための非営利研究開発法人、高等海洋研究センター（ＣＥＭＡ）を設立した。アメリカではクストーと結び、アクアラングと水中探求装置の生産に向け、ＵＳダイバーズ・カンパニーが設立された。

一九五二年、水中考古学を発足。海底調査用潜水艇の開発。

一九五六年、最初の長編映画『沈黙の世界』、カンヌ映画祭でパルム・ドールを受賞。

一九五七年、海軍をキャピテン・ドゥ・コルヴェット（海軍少佐）の階級で退役、モナコの海洋博物館館長に選任される（一九八八年まで務める）。外部の人々による「キャプテン（船長）・クストー」の呼び名は、その多大な業績と共にいつの間にか「コマンダン（司令官）・クストー」に変わってゆく。

一九五七年、海洋専門の技師ジャン・モラールと共同で深海潜水艇を開発。画期的コンセプトによるこのソーサーは円盤形で高い機動性を有し、三五〇メートルの潜行能力があり、二人の乗員を乗せ、深海の探索、撮影、サンプル採集を可能にした。また同時に「海中の家」を制作、外界から遮断された潜水実験を行う。一九六二年、コンシェルフ一号はマルセイユ海域で、一九六三年、コンシェルフ二号は紅海で実験を行ったが、一九九五年に登場するコンシェルフ三号では、六名の人間がヘリウムと酸素の混合気体を呼吸することにより、水深一〇〇メートルの海中で三週間生活し、各種の作業を遂行するに至った。

一九六六年、テレビ・シリーズ『クストーのオデュッセイア』開始。

一九六七年より、カリプソ号に乗り込んだクストー・チームは、紅海に始まり、インド洋、大西洋、太平洋、そして南極海からエーゲ海に至る、長くて困難な旅を成し遂げた。またカリプソ号は、ナイル河、セント・ローレンス河、アマゾン河、ミシシッピ河といった、世界中の主要な河川を調査した。環境に関する知見と認識を深めるため、クストー・チームは現地で研究する各国の学者と議論を重ね、自然の生態系を撮影、その一〇〇本以上のテレビジョン作品は世界中で放映された。

一九七三年、現代および未来世代のために生命を守るより「クストー・ソサエティ」を設立、アメリカを中心に三五万人以上の会員を擁する非営利団体に成長した。世界的な環境問題の証人、良心の媒体として世界的に評価されるに至った。

一九八〇年、リュシアン・マラヴァール教授、ベルトラン・シャリエと共に、風力を利用した船舶のための新しい補助推進システムの研究に着手、一九八二年、風力推進シリンダー・ターボセイル・システムを実現、一九八三年、このシステムを搭載した実験船「ムーラン・ア・ヴァン（風車）」号を進水させた。二年間の改良ののち、フランス海軍建築技師アンドレ・モーリックの設計により、ターボ・セイル二基搭載の実験船「アルシオン」号が建造され、クストー・チームの第二の調査船となった。

一九八五年より、カリプソ号と風力船アルシオン号に分乗したチームは、地球を周航する「世界再発見」の旅に就いた。この旅による調査では、環境に影響を及ぼす社会的要因が研究され、新しい「環境社会学（エコソシオロジー）」的アプローチが取り入れられた。この「再発見」の探査航海の間、毎年四時間分のテレビジョン作品が制作され、クストーの作品は計七〇本に上ることとなった。この中の多くの作品に、エミー賞をはじめ多くの賞が与えられている。

一九八六年、ポリネシア、ムルロア環礁に赴き、フランスの核実験を告発。

一九八八年、アカデミー・フランセーズ会員に選出される。

一九九〇年、クストー・ソサエティが南極大陸保護の請願を起こし、最低五〇年間の南極における資源開発の禁止条約の成立につながる。

一九九一年、クストー・ソサエティが「未来世代の権利」（本著に収録）を認知させるべく世界的請願運動を起こし、全世界で八〇〇万人以上の署名を集め、東京シンポジウムを経て、一九九七年、ユネスコによる「未来世代に対する現存世代の責任宣言」に結実する。

一九九五年、マダガスカルの環境・生態系調査を実施。同年、フランスの核実験を断罪。

一九九七年六月二五日、八十七歳で死去。

主な映像作品

『沈黙の世界』（アカデミー賞、カンヌ映画祭パルム・ドール賞）、『太陽のない世界』（アカデミー賞、青少年向けフランス映画祭グランプリ）、更にカリプソ号の南氷洋への大航海による『世界の果てへの道』など。

主な著作

『沈黙の世界』(*The Silent World*, 1953) をはじめ、共著も含め五〇冊を数え一二カ国語で出版されている。晩年の著作としては、『クストー年鑑』(*The Cousteau Almanac*, 1983)、『ジャック・クストーのカリプソ』(*Jacques Cousteau's Calypso*, 1983)、『ジャック・クストーのアマゾンの旅』(*Jacques Cousteau's Amazon Journey*, 1988)、『ジャック・クストー/鯨たち』(*Jacques Cousteau/Whales*, 1988) がある。没後共著として出版されたものに『人、蛸そして蘭』(*Man, Octopus and Orchid*, 1997) がある。

受賞および名誉職の経歴

フランス政府より、レジスタンス活動の功によりレジオン・ドヌール勲章シュバリエ位、次いで学術分野での功績によりオフィシエ位、最後にコマンドゥール位に叙せられる。

アメリカ国立科学アカデミーの数少ない外国人メンバーに選出さる。

一九七七年、国連より国際環境賞をサー・ピーター・スコットと共に受章。

一九八五年、自由のための米大統領賞(U.S. Presidential Medal for Freedom) 受章。

一九八八年、国連環境計画(UNEP)は、『世界環境分野での功労者名簿五〇〇人』にクストーを記載。ナショナル・ジオグラフィック・ソサエティも「長年にわたってナショナル・ジオグラフィックと人類に特別の貢献のあった一五名」に贈る百周年記念賞を授与。

カリフォルニア大学バークレー校、プランダイス大学、レンセレル工科大学、ハーバード大学より名誉博士号を授与されている。

一九八九年、フランスの文化部門において最も権威あるアカデミー・フランセーズ会員に選ばれる。

一九九一年、スペイン・バルセロナのカタルーニャ地中海研究所から第三回国際カタルーニャ賞を授与。

日本に関わる重要講演

一九九二年、リオデジャネイロで開催された国連環境開発会議（UNCED、通称リオ・地球サミット）に特別ゲストとして招待されたクストーは、その十一月、東京での第一回世界科学ジャーナリスト会議に於いて基調講演を行い、その報告を行う（本書所収）。

一九九五年九月、東京の国連大学で開催されたユネスコ創立五〇周年記念シンポジウム「科学と文化、未来への共通の道」で基調講演（本書所収）。その証言とマイヨール・ユネスコ事務局長との協力により、一九九七年秋（クストー死去の四か月後）、ユネスコによる「未来世代に対する現存世代の責任宣言」がユネスコ総会で採択され、更に二〇〇一年、更に東京でのクストーの証言を第一条に生かした重要な宣言、「文化の多様性に関する世界宣言」が九・一一事件直後のユネスコ総会で採択される（両宣言とも本書所収）。

編著者紹介

服部英二（はっとり・えいじ）
1934年生まれ。京都大学大学院にて文学修士。同博士課程修了。仏給費留学生としてパリ大学（ソルボンヌ）博士課程に留学。1973～94年ユネスコ本部勤務、首席広報官、文化担当特別事業部長等を歴任。その間に「科学と文化の対話」シンポジウムシリーズ、「シルクロード・対話の道総合調査」等を実施。94年退官後、ユネスコ事務局長顧問、同事務局長官房特別参与、麗澤大学教授を経て、現在、麗澤大学比較文明文化研究センター客員教授、道徳科学研究センター顧問、地球システム・倫理学会会長、比較文明学会名誉理事。1995年フランス政府より学術功労章オフィシエ位を授与される。
著書に『文明の交差路で考える』（講談社現代新書、1995年）『出会いの風景——世界の中の日本文化』（1999年）『文明間の対話』（2003年）『文明は虹の大河』（2009年、共に麗澤大学出版会）“Letters from the Silk Roads”“Deep Encounters”（University Press of America）『「対話」の文化』（鶴見和子との共著、藤原書店、2006年）ほか。

未来世代《みらいせだい》の権利《けんり》 ——地球倫理《ちきゅうりんり》の先覚者《せんかくしゃ》、J-Y・クストー

2015年4月30日　初版第1刷発行©

編著者　服部英二
発行者　藤原良雄
発行所　株式会社　藤原書店

〒162-0041　東京都新宿区早稲田鶴巻町523
電話　03（5272）0301
FAX　03（5272）0450
振替　00160-4-17013
info@fujiwara-shoten.co.jp

印刷・製本　中央精版印刷

落丁本・乱丁本はお取替えいたします
定価はカバーに表示してあります

Printed in Japan
ISBN978-4-86578-024-6

VI 魂《こころ》の巻――水俣・アニミズム・エコロジー　　**解説・中村桂子**
Minamata : An Approach to Animism and Ecology
四六上製　544 頁　**4800 円**（1998 年 2 月刊）◇978-4-89434-094-7
水俣の衝撃が導いたアニミズムの世界観が、地域・種・性・世代を越えた共生の道を開く。最先端科学とアニミズムが手を結ぶ、鶴見思想の核心。
月報　石牟礼道子　土本典昭　羽田澄子　清成忠男

VII 華の巻――わが生き相《すがた》　　**解説・岡部伊都子**
Autobiographical Sketches
四六上製　528 頁　**6800 円**（1998 年 11 月刊）◇978-4-89434-114-2
きもの、おどり、短歌などの「道楽」が、生の根源で「学問」と結びつき、人生の最終局面で驚くべき開花をみせる。
月報　西川潤　西山松之助　三輪公忠　高坂制立　林佳恵　C・F・ミュラー

VIII 歌の巻――「虹」から「回生」へ　　**解説・佐佐木幸綱**
Collected Poems
四六上製　408 頁　**4800 円**（1997 年 10 月刊）◇978-4-89434-082-4
脳出血で倒れた夜、歌が迸り出た――自然と人間、死者と生者の境界線上にたち、新たに思想的飛躍を遂げた著者の全てが凝縮された珠玉の短歌集。
月報　大岡信　谷川健一　永畑道子　上田敏

IX 環の巻――内発的発展論によるパラダイム転換　　**解説・川勝平太**
A Theory of Endogenous Development : Toward a Paradigm Change for the Future
四六上製　592 頁　**6800 円**（1999 年 1 月刊）◇978-4-89434-121-0
学問的到達点「内発的発展論」と、南方熊楠の画期的読解による「南方曼陀羅」論とが遂に結合、「パラダイム転換」を目指す著者の全体像を描く。
〔附〕年譜　全著作目録　総索引
月報　朱通華　平松守彦　石黒ひで　川田侃　綿貫礼子　鶴見俊輔

人間・鶴見和子の魅力に迫る

鶴見和子の世界

R・P・ドーア、石牟礼道子、河合隼雄、中村桂子、鶴見俊輔ほか

学問／道楽の壁を超え、国内はおろか国際的舞台でも出会う人すべてを魅了してきた鶴見和子の魅力とは何か。国内外の著名人六十三人がその謎を描き出す珠玉の鶴見和子論。〈主な執筆者〉**赤坂憲雄、宮田登、川勝平太、堤清二、大岡信、澤地久枝、道浦母都子**ほか。

四六上製函入　三六八頁　**三八〇〇円**（一九九九年一〇月刊）◇978-4-89434-152-4

鶴見俊輔による初の姉和子論

鶴見和子を語る
〔長女の社会学〕

鶴見俊輔・金子兜太・佐佐木幸綱　**黒田杏子編**

社会学者として未来を見据え、"道楽者"としてきものやおどりを楽しみ、"生活者"としてすぐれたもてなしの術を愉しみ……そして斃れてからは「短歌」を支えに新たな地平を歩みえた鶴見和子は、稀有な人生のかたちを自らどのように切り拓いていったのか。

四六上製　二三二頁　**二二〇〇円**（二〇〇八年七月刊）◇978-4-89434-643-7

“何ものも排除せず”という新しい社会変革の思想の誕生

コレクション
鶴見和子曼荼羅（全九巻）

四六上製　平均 550 頁　各巻口絵 2 頁　**計 51,200 円**
〔推薦〕R・P・ドーア　河合隼雄　石牟礼道子　加藤シヅエ　費孝通

南方熊楠、柳田国男などの巨大な思想家を社会科学の視点から縦横に読み解き、日本の伝統に深く根ざしつつ地球全体を視野に収めた思想を開花させた鶴見和子の世界を、〈曼荼羅〉として再編成。人間と自然、日本と世界、生者と死者、女と男などの臨界点を見据えながら、思想的領野を拡げつづける著者の全貌に初めて肉薄、「著作集」の概念を超えた画期的な著作集成。

Ⅰ　基の巻――鶴見和子の仕事・入門　**解説・武者小路公秀**
The Works of Tsurumi Kazuko : A Guidance
四六上製　576 頁　**4800 円**（1997 年 10 月刊）◇978-4-89434-081-7
近代化の袋小路を脱し、いかに「日本を開く」か？　日・米・中の比較から内発的発展論に至る鶴見思想の立脚点とその射程を、原点から照射する。
月報　**柳瀬睦男　加賀乙彦　大石芳野　宇野重昭**

Ⅱ　人の巻――日本人のライフ・ヒストリー　**解説・澤地久枝**
Life History of the Japanese : in Japan and Abroad
四六上製　672 頁　**6800 円**（1998 年 9 月刊）◇978-4-89434-109-8
敗戦後の生活記録運動への参加や、日系カナダ移民村のフィールドワークを通じて、敗戦前後の日本人の変化を、個人の生きた軌跡の中に見出す力作論考集！
月報　**R・P・ドーア　澤井余志郎　広渡常敏　中野卓　槌田敦　柳治郎**

Ⅲ　知の巻――社会変動と個人　**解説・見田宗介**
Social Change and the Individual
四六上製　624 頁　**6800 円**（1998 年 7 月刊）◇978-4-89434-107-4
若き日に学んだプラグマティズムを出発点に、個人／社会の緊張関係を切り口としながら、日本社会と日本人の本質に迫る貴重な論考群を、初めて一巻に集成。
月報　**M・J・リーヴィ・Jr　中根千枝　出島二郎　森岡清美　綿引まさ　上野千鶴子**

Ⅳ　土の巻――柳田国男論　**解説・赤坂憲雄**
Essays on Yanagita Kunio
四六上製　512 頁　**4800 円**（1998 年 5 月刊）◇978-4-89434-102-9
日本民俗学の祖・柳田国男を、近代化論やプラグマティズムなどとの格闘の中から、独自の「内発的発展論」へと飛躍させた著者の思考の軌跡を描く会心作。
月報　**R・A・モース　山田慶兒　小林トミ　櫻井徳太郎**

Ⅴ　水の巻――南方熊楠のコスモロジー　**解説・宮田　登**
Essays on Minakata Kumagusu
四六上製　544 頁　**4800 円**（1998 年 1 月刊）◇978-4-89434-090-9
民俗学を超えた巨人・南方熊楠を初めて本格研究した名著『南方熊楠』を再編成、以後の読解の深化を示す最新論文を収めた著者の思想的到達点。
月報　**上田正昭　多田道太郎　高野悦子　松居竜五**

高群逸枝と石牟礼道子をつなぐもの

最後の人 詩人 高群逸枝

石牟礼道子

世界に先駆け「女性史」の金字塔を打ち立てた高群逸枝と、人類の到達した近代に警鐘を鳴らした世界文学『苦海浄土』を作った石牟礼道子をつなぐものとは。『高群逸枝雑誌』連載の表題作と未発表の「森の家日記」、最新インタビュー、関連年譜を収録！

口絵八頁

四六上製　四八〇頁　**三六〇〇円**
（二〇一二年一〇月刊）
◇978-4-89434-877-6

『苦海浄土』三部作の核心

新版 神々の村 『苦海浄土』第二部

石牟礼道子

第一部『苦海浄土』、第三部『天の魚』に続き、四十年の歳月を経て完成。
「『第二部』はいっそう深い世界へ降りてゆく。（…）作者自身の言葉を借りれば『時の流れの表に出て、しかとは自分を主張したことがないゆえに、探し出されたこともない精神の秘境』である」

（解説＝渡辺京二氏）

四六並製　四〇八頁　**一八〇〇円**
（二〇〇六年一〇月／二〇一四年二月刊）
◇978-4-89434-958-2

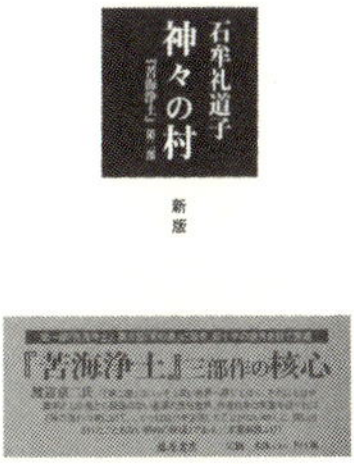

石牟礼道子はいかにして石牟礼道子になったか？

葭《よし》の渚 石牟礼道子自伝

石牟礼道子

無限の生命を生む美しい不知火海と心優しい人々に育まれた幼年期から、農村の崩壊と近代化を目の当たりにする中で、高群逸枝と出会い、水俣病を世界史的事件ととらえ『苦海浄土』を執筆するころまでの記憶をたどる。『熊本日日新聞』大好評連載、待望の単行本化。失われゆくものを見つめながら「近代とは何か」を描き出す白眉の自伝！

四六上製　四〇〇頁　**二二〇〇円**
（二〇一四年一月刊）
◇978-4-89434-940-7

絶望の先の〝希望〟

花の億土へ

石牟礼道子

「闇の中に草の小径が見える。その小径の向こうのほうに花が一輪見えている」――東日本大震災を挟む足かけ二年にわたり、石牟礼道子が語り下ろした、解体と創成の時代への渾身のメッセージ。映画『花の億土へ』収録時の全テキストを再構成・編集した決定版。

B6変上製　二四〇頁　**一六〇〇円**
（二〇一四年三月刊）
◇978-4-89434-960-5